SPSS 통계학 총서

STATISTICAL
PACKAGE FOR THE
SOCIAL
SCIENCE

범주형 데이터의 주성분 분석

SPSS

대응 분석의 이론과 실제

한올출판사

머리말

질적 데이터 혹은 비계량 데이터에 대한 분석법은 많은 연구자들이 서로 다른 영역에서 각각 독자적인 이름 아래 독립적으로 발전시켜 왔다고 하는 흥미 있는 역사적 배경을 가지고 있다. 프랑스의 벤제크리(J. P. Benzecri) 교수에 의해서 개발되어 대성공을 거둔 대응분석(correspondence analysis)을 북미지역에 소개하고자 했을 때, 이미 미국에서는 최적화 척도법(optimal scaling)이란 이름으로 다수의 연구가 이루어져 있어 전혀 새로운 것이 아니었다. 또한 캐나다에서는 쌍대척도법(dual scaling)이란 이름으로 여러 분야에 응용되고 있으며, 일본에서는 수량화이론(quantification theory), 네덜란드에서는 동질성분석(homogeneity analysis) 등 각 나라마다 다른 이름 아래 서로 다른 언어로써 독립적으로 발전해 왔다. 위의 기법들은 외견상은 다르지만 결국은 같은 기법이란 것이 보고되고 있다. 즉, 이들 기법은 모두 고유방정식을 푸는 문제로 귀착하게 된다는 것이다.

질적 데이터의 수량화에 대한 효시는 거트만(L. Guttman)에 의한 척도분석법일 것이다. 거트만은 사회조사의 설문지로부터 얻어진 요인–범주형 데이터(item-category data)를 분석하는 과정에서, 범주에 가중치를 부여하여 회답자의 득점(score)을 회답범주의 가중치에 대한 합에 의해서 산출하는 기법을 고안했다. 거트만의 목표는 회답자의 득점을 아는 것만으로 그 회답유형을 예측할 수 있도록 하는 것, 회답자에게 득점에 의거한 순위를 매겨서 출신계층 등 배경항목과 회답유형과의 관계를 조사하는 데 있었다.

본서의 출간이 있기까지는 많은 분들의 은혜를 입었다. 저자의 일본유학 시절에 지도교수이셨던 다카하시(高橋磐郎) 교수, 개인적으로 많은 지도를 아끼지 않았던 와세다대학의 이와쯔보(岩坪秀一) 교수, 대응분석에 대한 지적호기심에 불타 있을 때 디딤돌을 놓아 주었던 남아프리카대학의 그린에커(Michael J. Greenacre) 교수, 일본 문부성 통계수리연구소의 오수미(大隅昇) 교수에게 깊이 감사를 드린다. 특히 질적 데이터의 수량화에 대한 결정적인 계기를 마련해 주셨던 고 하야시(林知己夫) 교수께 심심한 감사의 말씀을 드린다. 마지막으로 한올출판사 임순재 사장이 안 계셨더라면 이 책은 햇빛을 보지 못했을 것이다. 다시 한번 이분들에게 감사를 드리는 바이다.

2008년 4월
저자 씀

CONTENTS

대응분석의 개요 1

대응분석의 성질과 유의점 2

대응분석의 배치도 3

CONTENTS

대응분석의 응용 4

(0, 1)형 데이터의 대응분석 5

다중대응분석 6

CONTENTS

다중대응분석의 응용 7

범주형 주성분분석 8

1 대응분석의 개요

1.1 대응분석의 역사적 배경

질적 데이터 혹은 비계량 데이터에 대한 분석법은 많은 연구자들이 서로 다른 영역에서 각각 독자적인 이름 아래 독립적으로 발전시켜 왔다고 하는 흥미 있는 역사적 배경을 가지고 있다. 1960년대부터 프랑스의 Benzécri 및 그 제자들에 의해서 개발되어 대성공을 거둔 대응분석(correspondence analysis)을 북미지역에 소개하고자 했을 때, 이미 미국에서는 최적화 척도법(optimal scaling)이란 이름으로 다수의 연구가 이루어져 있어 전혀 새로운 것이 아니었다. 또한 캐나다에서는 쌍대척도법(dual scaling)이란 이름으로 여러 분야에 응용되고 있으며, 일본에서는 하야시(林知己夫)에 의한 수량화이론(quantification theory) 중 특히 수량화 제Ⅲ류, 네덜란드에서는 동질성분석(homogeneity analysis) 등 각 나라마다 다른 이름 아래 서로 다른 언어로써 독립적으로 발전해 왔다. 1970년대 후반에 접어들어 국제적인 교류가 이루어져, 이에 관한 각국의 제반 기법들은 외견상은 다르지만 결국은 같은 기법이란 것이 Tenenhaus and Young의 공동연구에서 밝혀졌다[1]. 즉, 이들 기법은 모두 고유방정식을 푸는 문제로 귀착하게 된다는 것이다.

Tenenhaus and Young(1985)은 이와 같은 기법들이 불어문헌에는 매우 널리 보급되

1) Tenenhaus, M., & Young, F. W., "An analysis and synthesis of multiple correspondence analysis, optimal scaling, dual scaling, homogeneity analysis and other methods for quantifying categorical multivariate data," Psychometrika, 1985, 50, No. 1, pp. 91-119.

어 있고 수준 높게 발전되어 응용되고 있는데 반하여, 영어문헌에는 아직 덜 보급되어 있으나 상당한 관심을 갖고 연구되고 있다고 언급하고 있다. 뿐만 아니라 이들 기법은 서로 다른 이름과 근본적인 원리 하에서 외견상으로는 독립적인 몇 가지 그 이전의 연구에 기원을 두고 있다고 지적하고 있다.

대응분석(correspondence analysis)은 앙케트의 질문에 대한 회답의 패턴에 주목하여, 패턴이 비슷한 회답자(개인 또는 집단)와 비슷하지 않은 회답자를 분류하기 위한 기법이다. 이 기법은 질문항목끼리의 관계도 동시에 분석할 수 있다.

대응분석은 분할표의 행과 열의 정보를 2차원 또는 3차원상의 그림에 표현하는 것을 목적의 하나로 한 수법으로 분할표의 상세한 분석에 적합하다. 또한 대응분석은 분할표 뿐만 아니라 복수선택형식의 질문에서 얻어진 데이터표의 분석에도 적용이 가능하므로, 선택지의 분류나 회답자의 분류에 활용할 수 있다. 더욱이 대응분석을 확장한 다중대응분석은 질문항목과 회답결과를 회답자마다 일람한 표의 분석에 적용할 수 있다. 이러한 사실로부터 대응분석은 앙케트 조사의 데이터 분석에서 매우 유효한 수법이라고 생각할 수 있다. 덧붙여서 말하면 대응분석은 대응일치분석 혹은 응답분석이라고 하는 명칭으로도 불리고 있다.

1.2 분할표에 관한 분석

1. 분할표의 종류

■ 다중분할표와 층별한 분할표

다음의 분할표(contingency table)는 행수가 2행(럭비와 탁구), 열수가 2열(남성과 여성)이므로 2×2 분할표라고 한다.

분할표 A

	남성	여성
럭비	700	400
탁구	300	600

일반적으로 L행 M열로 이루어지는 분할표를 L×M 분할표라고 부른다.

그런데 이 분할표 A에서 남성과 여성을 각각 학생과 사회인으로 층별한 결과가 다음의 분할표 B이다.

분할표 B

	남성		여성	
	학생	사회인	학생	사회인
럭비	300	400	300	100
탁구	200	100	200	400

이 분할표는 '남성과 여성', '학생과 사회인', '럭비와 탁구'의 세 가지 관점에서 분할되어 있다. 이와 같은 표를 **삼중분할표(트리플 크로스 집계표)**라고 한다. 일반적으로 세 가지 이상의 관점에서 분할되어 있는 표를 **다중분할표**라고 한다.

분할표 B는 분할표 A와 다음에 보이는 분할표 C, 분할표 D의 세 가지 분할표를 합성한 형태로 되어 있다.

분할표 C

	학생	사회인
럭비	600	500
탁구	400	500

분할표 D

	학생	사회인
남성	500	500
여성	500	500

분할표 B는 분할표 C를 남성과 여성으로 **층별한 분할표**로도 되어 있다.

■ 분할표의 타입

분할표는 데이터를 어떠한 방법으로 수집했느냐에 따라서 세 가지의 타입으로 나누어진다.

(1) 총합계만이 미리 정해져 있는 타입

데이터를 수집하기 전에는 합계만이 정해져 있고, 각행의 합계나 각 열의 합계는 데이터를 수집하고 나서 정하는 경우의 분할표이다.

예 1 ▸▸▸

학생 200명을 골라서 다음과 같은 두 개의 질문을 했다고 한다.

(질문 1) 영어를 좋아합니까, 싫어합니까?

(질문 2) 수학을 좋아합니까, 싫어합니까?

이 조사결과는 다음과 같은 2×2 분할표로 정리할 수 있다.

		영어		합계
		좋다	싫다	
수학	좋다			?
	싫다			?
합계		?	?	200

이 경우에 총합계가 200이 된다는 것은 미리 알고 있다. 그러나 행의 합계(수학을 좋아하는 사람과 싫어하는 사람의 수)와 열의 합계(영어를 좋아하는 사람과 싫어하는 사람의 수)는 집계가 끝날 때까지는 알 수 없다.

예 2 ▸▸▸

어떤 병의 검사방법으로서 A법과 B법의 두 가지 방법이 있다고 한다. 이 두 가지 방법의 검사정밀도를 비교하기 위하여 환자 200명에 대해서 A법과 B법으로 검사한다. 검사결과가 양성이나 음성 중 어느 한쪽일 때, 200명을 검사한 결과는 다음과 같은 2×2 분할표로 정리할 수 있다.

		A법		합계
		양성	음성	
B법	양성			?
	음성			?
합계		?	?	200

(2) 행 또는 열 중 어느 쪽인가의 합계만이 미리 정해져 있는 타입

데이터를 수집하기 전에는 행 또는 열의 어느 쪽인가 한쪽의 합계만이 정해져 있고, 다른 한쪽의 합계는 데이터를 수집하고 나서 정해지는 경우의 분할표이다.

예 3 ▸▸▸

어떤 정책의 찬반을 조사하기 위하여 남성 100명, 여성 100명을 추출하여 찬반의 의견을 물었다고 한다. 이 조사결과는 다음과 같은 2×2 분할표로 정리할 수 있다.

		성별		합계
		남	여	
의견	찬성			?
	반대			?
합계		100	100	200

각 열의 합계는 100, 전체의 합계는 200이 된다는 것은 미리 알고 있다. 그러나 각 행의 합계는 집계가 끝날 때까지는 알 수 없다.

이와 같은 분할표에서는 각 열의 비율의 차이에 관심이 있다. 즉, 남성과 여성은 찬성률(반대율)에 차이가 있는지 어떤지를 검토하게 된다.

예 4 ▸▸▸

담배를 피우는 습관이 있는 사람 100명, 일체 담배를 피우지 않는 사람 100명을 추출하여 그 사람들이 어떤 병에 걸렸는지 안 걸렸는지를 조사했다고 한다. 이 조사결과는 다음과 같은 2×2 분할표로 정리할 수 있다.

		끽연		합계
		피운다	안 피운다	
병	있음			?
	없음			?
합계		100	100	200

예 5 ▸▸▸

어떤 병에 걸렸던 적이 있는 사람 100명, 걸렸던 적이 없는 사람 100명을 추출하여 그 사람들에게 담배를 피우는 습관이 있는지 없는지를 조사했다고 한다. 이 조사결과는 다음과 같은 2×2 분할표로 정리할 수 있다.

		끽연		합계
		피운다	안 피운다	
병	있음			100
	없음			100
합계		?	?	200

[예 4]와 같이 어떤 병의 원인이 될 듯한 인자(끽연의 습관)를 갖고 있는 사람과 갖고 있지 않은 사람을 모아서, 병이 발생하는지 어떤지를 조사하는 연구방법을 **코호트 연구**(cohort research)라고 부른다.

이에 비해서 [예 5]와 같이 어떤 병에 걸려 있는 사람과 걸려 있지 않은 사람을 모아서, 병의 원인을 조사하는 연구방법을 **케이스 컨트롤 연구**라고 부른다.

코호트 연구는 어떤 시점에서 장래를 향한 조사이므로 **진보적 연구**라고 불리는 경우가 있다. 그리고 케이스 컨트롤 연구는 어떤 시점에서 과거로 거슬러 올라가는 조사이므로 **퇴보적 연구**라고 불리는 경우가 있다.

(3) 행과 열의 양쪽 합계가 미리 정해져 있는 타입

데이터를 집계하기 전부터 행과 열의 합계가 정해져 있는 경우의 분할표이다.

예 6 ▸▸▸

어떤 제품의 검사원의 능력을 조사하기 위하여 양품을 100개, 불량품을 100개, 합계 200개의 제품을 준비한다. 이 200개의 제품에 대해서 검사원에게 양품인지 불량품인지를 판단하게 한다. 다만 양품과 불량품의 비율은 가르쳐 주기로 한다. 이 판정결과는 다음과 같은 2×2 분할표로 정리할 수 있다.

		판정		합계
		양품	불량품	
실제	양품			100
	불량품			100
합계		100	100	200

예 7 ▸▸▸

연령과 수입을 묻는 조사를 200명에게 실시했다고 한다. 그 회답결과로부터 연령의 중앙값과 수입의 중앙값을 구한다. 그리고 200명을 연령이 중앙값보다 높은 그룹과 낮은 그룹으로 나누고, 더욱이 수입이 중앙값보다 높은 그룹과 낮은 그룹으로 나누면, 그 분류결과는 다음과 같은 2×2 분할표로 정리할 수 있다.

		연령		합계
		> 중앙값	< 중앙값	
수입	> 중앙값			100
	< 중앙값			100
합계		100	100	200

이상과 같이 최종적으로 얻어지는 분할표의 형태는 같다고 하더라도 데이터의 수집방식에 따라 몇 가지의 타입으로 나누어지며, 어떤 타입인가에 의해서 검토해야 할 내용도 달라진다고 하는 것에 주의할 필요가 있다.

2. 분할표의 분석

예제 1-1

알콜 음료의 기호에 관한 다음과 같은 앙케트 조사를 실시했다.

설문 1 ▸▸▸ 귀하가 가장 좋아하는 알콜 음료를 다음 중에서 하나만 선택해 주십시오.

1. 청주 2. 맥주 3. 포도주 4. 소주

설문 2 ▸▸▸ 귀하에 해당하는 연령을 다음 중에서 선택해 주십시오.

1. 20~29 2. 30~39 3. 40~49 4. 50~59 5. 60 이상

이 앙케트 조사의 결과를 크로스 집계한 결과, 다음의 <표 1-1>과 같은 분할표가 얻어졌다. 분할표 안의 숫자는 사람 수를 나타내고, 총회답자 수는 n = 500(명)이다.

|표 1-1| 연령별 선호하는 알콜 음료의 종류

		알콜 음료의 종류				
		청주	맥주	포도주	소주	합계
연령	20~29	12	48	27	23	110
	30~39	17	30	48	25	120
	40~49	20	10	26	44	100
	50~59	36	10	20	24	90
	60 이상	40	5	8	27	80
	합계	125	103	129	143	500

여기에서 다음 사항에 답하라.

[1] 분할표의 결과를 그래프로 표현하라.

[2] 분할표에 카이제곱(χ^2)검정을 실시하라.

가. 분할표의 그래프화

[예제 1-1]의 분할표를 크로스 집계표라고도 부른다. 분할표의 그래프화에는 다음과 같은 그래프를 이용하면 된다.

① 띠그래프 ② 스테레오그램(3차원 막대그래프) ③ 막대그래프

■ 띠그래프에 의한 시각화

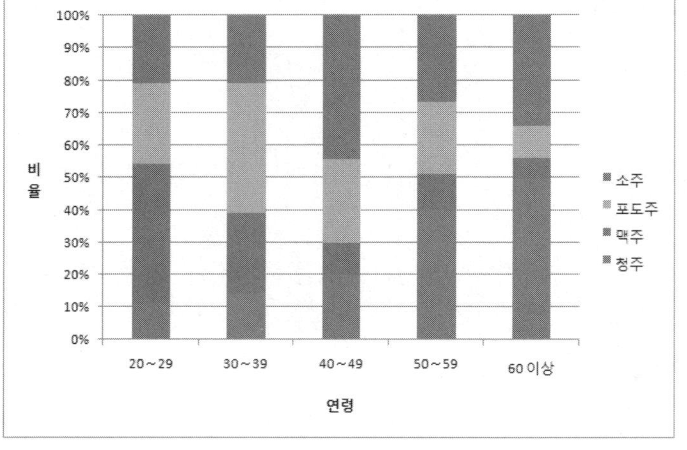

■ 스테레오그램에 의한 시각화

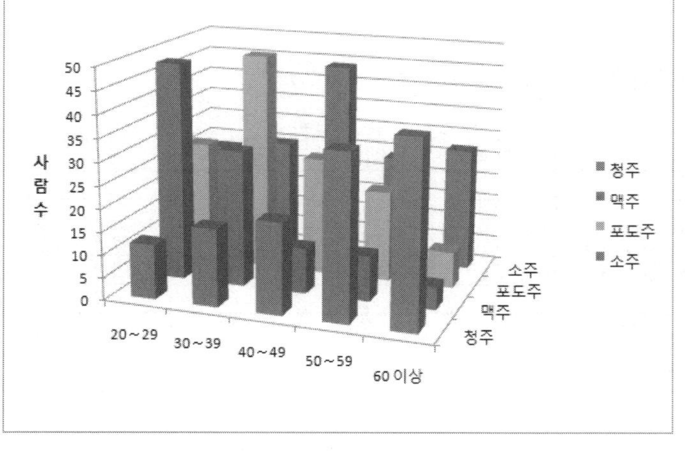

■ 막대그래프에 의한 시각화

(1) 각 연령별 분포를 하나의 그래프로 표현하는 방법

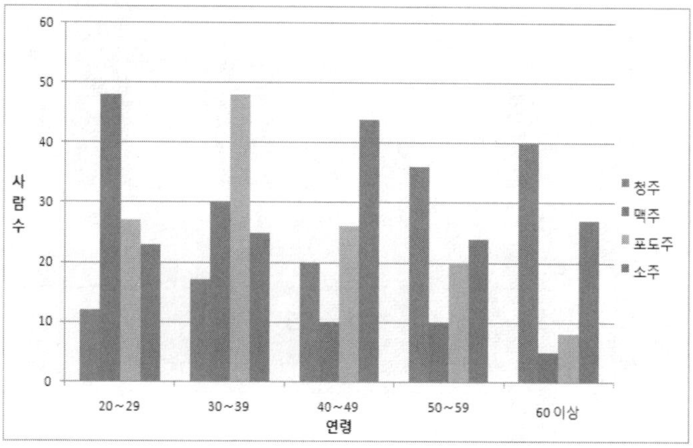

(2) 각 연령별 분포를 별도의 그래프로 표현하는 방법

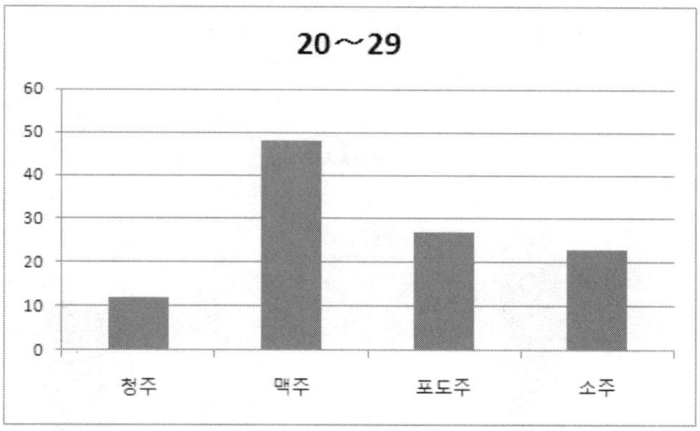

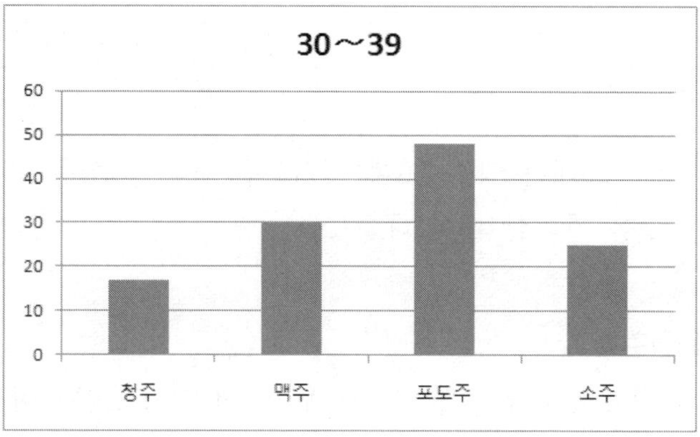

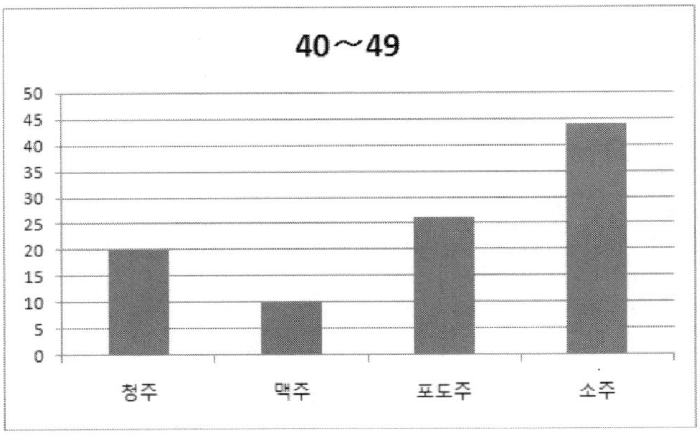

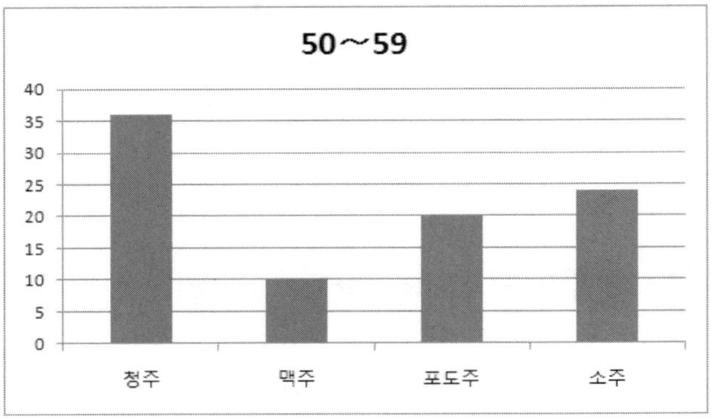

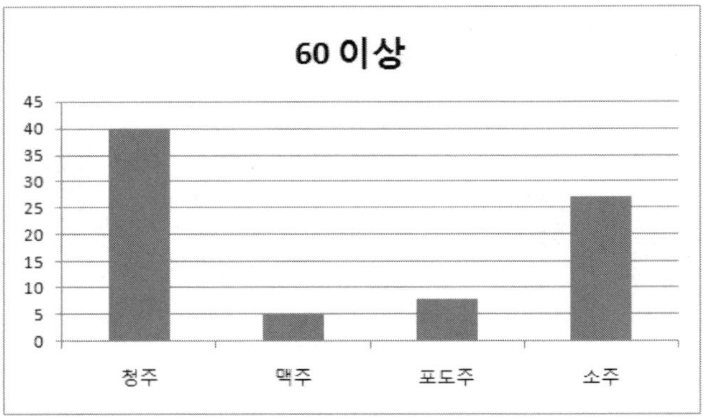

이들 그래프로부터 20대는 맥주, 30대는 포도주, 40대는 소주, 50대 이상은 청주를 좋아하고 있다는 것을 간파할 수 있다.

나. χ^2(카이제곱)검정

<예제 1-1>의 분할표에 χ^2검정을 적용해 보자. 이 검정을 통하여 연령과 알콜 음료

의 관련성을 통계학적으로 검토할 수 있다.

■ SPSS에 의한 해법

순서 1 ››› 데이터의 입력

[형식 1] 분할표 데이터(집계 후의 데이터)의 경우

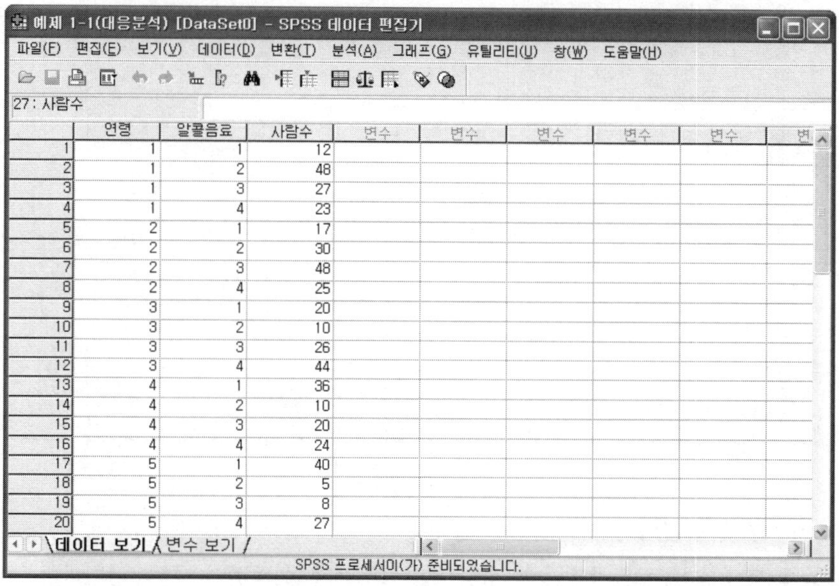

(주 1) 분할표의 형태 그대로 입력하는 것이 아니라는 사실에 주의를 요한다.

(주 2) '연령'이라고 하는 변수에는 1 = '20~29', 2 = '30~39', 3 = '40~49', 4 = '50~59', 5 = '60 이상'이라고 하는 변수값 설명을 해놓는다.

(주 3) '알콜 음료'라고 하는 변수에는 1 = '청주', 2 = '맥주', 3 = '포도주', 4 = '소주'라고 하는 변수값 설명을 해놓는다.

(주 4) '사람 수'라고 하는 변수는 빈도를 나타내는 변수이므로, 빈도변수 지정을 한다. 빈도변수 지정은 메뉴의 [데이터(D)]−[가중 케이스(W)]를 선택한 다음에 [가중 케이스] 대화상자에서 다음과 같이 선택 · 입력하고 [확인] 버튼을 클릭하면 된다.

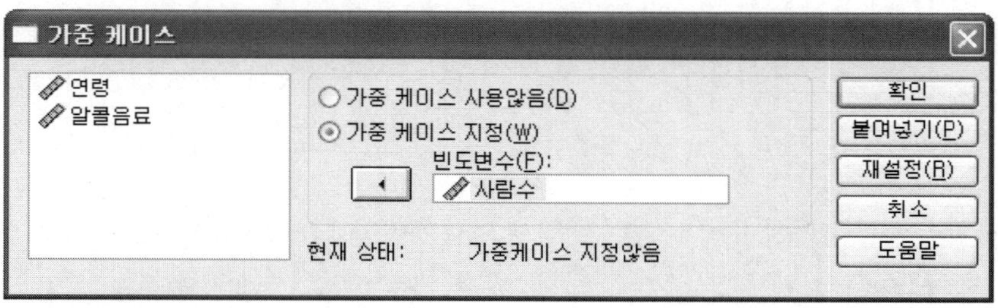

[형식 2] 원시자료(집계 전의 생 데이터)의 경우

순서 2 ▸▸▸ 분석의 실행

(1) 메뉴에서 [분석(A)]−[기술통계량(E)]−[교차분석(C)]을 선택한다.

(2) [교차분석] 대화상자에서 변수 '연령'을 [행(O)] 난에, 변수 '알콜 음료'를 [열(C)] 난에 이동한다.

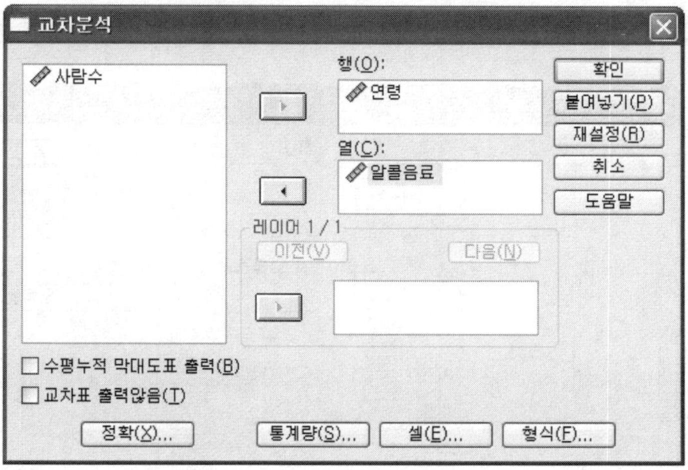

(3) [통계량(S)] 버튼을 클릭하고, [카이제곱(H)]을 체크한다. [계속] 버튼을 클릭한다.

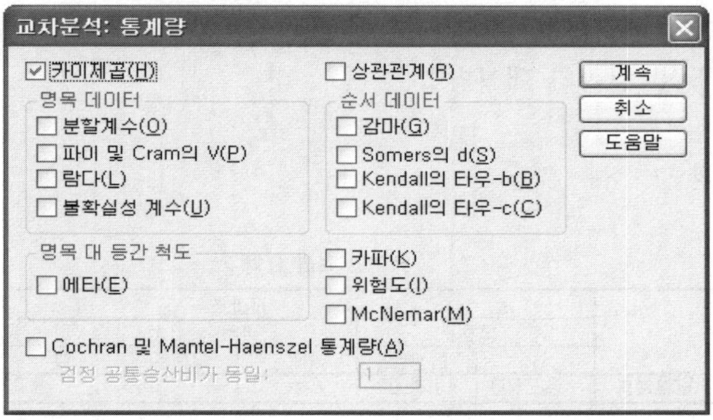

(4) [셀(E)] 버튼을 클릭하고, [수정된 표준화(A)]를 체크한다. [계속] 버튼을 클릭한다.

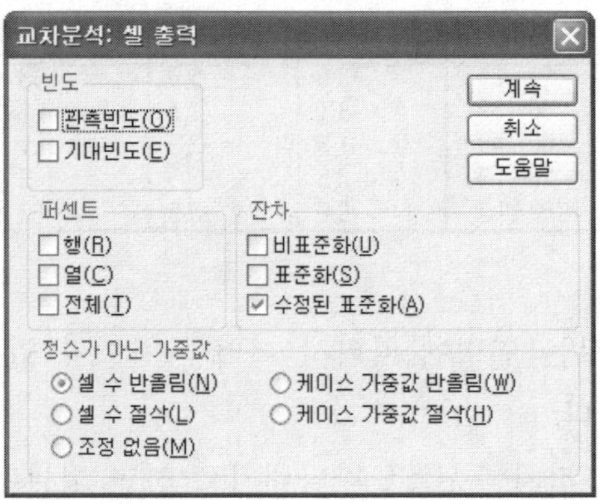

(5) 다음의 화면이 되면 [확인] 버튼을 클릭한다.

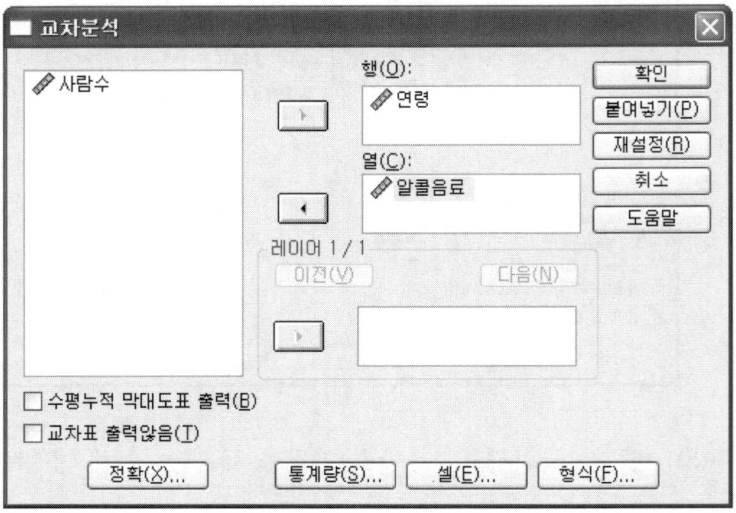

■ **분석결과 및 결과의 해석방법**

(1) **분석결과-1**

케이스 처리 요약

	케이스					
	유효		결측		전체	
	N	퍼센트	N	퍼센트	N	퍼센트
연령 * 알콜음료	500	100,0%	0	,0%	500	100,0%

연령 * 알콜음료 교차표

수정된 잔차

		알콜음료			
		청주	맥주	포도주	소주
연령	20~29	-3,9	6,8	-,3	-2,0
	30~39	-3,1	1,4	4,1	-2,2
	40~49	-1,3	-2,9	,1	3,8
	50~59	3,6	-2,5	-,9	-,4
	60 이상	5,6	-3,5	-3,5	1,1

χ^2검정의 결과만으로는 연령에 따라서 어떠한 차이가 있는지 알 수 없다. 그래서 수정된 잔차를 검토한다.

i행과 j열의 수정된 잔차를 d_{ij}로 나타내기로 하면, d_{ij}는 평균 0, 표준편차 1로서

근사적으로 정규분포를 한다. 따라서 d_{ij}의 절대치가 1.96보다 큰 곳은 잔차가 유의하다고 판정된다. 부호가 플러스라면 많다고 하는 특징이 있고, 마이너스라면 적다고 하는 특징이 있다고 이해하면 된다. 그래서 앞의 수정된 잔차의 '열령*알콜음료 교차표'를 특징을 파악하기 쉽도록 다음과 같은 표로 바꾸어 작성해 본다. 이 표에서는 d_{ij}가 1.96 이상인 곳은 '+', −1.96 이하인 곳은 '−'로 표시하고 있다.

	청주	맥주	포도주	소주
20~29	−	+		−
30~39	−		+	−
40~49		−		+
50~59	+	−		
60 이상	+	−	−	

이 표로부터 다음과 같은 사실을 알 수 있다.

- 20대는 맥주를 좋아하는 사람이 많고, 청주와 소주를 좋아하는 사람은 적다.
- 30대는 포도주를 좋아하는 사람이 많고, 청주와 소주를 좋아하는 사람은 적다.
- 40대는 소주를 좋아하는 사람이 많고, 맥주를 좋아하는 사람은 적다.
- 50대는 청주를 좋아하는 사람이 많고, 맥주를 좋아하는 사람은 적다.
- 60 이상은 청주를 좋아하는 사람이 많고, 맥주와 포도주를 좋아하는 사람은 적다.

(2) 분석결과 - 2

카이제곱 검정

	값	자유도	점근 유의확률 (양측검정)
Pearson 카이제곱	121.912[a]	12	.000
우도비	118.006	12	.000
선형 대 선형결합	4.450	1	.035
유효 케이스 수	500		

a. 0 셀 (.0%)은(는) 5보다 작은 기대 빈도를 가지는 셀입니다. 최소 기대빈도는 16.48입니다.

[Pearson의 카이제곱] 난의 [점근 유의확률(양측검정)]의 값에 주의하면, 0.000이라고 하는 수치를 간파할 수 있다. 이 사실로부터 유의확률 p = 0.000을 얻는다.

$$\text{유의확률 } p = 0.000 < \text{유의수준 } 0.05$$

이므로,

귀무가설 H_0 : 각 연령대의 알콜 음료에 대한 기호는 같다

를 기각한다. 즉, 연령에 따라서 알콜 음료의 기호에 차이가 있다고 말할 수 있다.

■ 수정된 잔차에 대한 고찰

χ^2검정은 처음에 기대빈도 t_{ij}를 계산하는 것으로부터 시작된다. 기대빈도란 [예제 1-1]의 경우에 연령과 알콜 음료의 기호는 독립(무관)이다, 즉 연령에 따라서 알콜 음료의 기호에 차이는 없다고 가정했을 때의 기대되는 사람 수를 말한다.

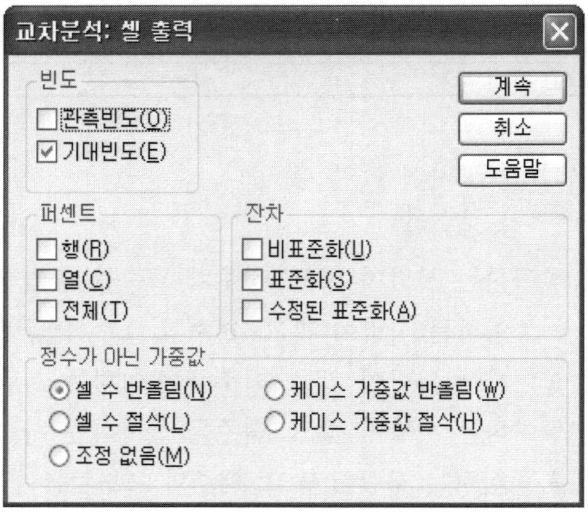

기대도수는 앞의 [셀 출력] 대화상자에서 [기대빈도(E)]를 체크해서 구할 수 있다.

연령 * 알콜음료 교차표

기대빈도

		알콜음료				
		청주	맥주	포도주	소주	전체
연령	20~29	27.5	22.7	28.4	31.5	110.0
	30~39	30.0	24.7	31.0	34.3	120.0
	40~49	25.0	20.6	25.8	28.6	100.0
	50~59	22.5	18.5	23.2	25.7	90.0
	60 이상	20.0	16.5	20.6	22.9	80.0
전체		125.0	103.0	129.0	143.0	500.0

이 기대빈도와 관측빈도(실제로 얻은 빈도)의 차를 잔차라고 한다.

$$\text{잔차 } e_{ij} = \text{관측빈도 } n_{ij} - \text{기대빈도 } t_{ij}$$

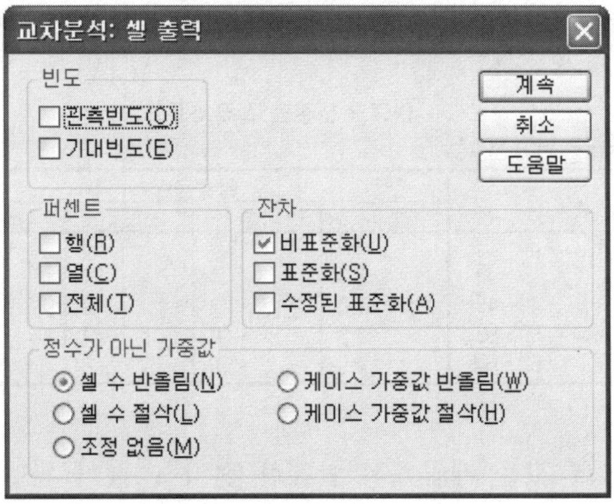

잔차 e_{ij}는 앞의 [셀 출력] 대화상자에서 [비표준화(U)]를 체크해서 구할 수 있다.

연령 * 알콜음료 교차표

잔차

		알콜음료			
		청주	맥주	포도주	소주
연령	20~29	-15.5	25.3	-1.4	-8.5
	30~39	-13.0	5.3	17.0	-9.3
	40~49	-5.0	-10.6	.2	15.4
	50~59	13.5	-8.5	-3.2	-1.7
	60 이상	20.0	-11.5	-12.6	4.1

잔차 e_{ij}를 기대빈도의 제곱근으로 나눈 것을 표준화 잔차라고 한다.

$$\text{표준화 잔차 } m_{ij} = \text{잔차 } e_{ij} \ / \ \sqrt{t_{ij}}$$

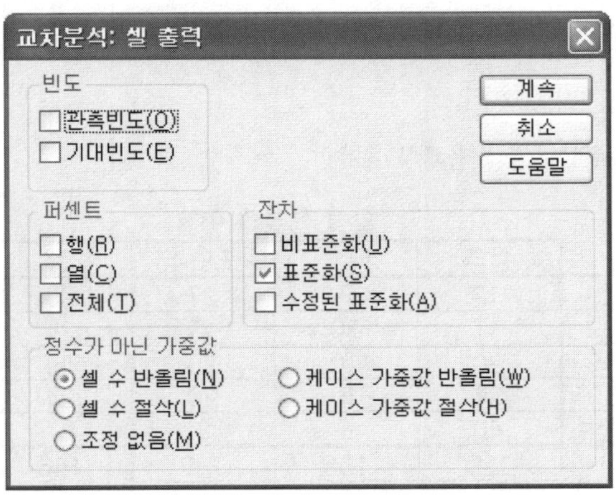

표준화 잔차 m_{ij}는 앞의 [셀 출력] 대화상자에서 [표준화(S)]를 체크해서 구할 수 있다.

연령 * 알콜음료 교차표

표준화 잔차

		알콜음료			
		청주	맥주	포도주	소주
연령	20~29	-3.0	5.3	-.3	-1.5
	30~39	-2.4	1.1	3.1	-1.6
	40~49	-1.0	-2.3	.0	2.9
	50~59	2.8	-2.0	-.7	-.3
	60 이상	4.5	-2.8	-2.8	.9

표준화 잔차 m_{ij}의 값을 제곱해서 합계한 것이 χ^2값이 된다.
더욱이 m_{ij}의 값을, m_{ij}의 분산 v_{ij}의 제곱근으로 나눈 값이 수정된 잔차 d_{ij}이다.

$$\text{수정된 잔차 } d_{ij} = \text{표준화 잔차 } m_{ij} \ / \ \sqrt{t_{ij}}$$

$$\text{여기에서, } v_{ij} = \left(1 - \frac{n_{i.}}{n}\right)\left(1 - \frac{n_{j.}}{n}\right)$$

$n_{i.}$: i 행째 빈도의 합계

$n_{j.}$: j 열째 빈도의 합계

n : 빈도의 총합계

1.3 대응분석의 실제

예제 1-2

다음의 표는 [예제 1-1]의 분할표이다. 이 분할표에 대해서 대응분석을 적용하라.

| 표 1-2 | **연령별 선호하는 알콜 음료의 종류**

		알콜 음료의 종류				
		청주	맥주	포도주	소주	합계
연령	20~29	12	48	27	23	110
	30~39	17	30	48	25	120
	40~49	20	10	26	44	100
	50~59	36	10	20	24	90
	60 이상	40	5	8	27	80
	합계	125	103	129	143	500

1. 분할표의 대응분석

대응분석(correspondence analysis)은 다음의 데이터표에 대해서 적용되는 분석기법이다.

① 분할표

② (0, 1)형 데이터표

③ 아이템 · 카테고리형 데이터표

본서에서는 ③에 적용하는 대응분석을 다중대응분석이라고 부르고, ①과 ②에 적용하는 대응분석과 구별하기로 한다. [예제 1-2]에서는 대응분석을 분할표에 적용하는 예를 채택하기로 한다.

> 대응분석(correspondence analysis), 수량화이론 Ⅲ류, 쌍대척도법(dual scaling), 최적화 척도법(optimal scaling), 동질성분석(homogeneity analysis) 등은 이름은 다르더라도 같은 내용의 기법이라고 알려져 있다. 요컨대, 범주형 데이터(categorical data)에 의한 주성분분석의 일종이다.

■ SPSS에 의한 해법

순서 1 ▸▸▸ 데이터의 입력

[형식 1] 분할표 데이터(집계 후의 데이터)의 경우

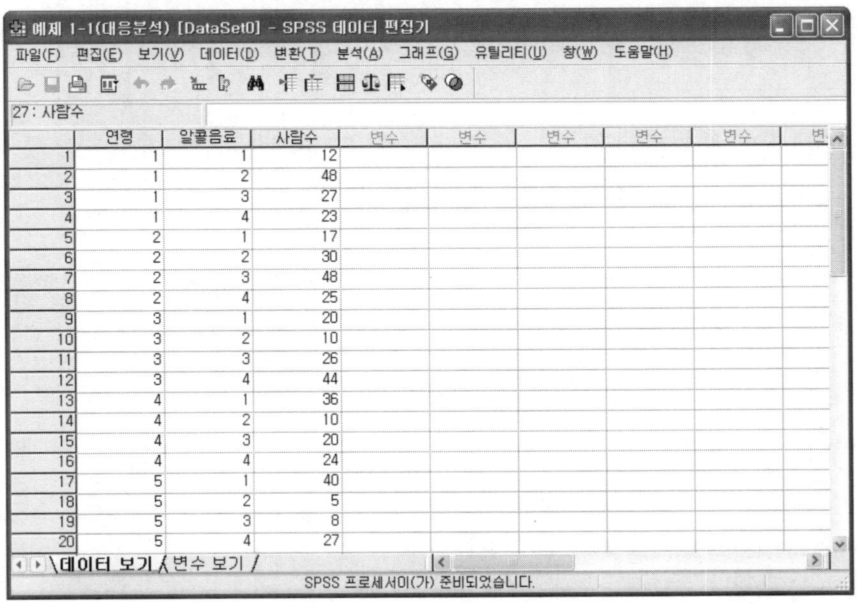

	연령	알콜음료	사람수
1	1	1	12
2	1	2	48
3	1	3	27
4	1	4	23
5	2	1	17
6	2	2	30
7	2	3	48
8	2	4	25
9	3	1	20
10	3	2	10
11	3	3	26
12	3	4	44
13	4	1	36
14	4	2	10
15	4	3	20
16	4	4	24
17	5	1	40
18	5	2	5
19	5	3	8
20	5	4	27

(주 1) 분할표의 형태 그대로 입력하는 것이 아니라는 사실에 주의를 요한다.

(주 2) '연령'이라고 하는 변수에는 1 = '20~29', 2 = '30~39', 3 = '40~49', 4 = '50~59', 5 = '60 이상'이라고 하는 변수값 설명을 해놓는다.

(주 3) '알콜 음료'라고 하는 변수에는 1 = '청주', 2 = '맥주', 3 = '포도주', 4 = '소주'라고 하는 변수값 설명을 해놓는다.

(주 4) '사람 수'라고 하는 변수는 빈도를 나타내는 변수이므로, 빈도변수 지정을 한다. 빈도변수 지정은 메뉴의 [데이터(D)]-[가중 케이스(W)]를 선택한 다음에 [가중 케이스] 대화상자에서 다음과 같이 선택·입력하고 [확인] 버튼을 클릭하면 된다.

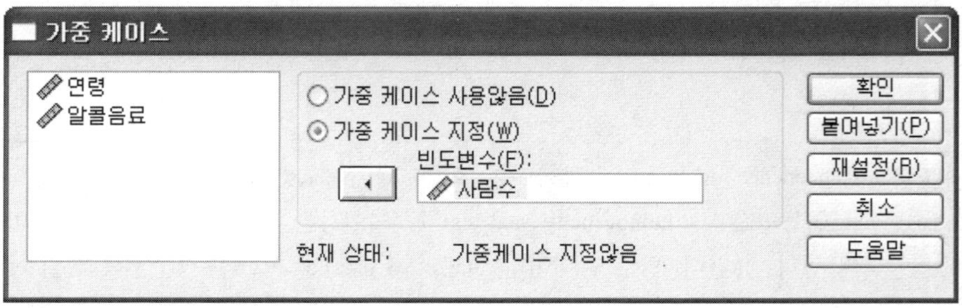

[형식 2] 원시자료(집계 전의 생 데이터)의 경우

<<순서 2>> 분석의 실행

(1) 메뉴에서 [분석(A)]-[데이터 축소(D)]-[대응일치분석(C)]을 선택한다.

(2) 다음의 대화상자에서 [행(W)]에 '연령', [열(C)]에 '알콜음료'를 지정한다.

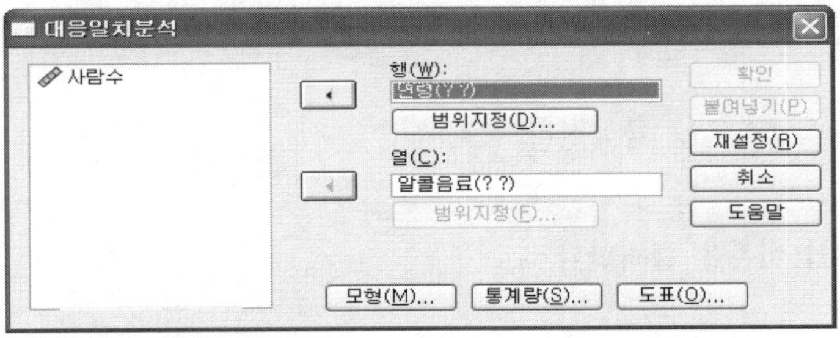

(3) [연령(? ?)]을 클릭해서, [범위지정(D)] 버튼을 클릭한다.

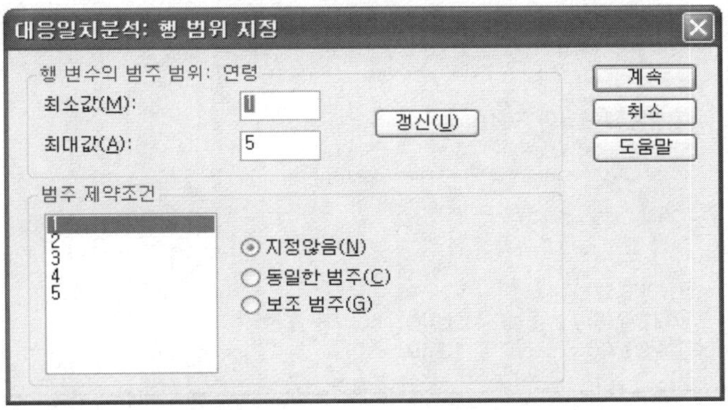

행의 변수 '연령'의 범주 수는 5이므로 [최소값]에 '1', [최대값]에 '5'라고 입력하고 [갱신(U)] 버튼을 클릭한다. 이어서 [계속] 버튼을 클릭한다.

(4) [알콜음료(? ?)]를 클릭해서, [범위지정(D)] 버튼을 클릭한다.

열의 변수 '알콜음료'의 범주 수는 4이므로 [최소값]에 '1', [최대값]에 '4'라고 입력하고 [갱신(U)] 버튼을 클릭한다.

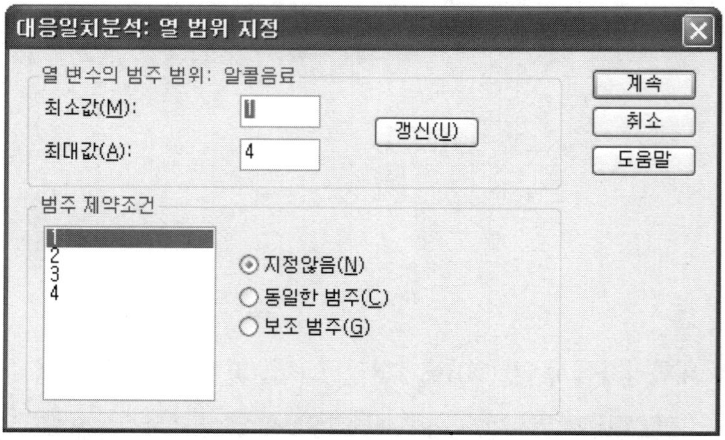

이어서 [계속] 버튼을 클릭한다.

(5) [모형(M)] 버튼을 클릭한다.

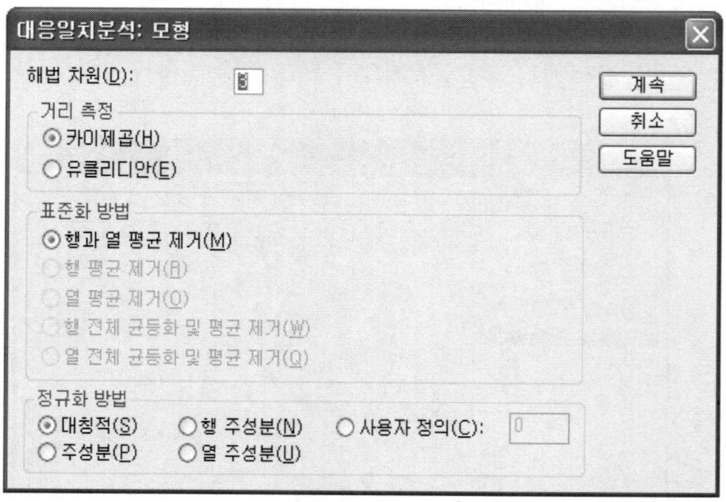

여기에서는 [해의 차원(D)]은 '3'(통상은 '2'로 하는 경우가 많다)으로 하고, [정규화 방법]은 [대칭적(S)]을 선택한다. 이어서 [계속] 버튼을 클릭한다.

(6) [통계량(S)] 버튼을 클릭한다.

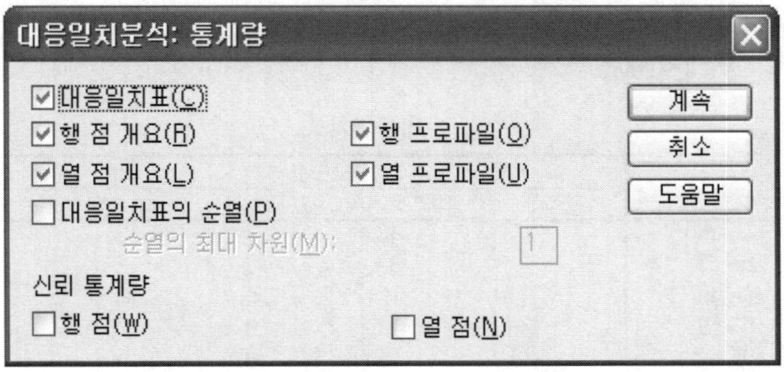

여기에서는 [대응일치표], [행 점 개요], [열 점 개요], [행 프로파일], [열 프로파일] 등을 체크해 둔다. 이어서 [계속] 버튼을 클릭한다.

(7) [도표(O)] 버튼을 클릭한다.

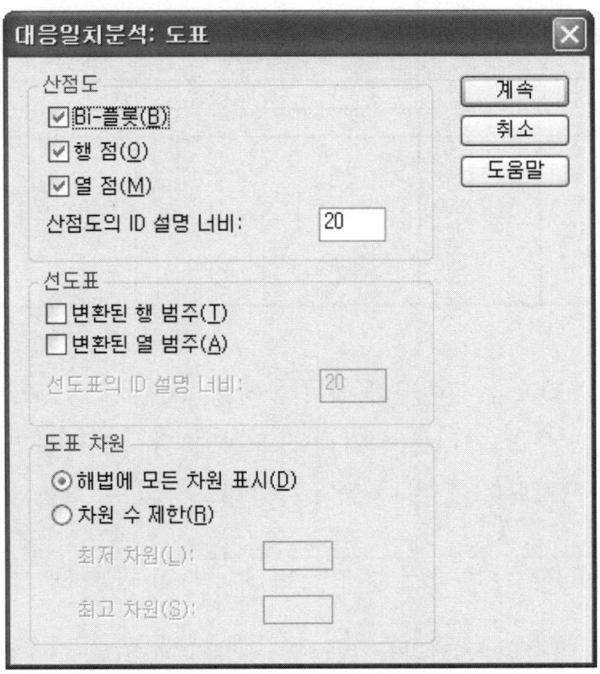

여기에서는 [Bi-플롯] (행 범주와 열 범주의 동시배치도), [행 점] (행 범주의 배치도), [열점] (열 범주의 배치도) 등을 체크해 둔다. 이어서 [계속] 버튼을 클릭한다. [확인] 버튼을 클릭하면 분석결과가 출력된다.

■ **분석결과 및 결과의 해석방법**

(1) 분석결과-1(대응일치표)

대응일치표

연령	알콜음료				
	청주	맥주	포도주	소주	액티브 주변
20~29	12	48	27	23	110
30~39	17	30	48	25	120
40~49	20	10	26	44	100
50~59	36	10	20	24	90
60 이상	40	5	8	27	80
액티브 주변	125	103	129	143	500

대응일치표란 대응분석의 대상이 되는 2원표를 말한다. <표 1-2>를 그대로 재현하고 있다.

(2) 분석결과-2(프로파일과 거리)

행 프로파일

연령	알콜음료				
	청주	맥주	포도주	소주	액티브 주변
20~29	.109	.436	.245	.209	1.000
30~39	.142	.250	.400	.208	1.000
40~49	.200	.100	.260	.440	1.000
50~59	.400	.111	.222	.267	1.000
60 이상	.500	.063	.100	.338	1.000
매스	.250	.206	.258	.286	

행 프로파일은 분할표에 있어서의 행의 합계를 100%로 한 2원표를 나타내고 있다. 여기에서 행의 범주간 거리를 생각해 보도록 하자. 예를 들면, 연령이 '20~29'와 '30~39'의 거리를 생각한다. 먼저 통상의 유클리드 거리는 다음과 같이 계산된다.

$$\sqrt{(0.109-0.142)^2+(0.436-0.250)^2+(0.245-0.400)^2+(0.209-0.208)^2} = 0.244$$

대응분석에서는 유클리드 거리를 평균 프로파일(매스)로 수정한 가중치를 부여한 거리를 생각한다.

$$\sqrt{\frac{(0.109-0.142)^2}{0.250}+\frac{(0.436-0.250)^2}{0.206}+\frac{(0.245-0.400)^2}{0.258}+\frac{(0.209-0.208)^2}{0.286}}=0.515$$

이 거리를 χ^2거리라고 부르고 있다.

열 프로파일

연령	알콜음료 청주	맥주	포도주	소주	매스
20~29	.096	.466	.209	.161	.220
30~39	.136	.291	.372	.175	.240
40~49	.160	.097	.202	.308	.200
50~59	.288	.097	.155	.168	.180
60 이상	.320	.049	.062	.189	.160
액티브 주변	1.000	1.000	1.000	1.000	

열 프로파일은 열의 합계를 100%로 한 2원표를 나타내고 있다.

열의 범주간 χ^2거리, 예를 들면, '청주'와 '맥주'의 χ^2거리는 다음과 같이 계산된다.

$$\sqrt{\frac{(0.096-0.466)^2}{0.220}+\frac{(0.136-0.291)^2}{0.240}+\frac{(0.160-0.097)^2}{0.200}+\frac{(0.288-0.097)^2}{0.180}+\frac{(0.320-0.049)^2}{0.160}}$$

$$=1.185$$

(3) 분석결과-3(관성과 차원)

요약

차원	비정칙값	요약 관성	카이제곱	유의확률	관성비율 설명됨	관성비율 누적	신뢰 비정칙값 표준편차	신뢰 비정칙값 상관계수 2	신뢰 비정칙값 상관계수 3
1	.428	.184			.753	.753	.039	.220	.058
2	.201	.040			.165	.918	.043		.178
3	.141	.020			.082	1.000	.045		
요약 전체		.244	121.912	.000[a]	1.000	1.000			

a. 자유도 12

① 비정칙값 → 행 점수와 열 점수의 상관계수 = 고유치의 제곱근

② 요약관성 → 각 점수의 원점으로부터의 분산 정도 = 고유치

※(비정칙값)^2 = 요약관성

③ 관성비율 → 각 차원(각 주축)이 원래 정보의 몇 퍼센트를 설명하고 있는가를 보임

상기의 결과로부터, 1차원에서, 원래의 분할표가 갖고 있는 정보의 75.3%를 설명할 수 있다는 것을 알 수 있다. 일반적으로 100%가 되는 최대 차원 수는

(분할표에 있어서의 행수와 열수 중 적은 쪽의 수) − 1

이 된다.

요약관성의 합계치와 χ^2값 사이에는 다음의 관계가 성립한다.

요약관성의 합계치 × 총빈도 n = χ^2값

그런데 요약관성의 합계치는 행 프로파일과 열 프로파일의 수치를 사용해서 구할 수 있다는 것을 다음에 보인다.

행 프로파일로부터 각 행과 매스(평균)의 χ^2거리의 제곱을 구한다.

'20~29'와 매스의 χ^2거리의 제곱은

$$\frac{(0.109-0.250)^2}{0.250}+\frac{(0.436-0.206)^2}{0.206}+\frac{(0.245-0.258)^2}{0.258}+\frac{(0.209-0.286)^2}{0.286}= 0.358$$

'30~39'와 매스의 χ^2거리의 제곱은

$$\frac{(0.142-0.250)^2}{0.250}+\frac{(0.250-0.206)^2}{0.206}+\frac{(0.400-0.258)^2}{0.258}+\frac{(0.208-0.286)^2}{0.286}= 0.155$$

'40~49'와 매스의 χ^2거리의 제곱은

$$\frac{(0.200-0.250)^2}{0.250}+\frac{(0.100-0.206)^2}{0.206}+\frac{(0.260-0.258)^2}{0.258}+\frac{(0.440-0.286)^2}{0.286}= 0.147$$

'50~59'와 매스의 χ^2거리의 제곱은

$$\frac{(0.400-0.250)^2}{0.250}+\frac{(0.111-0.206)^2}{0.206}+\frac{(0.222-0.258)^2}{0.258}+\frac{(0.267-0.286)^2}{0.286}= 0.140$$

'60 이상'과 매스의 χ^2거리의 제곱은

$$\frac{(0.500-0.250)^2}{0.250}+\frac{(0.063-0.206)^2}{0.206}+\frac{(0.100-0.258)^2}{0.258}+\frac{(0.338-0.286)^2}{0.286}=0.455$$

이상의 χ^2거리의 제곱에 열 프로파일에 대한 각 행의 매스 값을 곱해서 합계한다.

$$0.358\times0.220+0.155\times0.240+0.147\times0.200+0.140\times0.180+0.455\times0160\ =0.244$$

이 되어 요약관성의 합계값이 얻어진다. 이 사실로부터도 관성(inertia)은 χ^2거리와 밀접하게 관련되어 있다는 것을 알 수 있다.

(4) 분석결과-4(행 점수와 열 점수)

행 포인트 개요[a]

연령	매스	차원의 점수		
		1	2	3
20-29	.220	-.832	-.485	.319
30-39	.240	-.493	.309	-.477
40-49	.200	.245	.672	.468
50-59	.180	.524	-.185	-.333
60 이상	.160	.988	-.429	.066
액티브 전체	1.000			

a. 대칭 정규화

열 포인트 개요[a]

알콜음료	매스	차원의 점수		
		1	2	3
청주	.250	.839	-.436	-.241
맥주	.206	-.954	-.546	.185
포도주	.258	-.387	.467	-.451
소주	.286	.303	.353	.485
액티브 전체	1.000			

a. 대칭 정규화

행과 열의 배치도는 행 점수와 열 점수를 기초로 작성되고 있다. 행 점수와 열 점수의 값은 점수의 정규화 방식에서 달라진다. 정규화의 방법에는 다음 네 가지의 방법이 있다.

① 대칭적 정규화

② 행 주성분 정규화

③ 열 주성분 정규화

④ 주성분 정규화

여기에서는 대칭적 정규화에 의해 점수를 계산하고 있다. 정규화의 방법에 대해서는 뒤에서 기술하기로 한다.

(5) 분석결과-5(기여도)

행 포인트 개요[a]

연령	개요 관성	기여도						
		차원의 관성에 대한 포인트			포인트의 관성에 대한 차원			
		1	2	3	1	2	3	개요 전체
20-29	.079	.356	.258	.159	.828	.132	.040	1.000
30-39	.037	.136	.114	.386	.670	.123	.207	1.000
40-49	.029	.028	.450	.310	.175	.615	.210	1.000
50-59	.025	.115	.031	.141	.839	.049	.112	1.000
60 이상	.073	.365	.147	.005	.918	.081	.001	1.000
액티브 전체	.244	1.000	1.000	1.000				

a. 대칭 정규화

'행 포인트 개요' 오른쪽에 기여도가 출력되고 있다.

① 개요관성 → 관성을 행마다 분해한 값

② 차원의 관성에 대한 포인트 → 절대기여도

= 하나의 차원이 각 행에 의해서 설명되는 비율

③ 포인트의 관성에 대한 차원 → 상대기여도

= 하나의 행이 각 차원에 의해서 설명되는 비율

열 포인트 개요[a]

알콜음료	개요 관성	기여도						
		차원의 관성에 대한 포인트			포인트의 관성에 대한 차원			
		1	2	3	1	2	3	개요 전체
청주	.087	.411	.236	.103	.867	.110	.024	1.000
맥주	.094	.438	.306	.050	.858	.132	.011	1.000
포도주	.035	.090	.280	.372	.469	.320	.211	1.000
소주	.028	.061	.178	.475	.404	.256	.340	1.000
액티브 전체	.244	1.000	1.000	1.000				

a. 대칭 정규화

④ 개요관성 → 관성을 열마다 분해한 값

⑤ 차원의 관성에 대한 포인트 → 절대기여도

= 하나의 차원이 각 열에 의해서 설명되는 비율

⑥ 포인트의 관성에 대한 차원 → 상대기여도

= 하나의 열이 각 차원에 의해서 설명되는 비율

(6) 분석결과-6(배치도)

① 연령에 대한 행 점(차원 1 : 차원 2)

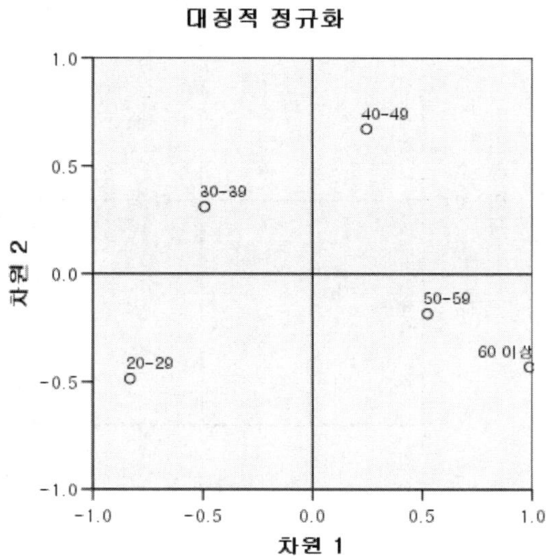

② 연령에 대한 행 점(차원 1 : 차원 3)

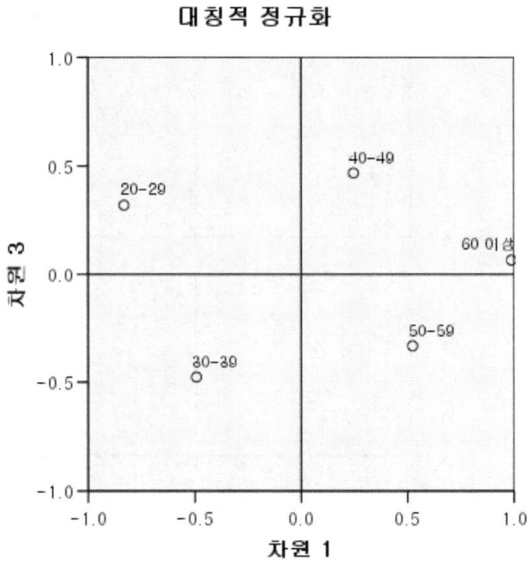

가까이 위치하는 행의 범주끼리는 열의 분포가 비슷하다.

③ 알콜 음료에 대한 열 점(차원 1 : 차원 2)

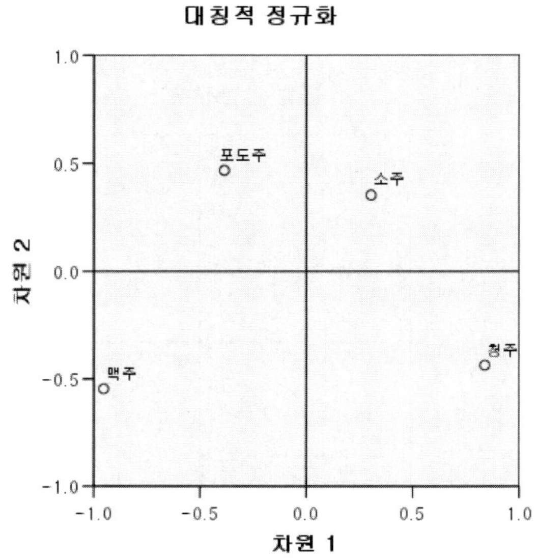

④ 알콜 음료에 대한 열 점(차원 1 : 차원 3)

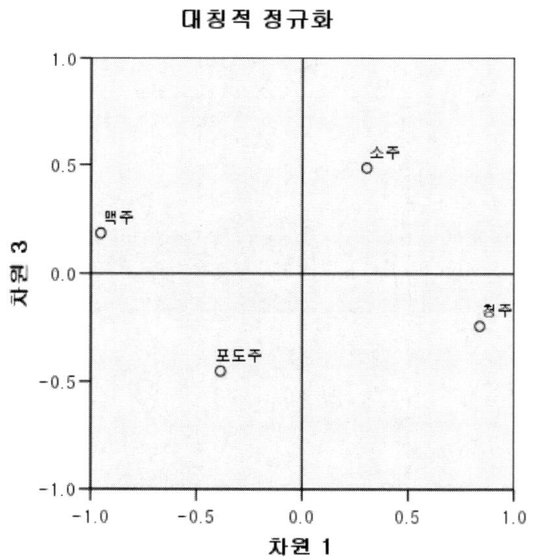

가까이 위치하는 열의 범주끼리는 행의 분포가 비슷하다.

⑤ 행 점 및 열 점의 동시 플롯(차원 1 : 차원 2)

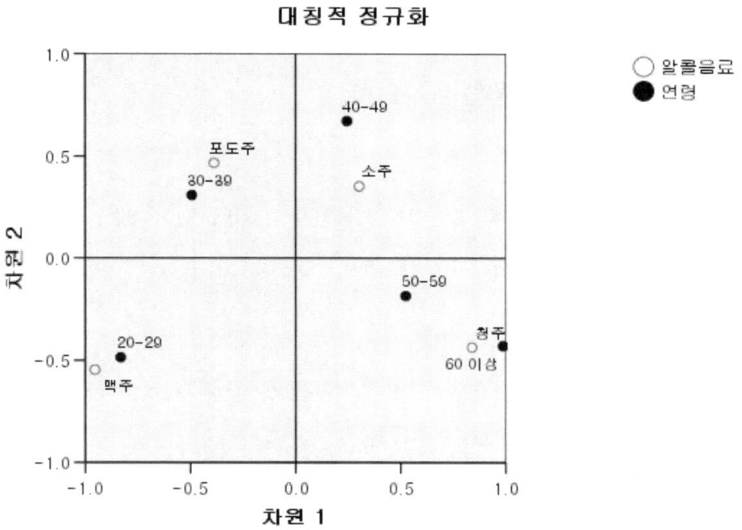

어떤 하나의 열의 범주에 주목했을 경우에 그 범주에 가까운 행의 범주에서 높은 비율로 되어 있다. 또한 먼 행의 범주에서 낮은 비율로 되어 있다.

2. 정규화의 방법

대응분석에 있어서의 행 점수와 열 점수의 값은 점수의 정규화 방법에 따라서 다른 값이 된다. 여기에서는 정규화의 방법에 대해서 각각의 특징을 설명하기로 한다.

■ 대칭적 정규화

행 및 열의 범주간의 차(差) 또는 유사성을 조사하고 싶다고 하는 상황에서 사용한다. 또한 행과 열의 관계에 가장 흥미가 있다.

행 및 열의 점수에 대한 제곱합이 n × (비정칙값)이 되도록 정규화하고 있다.

행 포인트 개요[a]

연령	차원의 점수 1	2	3
20-29	-.832	-.485	.319
30-39	-.493	.309	-.477
40-49	.245	.672	.468
50-59	.524	-.185	-.333
60 이상	.988	-.429	.066

a. 대칭 정규화

열 포인트 개요[a]

알콜음료	차원의 점수 1	2	3
청주	.839	-.436	-.241
맥주	-.954	-.546	.185
포도주	-.387	.467	-.451
소주	.303	.353	.485

a. 대칭 정규화

[행 점수의 제곱합의 계산]

1차원

$$(-0.832)^2 \times 110 + (-0.493)^2 \times 120 + 0.245^2 \times 100 + 0.524^2 \times 90 + 0.988^2 \times 80$$

= 500 × (1차원의 비정칙값) = 214.116

2차원

$$(-0.485)^2 \times 110 + 0.309^2 \times 120 + 0.672^2 \times 100 + (-0.185)^2 \times 90 + (-0.429)^2 \times 80$$

= 500 × (2차원의 비정칙값) = 100.294

3차원

$$0.319^2 \times 110 + (-0.477)^2 \times 120 + 0.468^2 \times 100 + (-0.333)^2 \times 90 + 0.066^2 \times 80$$

= 500 × (3차원의 비정칙값) = 70.728

[열 점수의 제곱합의 계산]

1차원

$$0.839^2 \times 125 + (-0.954)^2 \times 103 + (-0.387)^2 \times 129 + 0.303^2 \times 143$$

= 500 × (1차원의 비정칙값) = 214.116

2차원

$$(-0.436)^2 \times 125 + (-0.546)^2 \times 103 + 0.467^2 \times 129 + 0.353^2 \times 143$$

= 500 × (1차원의 비정칙값) = 100.294

3차원

$$(-0.241)^2 \times 125 + 0.185^2 \times 103 + (-0.451)^2 \times 129 + 0.485^2 \times 143$$

= 500 × (1차원의 비정칙값) = 70.728

■ 행 주성분 정규화

행의 범주간 차 또는 유사성만을 조사하고 싶다고 하는 상황에서 사용한다. 행의 점수에 대한 제곱합이 n × (관성), 열의 점수에 대한 제곱합이 n이 되도록 정규화되고 있다.

행 주성분 정규화의 방법에 의한 분석결과를 얻으려면 [모형] 대화상자에서 [정규화 방법]으로서 '행 주성분(N)'을 선택하여 실행한다.

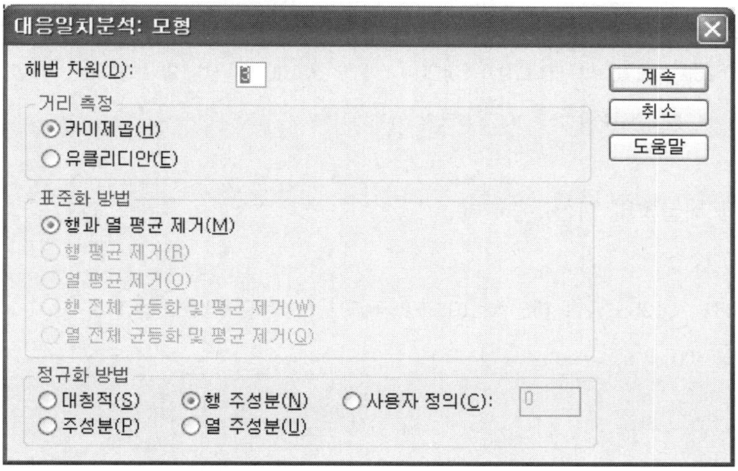

요약

차원	비정칙값	요약 관성	카이제곱	유의확률	관성비율		신뢰 비정칙값		
								상관계수	
					설명됨	누적	표준편차	2	3
1	.428	.184			.753	.753	.039	.220	.058
2	.201	.040			.165	.918	.043		.178
3	.141	.020			.082	1,000	.045		
요약 전체		.244	121,912	.000[a]	1,000	1,000			

a. 자유도 12

행 포인트 개요[a]

연령	차원의 점수		
	1	2	3
20-29	-.545	-.217	.120
30-39	-.323	.138	-.179
40-49	.161	.301	.176
50-59	.343	-.083	-.125
60 이상	.647	-.192	.025

a. 행 주성분 정규화

열 포인트 개요[a]

알콜음료	차원의 점수		
	1	2	3
청주	1,282	-.972	-.642
맥주	-1,458	-1,219	.493
포도주	-.591	1,042	-1,200
소주	.463	.788	1,289

a. 행 주성분 정규화

[행 점수의 제곱합의 계산]

1차원

$$(-0.545)^2 \times 110 + (-0.323)^2 \times 120 + 0.161^2 \times 100 + 0.343^2 \times 90 + 0.647^2 \times 80$$

= 500 × (1차원의 관성) = 91.861

2차원

$$(-0.217)^2 \times 110 + 0.138^2 \times 120 + 0.301^2 \times 100 + (-0.083)^2 \times 90 + (-0.192)^2 \times 80$$

= 500 × (2차원의 관성) = 20.094

3차원

$$0.120^2 \times 110 + (-0.179)^2 \times 120 + 0.176^2 \times 100 + (-0.125)^2 \times 90 + 0.025^2 \times 80$$

= 500 × (3차원의 관성) = 9.983

[열 점수의 제곱합의 계산]

1차원

$$1.282^2 \times 125 + (-1.458)^2 \times 103 + (-0.591)^2 \times 129 + 0.463^2 \times 143$$

= 500 = n

2차원

$$(-0.972)^2 \times 125 + (-1.219)^2 \times 103 + 1.042^2 \times 129 + 0.788^2 \times 143$$

= 500 = n

3차원

$$(-0.642)^2 \times 125 + 0.493^2 \times 103 + (-1.200)^2 \times 129 + 1.289^2 \times 143$$

= 500 = n

■ 열 주성분 정규화

열의 범주간 차 또는 유사성만을 조사하고 싶다고 하는 상황에서 사용한다. 행의 점수에 대한 제곱합이 n, 열의 점수에 대한 제곱합이 n × (관성)이 되도록 정규화되고 있다.

열 주성분 정규화의 방법에 의한 분석결과를 얻으려면 [모형] 대화상자에서 [정규화 방법]으로서 '열 주성분(U)'을 선택하여 실행한다.

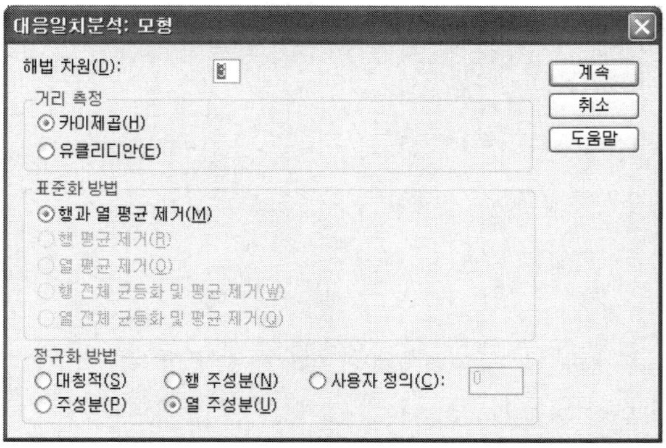

요약

차원	비정칙값	요약 관성	카이제곱	유의확률	관성비율		신뢰 비정칙값		
					설명됨	누적	표준편차	상관계수	
								2	3
1	.428	.184			.753	.753	.039	.220	.058
2	.201	.040			.165	.918	.043		.178
3	.141	.020			.082	1.000	.045		
요약 전체		.244	121.912	.000[a]	1.000	1.000			

a. 자유도 12

행 포인트 개요[a]

연령	차원의 점수		
	1	2	3
20-29	-1.271	-1.083	.849
30-39	-.754	.690	-1.268
40-49	.375	1.501	1.244
50-59	.800	-.412	-.885
60 이상	1.510	-.958	.175

a. 열 주성분 정규화

열 포인트 개요[a]

알콜음료	차원의 점수		
	1	2	3
청주	.549	-.195	-.091
맥주	-.625	-.245	.070
포도주	-.253	.209	-.170
소주	.198	.158	.182

a. 열 주성분 정규화

[행 점수의 제곱합의 계산]

1차원

$$(-1.271)^2 \times 110 + (-0.754)^2 \times 120 + 0.375^2 \times 100 + 0.800^2 \times 90 + 1.510^2 \times 80$$

$= 500 = n$

2차원

$$(-1.083)^2 \times 110 + 0.690^2 \times 120 + 1.501^2 \times 100 + (-0.412)^2 \times 90 + (-0.958)^2 \times 80$$

$= 500 = n$

3차원

$$0.849^2 \times 110 + (-1.268)^2 \times 120 + 1.244^2 \times 100 + (-0.885)^2 \times 90 + 0.175^2 \times 80$$

$= 500 = n$

[열 점수의 제곱합의 계산]

1차원

$$0.549^2 \times 125 + (-0.625)^2 \times 103 + (-0.253)^2 \times 129 + 0.198^2 \times 143$$

= 500 × (1차원의 관성)

2차원

$$(-0.195)^2 \times 125 + (-0.245)^2 \times 103 + 0.209^2 \times 129 + 0.158^2 \times 143$$

= 500 × (2차원의 관성)

3차원

$$(-0.091)^2 \times 125 + 0.070^2 \times 103 + (-0.170)^2 \times 129 + 0.182^2 \times 143$$

= 500 × (3차원의 관성)

■ 주성분 정규화

행 및 열의 범주간 차 또는 유사성을 조사하고 싶다고 하는 상황에서 사용한다. 행 및 열의 점수에 대한 제곱합이 n × (관성)이 되도록 정규화되고 있다.

주성분 정규화의 방법에 의한 분석결과를 얻으려면 [모형] 대화상자에서 [정규화 방법]으로서 '주성분(P)'을 선택하여 실행한다.

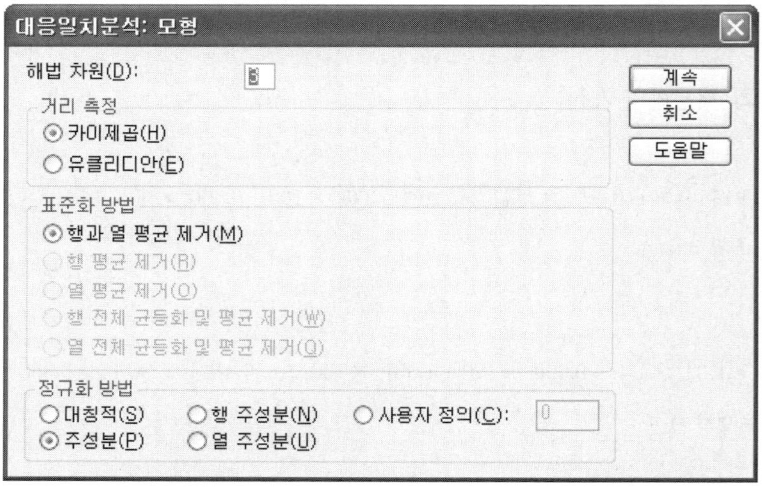

행 포인트 개요[a]

연령	차원의 점수		
	1	2	3
20-29	-.545	-.217	.120
30-39	-.323	.138	-.179
40-49	.161	.301	.176
50-59	.343	-.083	-.125
60 이상	.647	-.192	.025

a. 주성분 정규화

열 포인트 개요[a]

알콜음료	차원의 점수		
	1	2	3
청주	.549	-.195	-.091
맥주	-.625	-.245	.070
포도주	-.253	.209	-.170
소주	.198	.158	.182

a. 주성분 정규화

[행 점수의 제곱합의 계산]

1차원

$$(-0.545)^2 \times 110 + (-0.323)^2 \times 120 + 0.161^2 \times 100 + 0.343^2 \times 90 + 0.647^2 \times 80$$

= 500 × (1차원의 관성)

2차원

$$(-0.217)^2 \times 110 + 0.138^2 \times 120 + 0.301^2 \times 100 + (-0.038)^2 \times 90 + (-0.192)^2 \times 80$$

= 500 × (2차원의 관성)

3차원

$$0.120^2 \times 110 + (-0.179)^2 \times 120 + 0.176^2 \times 100 + (-0.125)^2 \times 90 + 0.025^2 \times 80$$

= 500 × (3차원의 관성)

[열 점수의 제곱합의 계산]

1차원

$$0.549^2 \times 125 + (-0.625)^2 \times 103 + (-0.253)^2 \times 129 + 0.198^2 \times 143$$

= 500 × (1차원의 관성)

2차원

$$(-0.195)^2 \times 125 + (-0.245)^2 \times 103 + 0.209^2 \times 129 + 0.158^2 \times 143$$

= 500 × (2차원의 관성)

3차원

$$(-0.091)^2 \times 125 + 0.070^2 \times 103 + (-0.170)^2 \times 129 + 0.182^2 \times 143$$

= 500 × (3차원의 관성)

이상으로 해설한 네 가지 정규화의 방법은 다음과 같이 정리된다.

| 표 1-3 | 네 가지 정규화와 점수의 제곱합 · 분산

	대칭적	행 주성분	열 주성분	주성분
행 점수의 제곱합	n x 비정칙값	n x 관성	n	n x 관성
열 점수의 제곱합	n x 비정칙값	n	n x 관성	n x 관성
행 점수의 분산	비정칙값	관성	1	관성
열 점수의 분산	비정칙값	1	관성	관성

(주) SPSS 이외의 통계 소프트웨어는 주성분 정규화를 이용하고 있는 것이 많다. 그리고 행 점수와 열 점수의 분산이 모두 1이 되도록 하고 있는 것도 있다.

3. 행 주성분 정규화의 배치도와 점수

■ 행 주성분 정규화에 대한 배치도

행 주성분 정규화에 의한 점수를 이용한 배치도는 다음과 같이 된다.

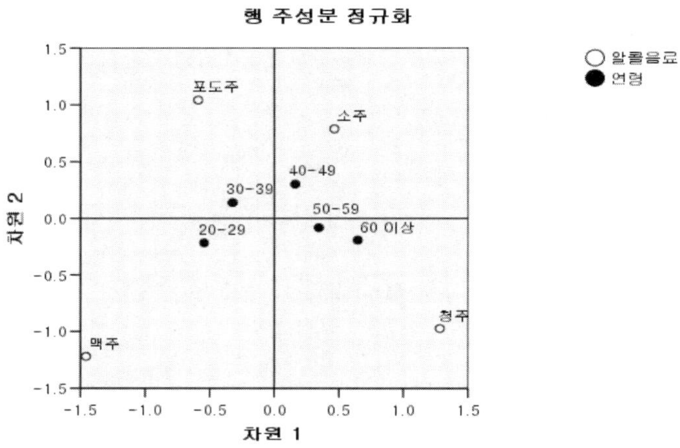

행 주성분 정규화에 의한 점수는 행의 범주간 유클리드 거리와 비슷한 χ^2거리이다. 예를 들면, 연령 '20~29'과 원점(매스)의 χ^2거리에 대한 제곱은 다음과 같이 계산된다.

$$\frac{(0.109-0.250)^2}{0.250}+\frac{(0.436-0.206)^2}{0.206}+\frac{(0.245-0.258)^2}{0.258}+\frac{(0.209-0.286)^2}{0.286}=0.358$$

한편, 행 점수에 의거하여 연령 '20~29'과 원점(매스)의 유클리드 거리에 대한 제곱은 다음과 같이 계산된다.

$$(-0.545)^2+(-0.217)^2+0.120^2=0.358$$

■ 행 점수와 열 점수의 관계

행 주성분 정규화에 의한 행 점수는 행 프로파일과 열 점수에 의해 계산할 수 있다.

행 프로파일

	알콜음료				
연령	청주	맥주	포도주	소주	액티브 주변
20-29	.109	.436	.245	.209	1.000
30-39	.142	.250	.400	.208	1.000
40-49	.200	.100	.260	.440	1.000
50-59	.400	.111	.222	.267	1.000
60 이상	.500	.063	.100	.338	1.000
매스	.250	.206	.258	.286	

열 포인트 개요[a]

알콜음료	차원의 점수		
	1	2	3
청주	1.282	-.972	-.642
맥주	-1.458	-1.219	.493
포도주	-.591	1.042	-1.200
소주	.463	.788	1.289

a. 행 주성분 정규화

행 포인트 개요[a]

연령	차원의 점수		
	1	2	3
20-29	-.545	-.217	.120
30-39	-.323	.138	-.179
40-49	.161	.301	.176
50-59	.343	-.083	-.125
60 이상	.647	-.192	.025

a. 행 주성분 정규화

1차원의 행 점수 계산은 다음과 같이 된다.

연령 '20~29' :

$$1.282 \times 0.109 + (-1.458) \times 0.436 + (-0.591) \times 0.245 + 0.463 \times 0.209$$
$$= -0.545$$

연령 '30~39' :

$$1.282 \times 0.142 + (-1.458) \times 0.250 + (-0.591) \times 0.400 + 0.463 \times 0.208$$
$$= -0.323$$

연령 '40~49' :

$$1.282 \times 0.200 + (-1.458) \times 0.100 + (-0.591) \times 0.260 + 0.463 \times 0.440$$
$$= 0.161$$

연령 '50~59' :

$$1.282 \times 0.400 + (-1.458) \times 0.111 + (-0.591) \times 0.222 + 0.463 \times 0.267$$
$$= 0.343$$

연령 '60 이상' :

$$1.282 \times 0.500 + (-1.458) \times 0.063 + (-0.591) \times 0.100 + 0.463 \times 0.338$$
$$= 0.647$$

2차원, 3차원의 행 점수도 같은 방법으로 계산할 수 있다.

4. 열 주성분 정규화의 배치도와 점수

■ 열 주성분 정규화에 대한 배치도

열 주성분 정규화에 의한 점수를 이용한 배치도는 다음과 같이 된다.

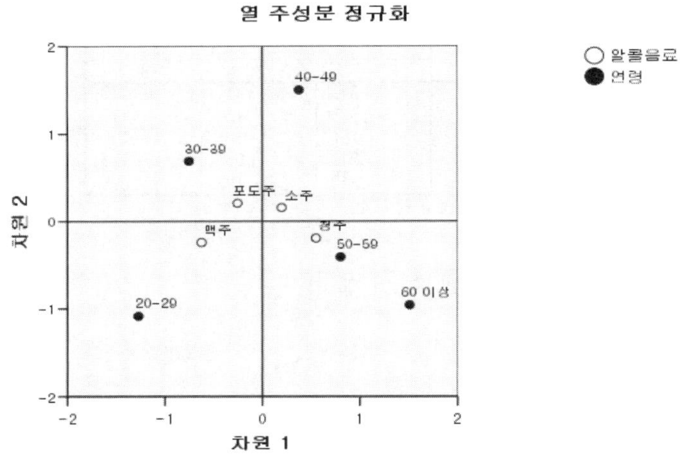

열 주성분 정규화에 의한 점수는 열의 범주간 유클리드 거리와 비슷한 χ^2거리이다. 예를 들면, '청주'와 원점(매스)의 χ^2거리에 대한 제곱은 다음과 같이 계산된다.

$$\frac{(0.096-0.220)^2}{0.220}+\frac{(0.136-0.240)^2}{0.240}+\frac{(0.160-0.200)^2}{0.200}+\frac{(0.288-0.180)^2}{0.180}=0.348$$

한편, 열 점수에 의거하여 '청주'와 원점(매스)의 유클리드 거리에 대한 제곱은 다음과 같이 계산된다.

$$0.549^2+(-0.195)^2+(-0.091)^2=0.348$$

■ 열 점수와 행 점수의 관계

열 주성분 정규화에 의한 열 점수는 열 프로파일과 행 점수에 의해 계산할 수 있다.

열 프로파일

	알콜음료				
연령	청주	맥주	포도주	소주	매스
20-29	.096	.466	.209	.161	.220
30-39	.136	.291	.372	.175	.240
40-49	.160	.097	.202	.308	.200
50-59	.288	.097	.155	.168	.180
60 이상	.320	.049	.062	.189	.160
액티브 주변	1.000	1.000	1.000	1.000	

행 포인트 개요[a]

연령	차원의 점수		
	1	2	3
20-29	-1.271	-1.083	.849
30-39	-.754	.690	-1.268
40-49	.375	1.501	1.244
50-59	.800	-.412	-.885
60 이상	1.510	-.958	.175

a. 열 주성분 정규화

열 포인트 개요[a]

알콜음료	차원의 점수		
	1	2	3
청주	.549	-.195	-.091
맥주	-.625	-.245	.070
포도주	-.253	.209	-.170
소주	.198	.158	.182

a. 열 주성분 정규화

1차원의 열 점수 계산은 다음과 같이 된다.

'청주' : $(-1.271)\times 0.096+(-0.754)\times 0.136+0.375\times 0.160+0.800\times 0.288+1.510\times 0.320$

$= 0.549$

'맥주' : $(-1.271)\times 0.466+(-0.754)\times 0.291+0.375\times 0.097+0.800\times 0.097+1.510\times 0.049$

$= -0.625$

'포도주' : $(-1.271)\times 0.209+(-0.754)\times 0.372+0.375\times 0.202+0.800\times 0.155+1.510\times 0.062$

$= -0.253$

'청주' : $(-1.271)\times 0.161+(-0.754)\times 0.175+0.375\times 0.308+0.800\times 0.168+1.510\times 0.189$

$= 0.198$

2차원, 3차원의 열 점수도 같은 방법으로 계산할 수 있다.

> 대응분석(correspondence analysis)
>
> 대응분석은 Hirshfield(1935)에 의해서 제안되었으며 프랑스의 Benzécri(1973)와 그 제자들에 의해서 발전된 기법으로서 다변량 이산 데이터의 분석에 이용된다. 수학적으로는 정준상관분석(canonical correlation analysis)의 특수한 경우, 더 나아가서는 척도에 의존하지 않는 주성분분석으로 간주할 수 있다.

2 대응분석의 성질과 유의점

2.1 관성과 점의 산포

대응분석에 있어서는 관성(inertia)의 값이 중요한 지표의 하나가 된다. 여기에서는 관성과 점의 산포 상태의 관계를 수치예를 통해서 살펴보도록 한다.

■ **수치예 2-1**

| 표 2-1 | **분할표(1)**

	C_1	C_2	C_3	C_4	C_5	C_6	C_7
R_1	30	30	33	33	37	37	33
R_2	33	37	30	37	30	33	33
R_3	37	33	37	30	33	30	34

| 표 2-2 | **분할표(2)**

	C_1	C_2	C_3	C_4	C_5	C_6	C_7
R_1	20	20	30	30	50	50	33
R_2	30	50	20	50	30	20	33
R_3	50	30	50	20	20	30	34

| 표 2-3 | **분할표(3)**

	C_1	C_2	C_3	C_4	C_5	C_6	C_7
R_1	5	5	40	85	50	10	33
R_2	40	85	5	5	40	5	33
R_3	55	10	55	10	10	85	34

각 분할표의 관성값과 χ^2값을 구한다. 관성값과 χ^2값은 각 분할표에 대해서 대응분석을 실시하면 분석결과 '요약'표를 읽어서 구할 수 있다. 각 분할표에 대한 대응분석의 결과는 다음과 같다.

[분할표(1)의 경우]

요약

차원	비정칙값	요약 관성	카이제곱	유의확률	관성비율		신뢰 비정칙값	
					설명됨	누적	표준편차	상관계수 2
1	,056	,003			,501	,501	,038	,008
2	,056	,003			,499	1,000	,038	
요약 전체		,006	4,457	,974[a]	1,000	1,000		

a. 자유도 12

[분할표(2)의 경우]

요약

차원	비정칙값	요약 관성	카이제곱	유의확률	관성비율		신뢰 비정칙값	
					설명됨	누적	표준편차	상관계수 2
1	,245	,060			,501	,501	,037	,054
2	,245	,060			,499	1,000	,037	
요약 전체		,120	84,017	,000[a]	1,000	1,000		

a. 자유도 12

[분할표(3)의 경우]

요약

차원	비정칙값	요약 관성	카이제곱	유의확률	관성비율		신뢰 비정칙값	
					설명됨	누적	표준편차	상관계수 2
1	,591	,349			,526	,526	,026	,150
2	,561	,315			,474	1,000	,029	
요약 전체		,664	464,731	,000[a]	1,000	1,000		

a. 자유도 12

따라서 각 분할표의 관성값과 χ^2값은 다음과 같이 된다.

	관성값 (요약 전체)	χ^2값 (요약 전체)
분할표(1)	0.006	4.457
분할표(2)	0.120	84.017
분할표(3)	0.664	464.731

각 분할표의 대응분석 결과에 대한 행 프로파일의 값들을 비교해 보면, 3차원 공간 상에서 행의 각 점에 대한 산포를 비교해 볼 수 있다.

[분할표(1)의 경우]

행 프로파일

행	열							
	C1	C2	C3	C4	C5	C6	C7	액티브 주변
R1	.129	.129	.142	.142	.159	.159	.142	1.000
R2	.142	.159	.129	.159	.129	.142	.142	1.000
R3	.158	.141	.158	.128	.141	.128	.145	1.000
매스	.143	.143	.143	.143	.143	.143	.143	

[분할표(2)의 경우]

행 프로파일

행	열							
	C1	C2	C3	C4	C5	C6	C7	액티브 주변
R1	.086	.086	.129	.129	.215	.215	.142	1.000
R2	.129	.215	.086	.215	.129	.086	.142	1.000
R3	.214	.128	.214	.085	.085	.128	.145	1.000
매스	.143	.143	.143	.143	.143	.143	.143	

[분할표(3)의 경우]

행 프로파일

행	열							
	C1	C2	C3	C4	C5	C6	C7	액티브 주변
R1	.022	.022	.175	.373	.219	.044	.145	1.000
R2	.188	.399	.023	.023	.188	.023	.155	1.000
R3	.212	.039	.212	.039	.039	.328	.131	1.000
매스	.143	.143	.143	.143	.143	.143	.143	

각 행의 프로파일로부터 수치의 산포가 클수록 관성값이 커지고 있는 것을 알 수 있다.

2.2 빈도와 비율

■ **수치예 2-2**

같은 프로파일을 갖는 분할표이더라도 빈도가 다르면, 대응분석의 결과도 다르다는 데에 주의를 필요로 한다. 이것을 수치예를 통해서 알아본다.

| 표 2-4 | **분할표(A)**

	C_1	C_2	C_3	C_4	C_5	합계
R_1	50	20	15	10	5	100
R_2	300	300	200	100	100	1000
R_3	10	5	30	15	40	100
R_4	20	20	10	40	10	100
합계	380	345	255	165	155	1300

| 표 2-5 | **분할표(B)**

	C_1	C_2	C_3	C_4	C_5	합계
R_1	50	20	15	10	5	100
R_2	60	60	40	20	20	200
R_3	10	5	30	15	40	100
R_4	20	20	10	40	10	100
합계	140	105	95	85	75	500

분할표(A)와 분할표(B)는 모두 같은 행 프로파일을 취한다(매스의 값은 다르다).

[분할표(A)의 경우]

행 프로파일

	열					
행	C1	C2	C3	C4	C5	액티브 주변
R1	.500	.200	.150	.100	.050	1.000
R2	.300	.300	.200	.100	.100	1.000
R3	.100	.050	.300	.150	.400	1.000
R4	.200	.200	.100	.400	.100	1.000
매스	.292	.265	.196	.127	.119	

[분할표(B)의 경우]

행 프로파일

	열					
행	C1	C2	C3	C4	C5	액티브 주변
R1	.500	.200	.150	.100	.050	1.000
R2	.300	.300	.200	.100	.100	1.000
R3	.100	.050	.300	.150	.400	1.000
R4	.200	.200	.100	.400	.100	1.000
매스	.280	.210	.190	.170	.150	

분할표(A)에 대해서 대응분석을 적용한 결과, 다음과 같은 배치도가 얻어진다.

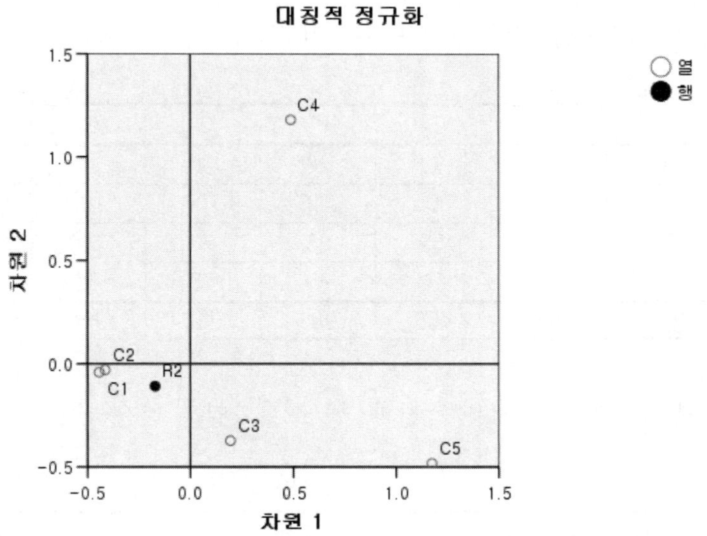

분할표(B)에 대해서 대응분석을 적용한 결과, 다음과 같은 배치도가 얻어진다.

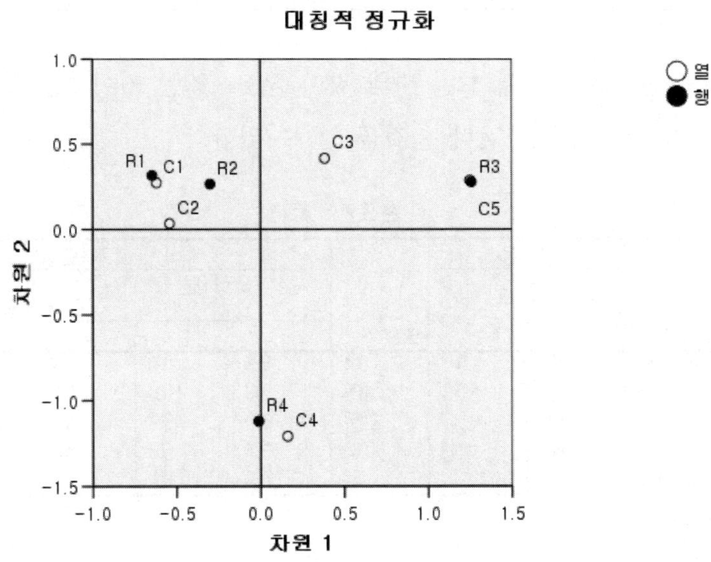

이와 같이 같은 프로파일을 갖는 분할표이더라도, 빈도가 다르면 대응분석에 의해 얻어지는 배치도도 다른 것이 된다.

■ 수치예 2-3

하나의 분할표 내에서 열의 분포(열의 비율)가 같은 행은 동일한 행 점수가 된다. 다음의 데이터를 사용해서 이 사실을 수치예로 보인다.

	C_1	C_2	C_3	C_4	C_5	합계
R_1	30	30	20	10	10	100
R_2	300	300	200	100	100	1000
R_3	130	55	85	70	160	500
R_4	20	20	60	70	30	200
합계	480	405	365	250	300	1800

이 분할표에 대응분석을 적용한 결과, 행 프로파일은 다음과 같이 된다.

행 프로파일

행	열					
	C1	C2	C3	C4	C5	액티브 주변
R1	.300	.300	.200	.100	.100	1.000
R2	.300	.300	.200	.100	.100	1.000
R3	.260	.110	.170	.140	.320	1.000
R4	.100	.100	.300	.350	.150	1.000
매스	.267	.225	.203	.139	.167	

다음의 행 포인트 개요에서 보는 바와 같이 R_1과 R_2는 기여도는 일부에서 다르지만 1차원과 2차원의 점수는 같다는 것을 알 수 있다.

행 포인트 개요[a]

행	매스	차원의 점수		개요 관성	기여도				
					차원의 관성에 대한 포인트		포인트의 관성에 대한 차원		
		1	2		1	2	1	2	개요 전체
R1	.056	.452	.041	.004	.035	.000	.994	.006	1.000
R2	.556	.452	.041	.037	.349	.004	.994	.006	1.000
R3	.278	-.649	-.547	.057	.360	.362	.666	.334	1.000
R4	.111	-.865	1.143	.060	.256	.633	.448	.552	1.000
액티브 전체	1.000			.158	1.000	1.000			

a. 대칭 정규화

R_1과 R_2는 C_1에서 C_5까지의 비율이 같은 값으로 되어 있다. 이와 같은 때는 R_1과 R_2는 같은 행 점수가 되어, 그래프상에서는 같은 위치에 플롯되어 겹쳐지게 된다.

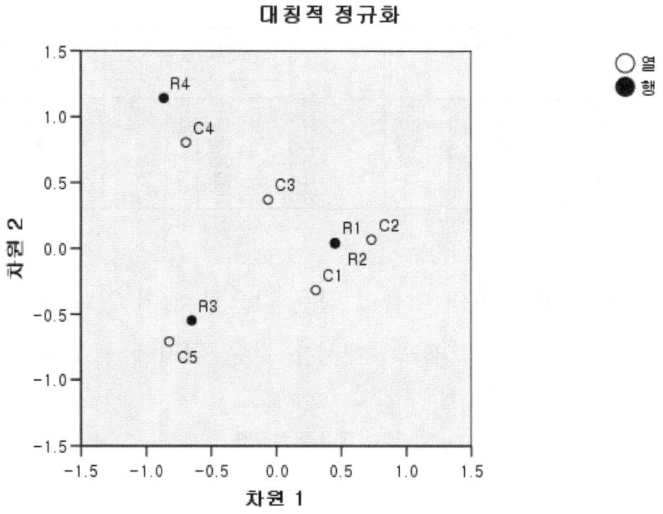

■ **수치예 2-4**

같은 원리로 하나의 분할표 내에서 행의 분포(행의 비율)가 같은 열은 동일한 열 점수가 된다. 다음의 데이터를 사용해서 이 사실을 수치예로 보인다.

	C_1	C_2	C_3	C_4	C_5	합계
R_1	20	200	15	10	5	250
R_2	60	600	40	20	20	740
R_3	5	50	30	15	40	140
R_4	20	200	10	30	10	270
합계	105	1050	95	75	75	1400

이 분할표에 대응분석을 적용한 결과, 열 프로파일은 다음과 같이 된다.

열 프로파일

행	열 C1	C2	C3	C4	C5	매스
R1	.190	.190	.158	.133	.067	.179
R2	.571	.571	.421	.267	.267	.529
R3	.048	.048	.316	.200	.533	.100
R4	.190	.190	.105	.400	.133	.193
액티브 주변	1.000	1.000	1.000	1.000	1.000	

다음의 열 포인트 개요에서 보는 바와 같이 C_1과 C_2는 기여도는 일부에서 다르지만 1차원과 2차원의 점수는 같다는 것을 알 수 있다.

열 포인트 개요[a]

열	매스	차원의 점수		개요 관성	기여도				
					차원의 관성에 대한 포인트		포인트의 관성에 대한 차원		
		1	2		1	2	1	2	개요 전체
C1	,075	-,272	,045	,002	,013	,001	,991	,009	1,000
C2	,750	-,272	,045	,024	,131	,011	,991	,009	1,000
C3	,068	1,081	,474	,036	,187	,110	,936	,059	,995
C4	,054	,605	-1,493	,025	,046	,862	,335	,665	1,000
C5	,054	2,219	,199	,112	,622	,015	,997	,003	,999
액티브 전체	1,000			,199	1,000	1,000			

a. 대칭 정규화

C_1과 C_2는 R_1에서 R_4까지의 비율이 같은 값으로 되어 있다. 이와 같은 때는 C_1과 C_2는 같은 열 점수가 되어, 그래프상에서는 같은 위치에 플롯되어 겹쳐지게 된다.

대칭적 정규화

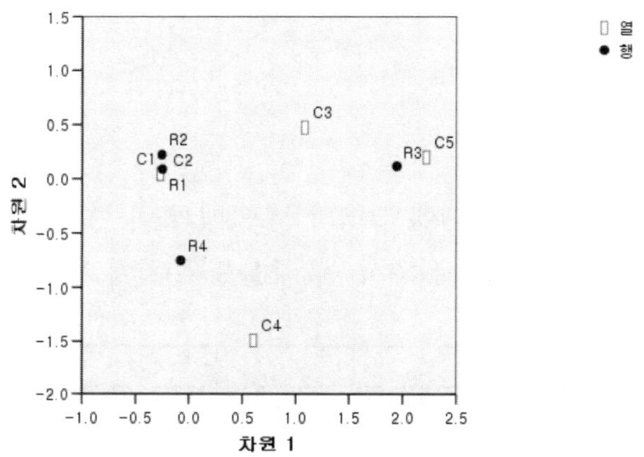

2.3 이상치의 영향

다음의 분할표는 사회인의 경우에 모델 D에만 빈도가 존재하고 모델 D는 사회인에게만 빈도가 존재하고 있다. 이와 같은 행 요소와 열 요소를 포함하고 있는 분할표에 대해서 대응분석을 적용해 보자.

■ **수치예 2-5**

	모델 A	모델 B	모델 C	모델 D	합계
중학생	45	27	23	0	95
고교생	22	43	24	0	89
대학생	18	14	56	0	88
사회인	0	0	0	15	15
합계	85	84	103	15	287

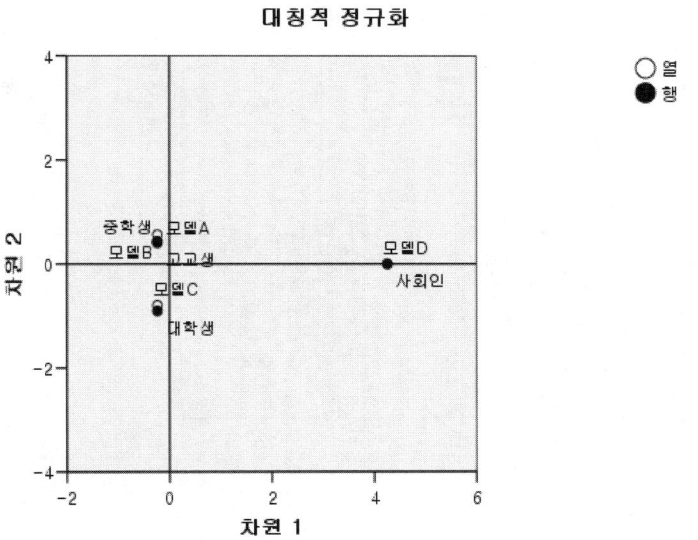

사회인과 모델 D가 뚝 떨어지고, 그 밖의 요소는 직선상에 늘어서는 배치도가 된다. 이와 같은 때에는 2차원과 3차원의 배치도를 관찰해 보면 좋다. 그러기 위해서는 [도표] 대화상자에서 [도표 차원]을 다음과 같이 설정하고 실행하면 된다.

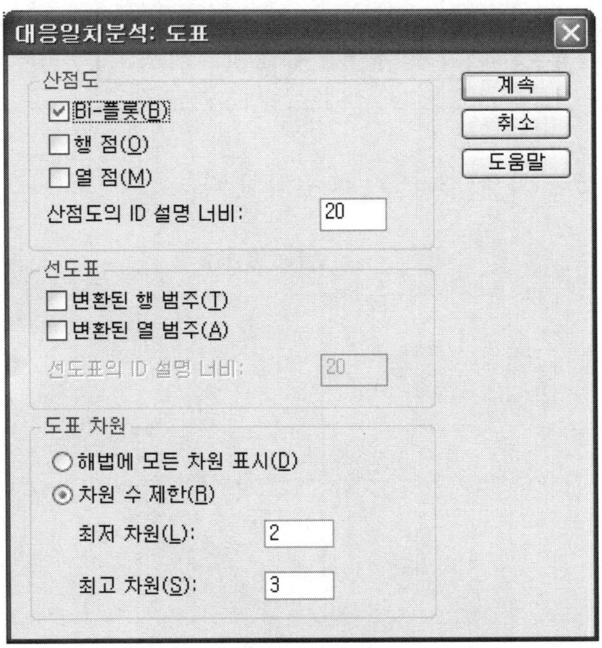

2차원과 3차원의 배치도는 다음과 같다.

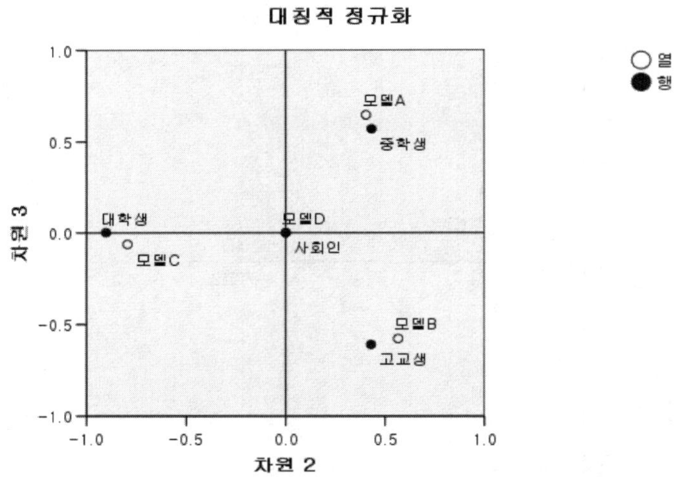

사회인과 모델 D를 제거하고, 다시 대응분석을 적용하는 것도 좋다. 사회인과 모델 D를 제거한 분할표는 다음과 같다.

■ **수치예 2-6**

	모델 A	모델 B	모델 C	합계
중학생	45	27	23	95
고교생	22	43	24	89
대학생	18	14	56	88
합계	85	84	103	272

제거하고 분석했을 때의 배치도는 다음과 같다.

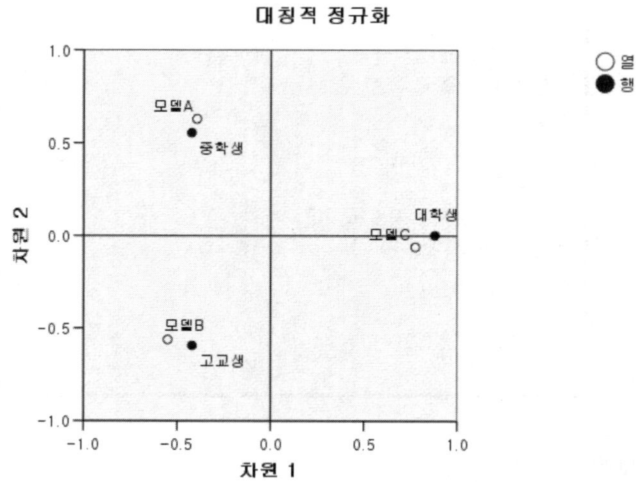

이와 같이 이상치(outlier)를 어떻게 처리하는가에 따라서 분석결과에 큰 영향을 미친다.

한편, 분할표의 특정 셀이 이상치일 경우는 어떠한지 알아보자. 대학생이 유독 모델 C에 많은 반응을 보여 56에서 560으로 빈도가 증가했을 경우에 대하여 분석해 보자. 이러한 경우의 분할표와 배치도는 다음과 같다.

■ **수치예 2-7**

	모델 A	모델 B	모델 C	합계
중학생	45	27	23	95
고교생	22	43	24	89
대학생	18	14	560	592
합계	85	84	607	776

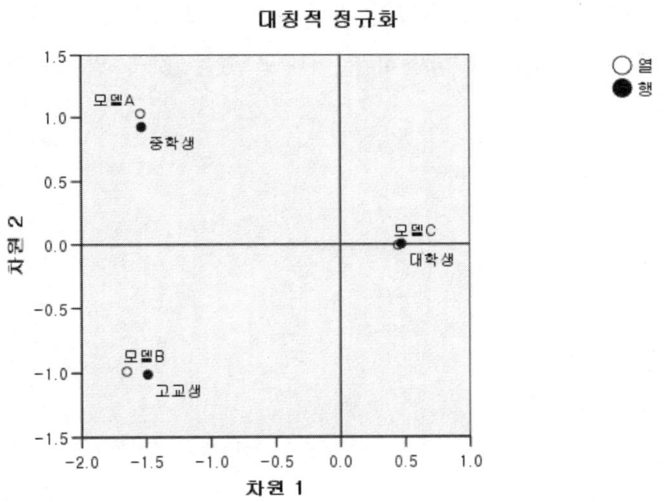

배치도상에서 상대적인 위치는 크게 변하지 않은 것을 알 수 있다.

이번에는 대학생의 모델 C에 반응을 56에서 5,600으로 빈도가 크게 증가했을 경우에 대하여 분석해 보자. 이러한 경우의 분할표와 배치도는 다음과 같다.

■ **수치예 2-8**

	모델 A	모델 B	모델 C	합계
중학생	45	27	23	95
고교생	22	43	24	89
대학생	18	14	5600	5632
합계	85	84	5647	5816

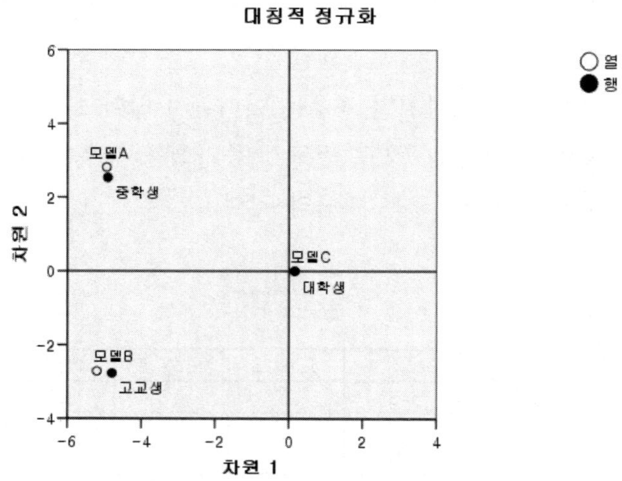

이 경우에는 배치도상에서 상대적인 위치는 크게 변하지 않은 것처럼 보이지만, 가로축과 세로축의 척도 변화가 상당히 일어나고 있는 것을 알 수 있다.

3 대응분석의 배치도

3.1 배치도 해석상의 주의점

1. 원점 부근의 범주

■ 수치예 3-1

다음의 분할표 <표 3-1>에 대응분석을 적용해 보자. 이 분할표는 네 개의 그룹 사람들에게 네 개의 PC 모델(A, B, C, D) 중에서 어느 PC를 가장 좋아하는지를 회답하도록 한 앙케트 조사의 결과를 집계한 것이다.

| 표 3-1 | **앙케트 집계표(1)**

	A	B	C	D
중학생	24	16	12	51
고교생	10	31	11	48
대학생	14	11	32	44
사회인	11	13	31	47

<표 3-1>의 분할표에 대응분석을 적용하면 다음과 같은 행 프로파일을 얻는다. 행 프로파일을 보면, 중학생, 고교생, 대학생, 사회인 모두 모델 D를 가장 좋아하고 있는 것을 알 수 있다.

행 프로파일

그룹	모델 A	B	C	D	액티브 주변
중학생	.233	.155	.117	.495	1.000
고교생	.100	.310	.110	.480	1.000
대학생	.139	.109	.317	.436	1.000
사회인	.108	.127	.304	.461	1.000
매스	.145	.175	.212	.468	

행 프로파일의 데이터를 막대그래프로 표현하면 다음과 같이 된다.

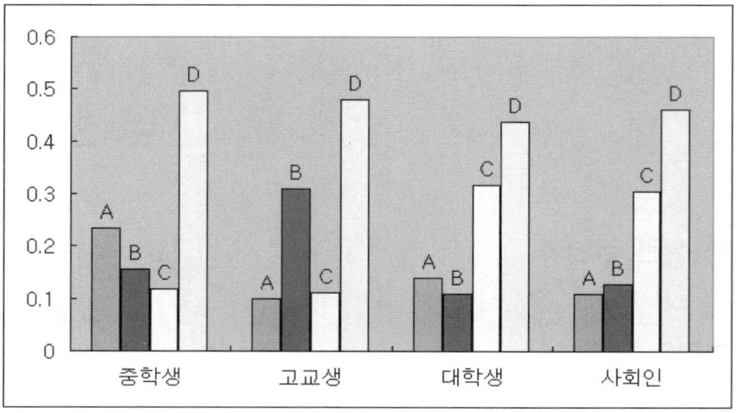

어느 그룹도 좋아하고 있는 모델 D는, 어떤 그룹만 좋아하고 있다고 하는 특징이 없다는 사실로부터 배치도의 원점 가까이에 플롯되고 있다.

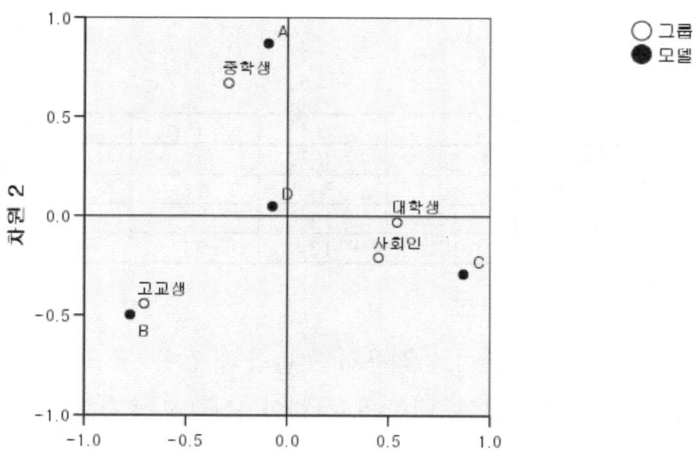

■ **수치예 3-2**

다음과 같은 분할표로부터도 수치예 1과 거의 같은 배치도가 얻어진다는 사실에 주의를 요한다.

| 표 3-2 | **앙케트 집계표(2)**

	A	B	C	D
중학생	41	29	23	9
고교생	24	46	25	8
대학생	26	21	49	7
사회인	23	27	42	9

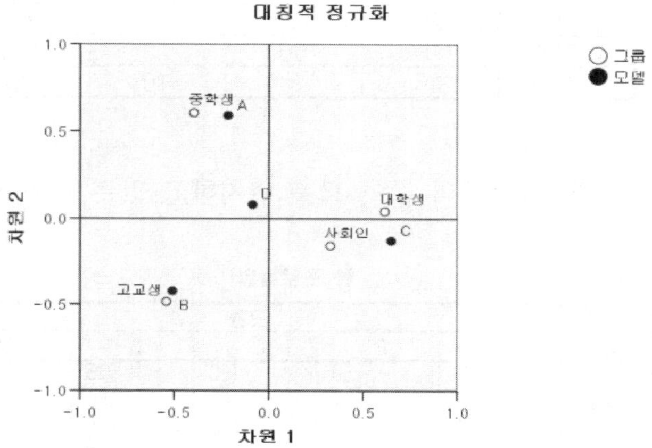

행 프로파일 및 막대그래프는 다음과 같이 된다.

행 프로파일

그룹	모델 A	B	C	D	액티브 주변
중학생	.402	.284	.225	.088	1.000
고교생	.233	.447	.243	.078	1.000
대학생	.252	.204	.476	.068	1.000
사회인	.228	.267	.416	.089	1.000
매스	.279	.301	.340	.081	

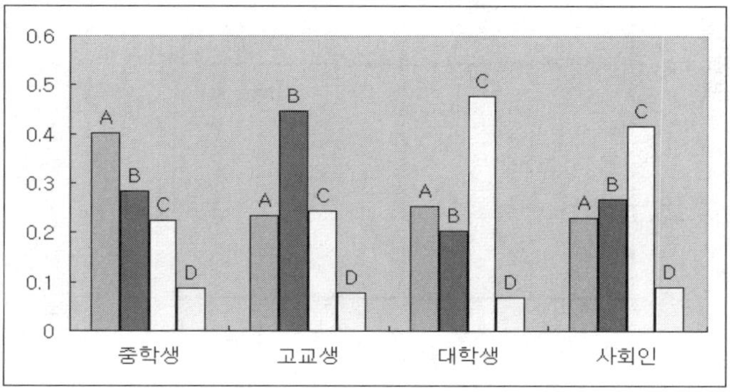

어느 그룹도 좋아하고 있지 않은 모델 D는, 어떤 그룹만 싫어하고 있다고 하는 특징이 없다는 사실로부터 역시 원점 가까이에 플롯되고 있다.

■ **수치예 3-3**

이번에는 다음의 분할표에 대응분석을 적용해 보자.

| 표 3-3 | **앙케트 집계표(3)**

	A	B	C	D
중학생	230	100	40	30
고교생	25	197	30	48
대학생	10	60	20	110
사회인	46	5	10	39

행 프로파일을 보면, 모델 C의 값이 모두 일치하고 있는 것을 알 수 있다.

행 프로파일

그룹	모델				
	A	B	C	D	액티브 주변
중학생	.575	.250	.100	.075	1.000
고교생	.083	.657	.100	.160	1.000
대학생	.050	.300	.100	.550	1.000
사회인	.460	.050	.100	.390	1.000
매스	.311	.362	.100	.227	

대칭적 정규화

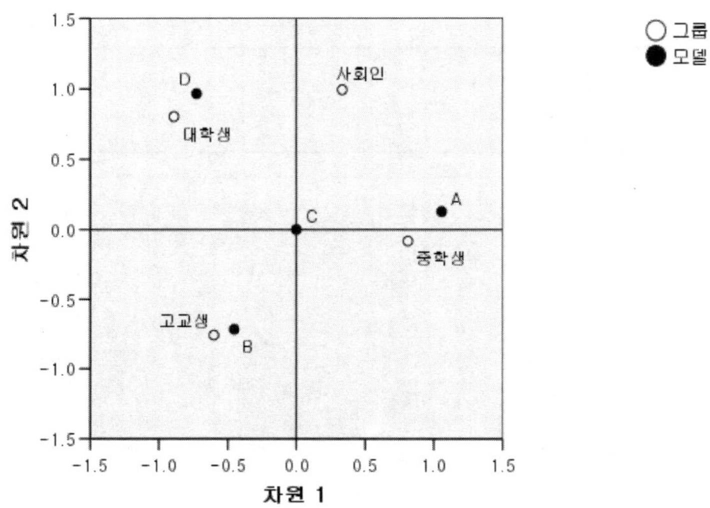

이 경우는 원점에 C가 플롯되고 있다. 그 이유를 다음에 보이는 열 프로파일로 설명해 보자.

열 프로파일

그룹	모델 A	B	C	D	매스
중학생	.740	.276	.400	.132	.400
고교생	.080	.544	.300	.211	.300
대학생	.032	.166	.200	.485	.200
사회인	.148	.014	.100	.172	.100
액티브 주변	1.000	1.000	1.000	1.000	

모델 C의 비율과 매스의 비율이 똑같다는 사실에 주목하기 바란다. 대응분석의 배치도에서는 매스의 비율(평균의 비율)에 가까울수록 원점에 가깝게 된다고 하는 특징이 있다.

[참고사항]

실은 수치예 1과 수치예 2도 역시 같은 관점에서 모델 D가 원점에 가까이 위치하고 있는 이유를 설명할 수 있다.

〈수치예 1의 열 프로파일〉

열 프로파일

그룹	모델 A	B	C	D	매스
중학생	.407	.225	.140	.268	.254
고교생	.169	.437	.128	.253	.246
대학생	.237	.155	.372	.232	.249
사회인	.186	.183	.360	.247	.251
액티브 주변	1.000	1.000	1.000	1.000	

〈수치예 2의 열 프로파일〉

열 프로파일

그룹	모델 A	B	C	D	매스
중학생	.360	.236	.165	.273	.249
고교생	.211	.374	.180	.242	.252
대학생	.228	.171	.353	.212	.252
사회인	.202	.220	.302	.273	.247
액티브 주변	1.000	1.000	1.000	1.000	

어느 쪽의 수치예에 있어서도 모델 D의 비율과 매스의 비율이 가까운 값이 되어 있음을 확인할 수 있다.

2. 행 범주와 열 범주의 친근성

■ 수치예 3-4

다음의 분할표 <표 3-4>에 대응분석을 적용해 보자. 이 분할표는 네 개의 그룹 사람들에게 다섯 개의 PC 모델(A, B, C, D, E) 중에서 어느 PC를 가장 좋아하는지를 회답하도록 한 앙케트 조사의 결과를 집계한 것이다.

| 표 3-4 | 앙케트 집계표(4)

	A	B	C	D	E
중학생	89	72	53	11	30
고교생	71	105	42	20	25
대학생	22	65	95	53	32
사회인	31	33	88	42	73

대응분석을 적용해서 얻은 배치도는 다음과 같다.

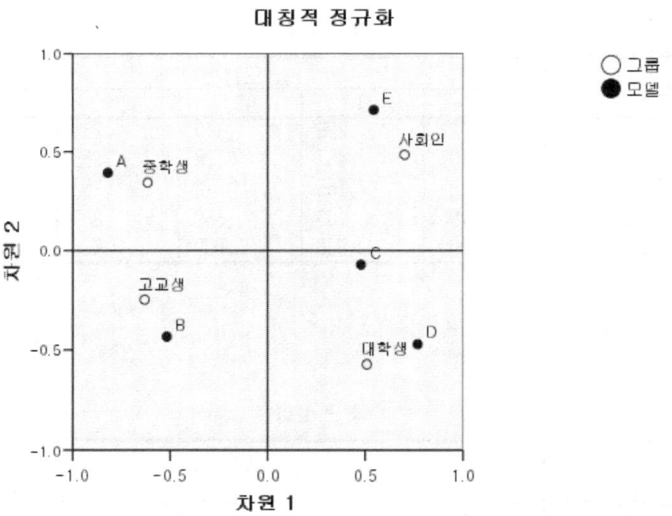

이 배치도로부터 다음과 같은 해석을 하고 싶어질 것이다.

① 대학생은 C보다 D를 좋아한다.

② 사회인은 C보다 E를 좋아한다.

그러나 여기에서 행 프로파일과 그것의 막대그래프를 보도록 하자.

행 프로파일

그룹	모델					
	A	B	C	D	E	액티브 주변
중학생	,349	,282	,208	,043	,118	1,000
고교생	,270	,399	,160	,076	,095	1,000
대학생	,082	,243	,356	,199	,120	1,000
사회인	,116	,124	,330	,157	,273	1,000
매스	,202	,261	,264	,120	,152	

대학생이나 사회인 모두 모델 C를 좋아하고 있고, 대학생은 모델 D를 세 번째로 좋아하며 사회인은 모델 E를 두 번째로 좋아하고 있다. 이러한 사실로부터 대학생은 C보다 D를 좋아한다든지 사회인은 C보다 E를 좋아한다고 하는 해석은 적절하지 못한 것을 알 수 있다.

그리고 1차원만으로 보았을 경우에는, 대학생과 모델 C는 가깝게 위치하고 있는 사실로부터 각 차원의 기여율도 고려할 필요가 있다.

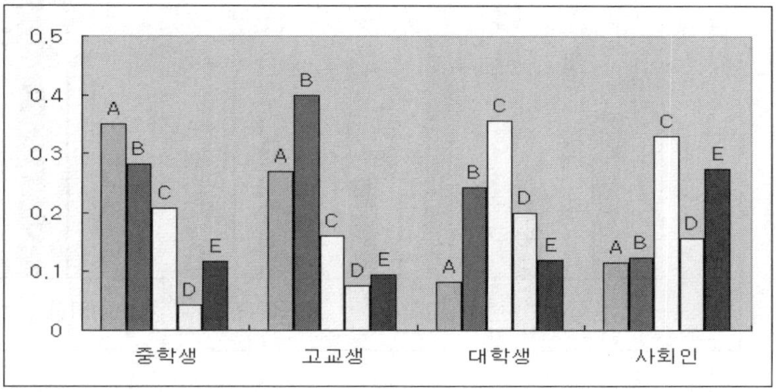

대학생과 모델 D, 사회인과 모델 E가 가깝게 위치하는 것은 바로 열 프로파일과 그것의 막대그래프로부터 이해할 수 있는 것이다.

열 프로파일

그룹	모델					
	A	B	C	D	E	매스
중학생	,418	,262	,191	,087	,188	,242
고교생	,333	,382	,151	,159	,156	,250
대학생	,103	,236	,342	,421	,200	,254
사회인	,146	,120	,317	,333	,456	,254
액티브 주변	1,000	1,000	1,000	1,000	1,000	

모델 D는 대학생이 좋아하고, 모델 E는 사회인이 좋아하고 있는 것을 알 수 있다.

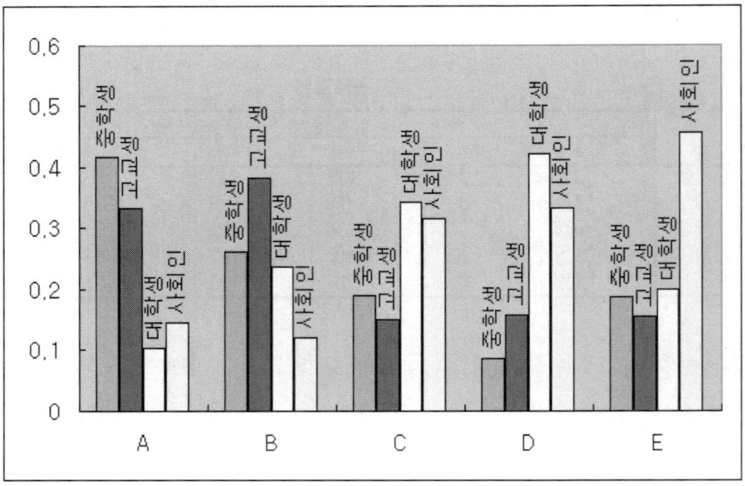

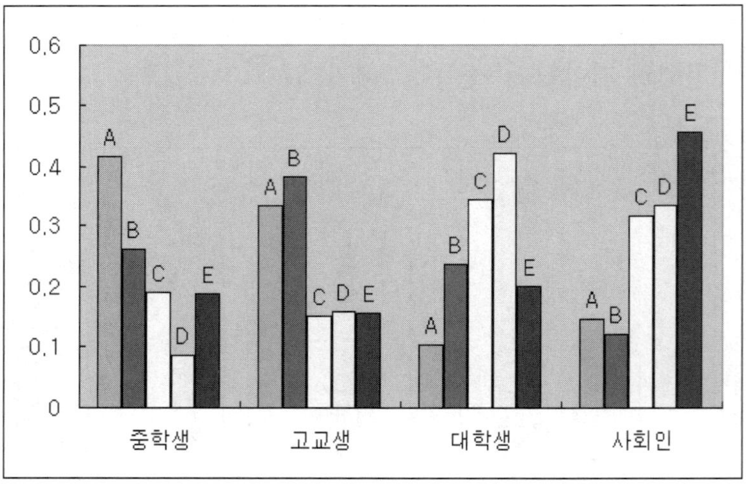

이상과 같이 행 범주와 열 범주의 가까움을 간파할 때에는 배치도상의 가까움만으로 해석을 하면 의미부여를 그르칠 수가 있다. 특히 떨어져 있는 범주끼리는 관계가 약하다고 즉각 판단할 때에는 주의를 요한다. 행 프로파일과 열 프로파일의 정보를 막대그래프 등으로 해서 병용하면서 해석하면 좋다.

■ 수치예 3-5

다음의 분할표 <표 3-5>에 대응분석을 적용해 보자. 이 분할표는 다섯 개의 호텔(A, B, C, D, E)에 대해서 객실의 이미지를 묻는 앙케트 조사의 결과를 집계한 것이다. 객실에 대해서 가장 강하게 느끼는 이미지를 여섯 가지 범주(모양이 좋다, 예쁘장스럽다, 고급이다, 호화스럽다, 신선하다, 포근하다)로 응답하도록 되어 있다.

| 표 3-5 | **앙케트 집계표(5)**

	A	B	C	D	E
모양이 좋다	406	588	71	837	511
예쁘장스럽다	902	483	53	62	819
고급이다	185	8831	97	3221	4268
호화스럽다	28	407	32	195	203
신선하다	516	451	70	799	676
포근하다	945	268	68	405	235

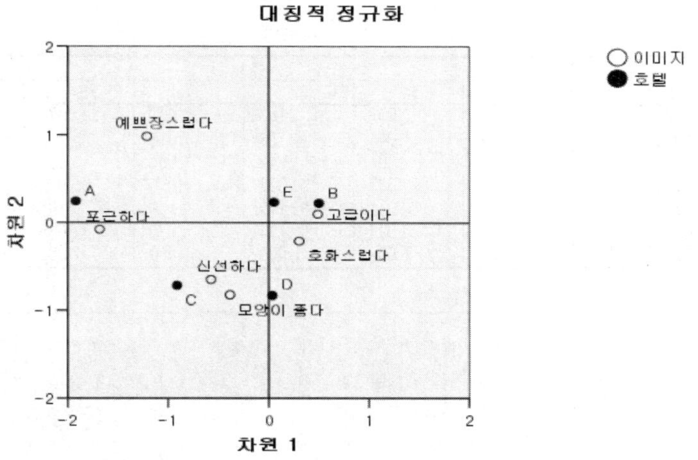

이 배치도로부터,

① A는 포근하고, 예쁘장스럽다

② C는 신선하고 모양이 좋다

라고 하는 해석을 할 것이다.

여기에서 행 프로파일과 그것의 막대그래프 그리고 열 프로파일과 그것의 막대그래프를 살펴보도록 하자.

행 프로파일

	호텔					
이미지	A	B	C	D	E	액티브 주변
모양이 좋다	.168	.244	.029	.347	.212	1.000
예쁘장스럽다	.389	.208	.023	.027	.353	1.000
고급이다	.011	.532	.006	.194	.257	1.000
호화스럽다	.032	.471	.037	.225	.235	1.000
신선하다	.205	.180	.028	.318	.269	1.000
포근하다	.492	.140	.035	.211	.122	1.000
매스	.112	.414	.015	.207	.252	

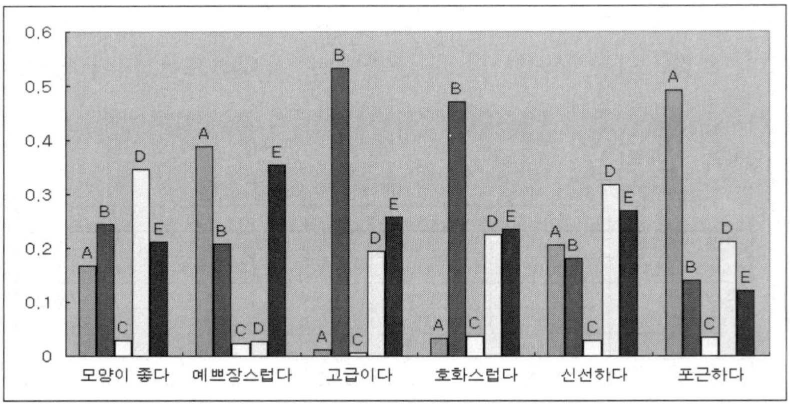

열 프로파일

이미지	호텔					
	A	B	C	D	E	매스
모양이 좋다	.136	.053	.182	.152	.076	.091
예쁘장스럽다	.302	.044	.136	.011	.122	.087
고급이다	.062	.801	.248	.584	.636	.623
호화스럽다	.009	.037	.082	.035	.030	.032
신선하다	.173	.041	.179	.145	.101	.094
포근하다	.317	.024	.174	.073	.035	.072
액티브 주변	1.000	1.000	1.000	1.000	1.000	

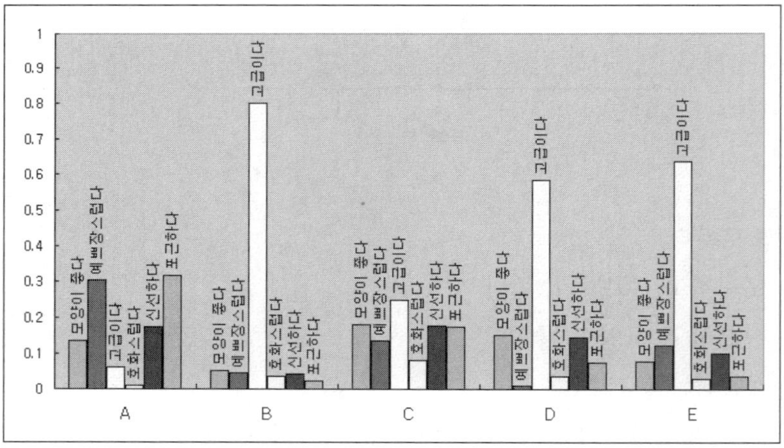

C에 대해서는 '고급이다', '모양이 좋다', '신선하다'라고 느끼고 있는 사람이 많고, 특히 '고급이다'라고 느끼고 있는 사람이 가장 많다. 그런데 '고급이다'에 대해서 대응분석의 배치도에서는 간파할 수 없다.

이 예로부터도 수치예 1과 마찬가지로 배치도상의 행 범주와 열 범주의 가까움을 간파할 때에는 행 프로파일, 열 프로파일의 정보를 병용하는 것이 중요하다는 것을 알 수 있다.

3.2 관계의 정도와 배치도

1. 말발굽형의 배치도

■ 수치예 3-6

다음의 분할표 <표 3-6>에 대응분석을 적용해 보자. 이 분할표는 어떤 학교에서 영어 수업의 만족도(5단계 평가 ; 만족, 약간 만족, 어느 쪽도 아님, 약간 불만, 불만)과 성적(5단계 평가 ; 수, 우, 미, 양, 가)에 대해서 집계한 것이다.

| 표 3-6 | 앙케트 집계표(6)

	수	우	미	양	가
만족	24	11	4	3	2
약간 만족	6	32	11	3	1
어느쪽도 아님	3	4	29	11	3
약간 불만	2	3	12	28	6
불만	1	3	4	9	16

행 프로파일

	성적					
만족도	A	B	C	D	E	액티브 주변
만족	.545	.250	.091	.068	.045	1.000
약간 만족	.113	.604	.208	.057	.019	1.000
어느쪽도 아님	.060	.080	.580	.220	.060	1.000
약간 불만	.039	.059	.235	.549	.118	1.000
불만	.030	.091	.121	.273	.485	1.000
매스	.156	.229	.260	.234	.121	

대칭적 정규화

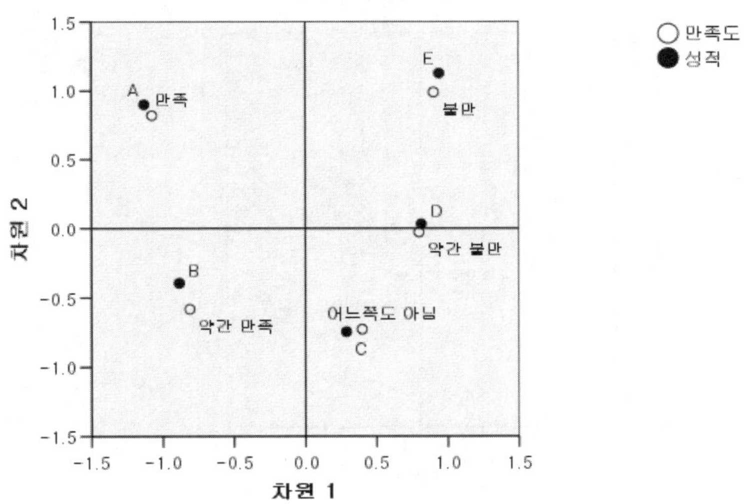

배치도상에서의 점은 2차 곡선 모양으로 산포하고 있다. 그러나 이러한 사실로부터 영어 수업의 만족도와 성적 사이에는 2차 함수적인 관계가 있다고 해석해서는 안 된다. 대응분석에서는 직선적인 관계이더라도 이와 같은 말발굽형의 배치도가 얻어지는 경우가 있으므로 주의할 필요가 있다.

■ 수치예 3-7

다음과 같은 분할표의 경우에도 2차 곡선 모양의 배치도가 얻어진다.

| 표 3-7 | 앙케트 집계표(7)

	수	우	미	양	가
만족	15	15	15	15	15
약간 만족	0	15	15	15	15
어느쪽도 아님	0	0	15	15	15
약간 불만	0	0	0	15	15
불만	0	0	0	0	15

행 프로파일

	성적					
만족도	A	B	C	D	E	액티브 주변
만족	.200	.200	.200	.200	.200	1.000
약간 만족	.000	.250	.250	.250	.250	1.000
어느쪽도 아님	.000	.000	.333	.333	.333	1.000
약간 불만	.000	.000	.000	.500	.500	1.000
불만	.000	.000	.000	.000	1.000	1.000
매스	.067	.133	.200	.267	.333	

대칭적 정규화

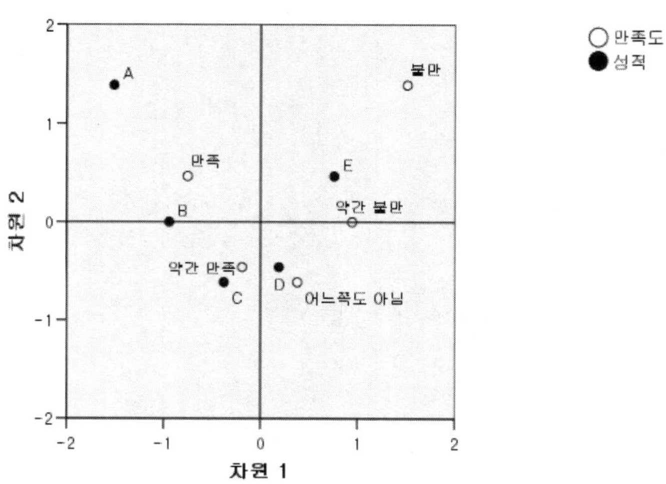

2. χ^2 검정에서 유의하지 않을 때의 예

■ 수치예 3-8

다음의 분할표 <표 3-8>에 대응분석을 적용해 보자. 이 분할표는 출신지와 좋아하는 음식에 대해서 집계한 것이다.

| 표 3-8 | 앙케트 집계표(8)

	청국장	고등어구이	홍어찜	불고기	김치찌개
서울	20	21	26	28	24
경기도	30	25	24	27	30
충청도	28	29	28	21	27
경상도	25	30	29	24	22
전라도	26	25	29	24	25

이 분할표에 대하여 χ^2 검정을 실시하기 위한 절차는 다음과 같다.

(1) 메뉴에서 [분석(A)]−[기술통계량(E)]−[교차분석(C)]을 선택하여 다음과 같이 변수를 입력한다.

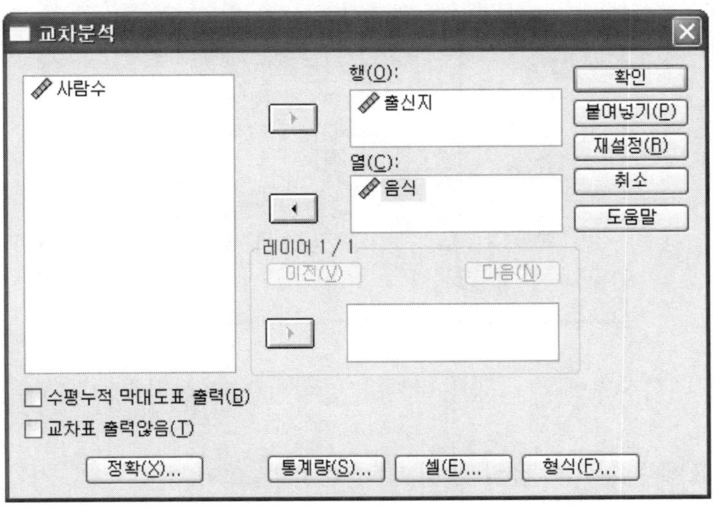

(2) [통계량(S)] 버튼을 누른 다음에 [카이제곱(H)]을 선택하여 체크한다. 그리고 [계속] 버튼을 클릭한다.

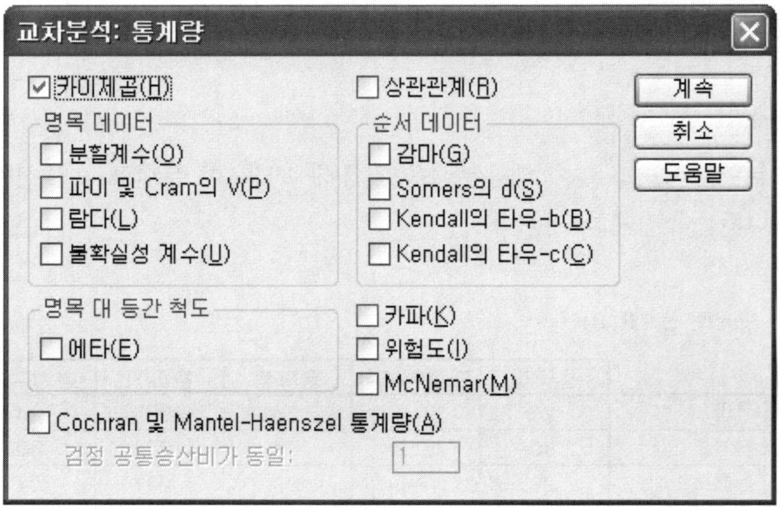

(3) [셀(E)] 버튼을 클릭한 다음에 [잔차]의 ‘수정된 표준화(A)’를 선택하여 체크한다. 그리고 [계속] 버튼을 클릭한다.

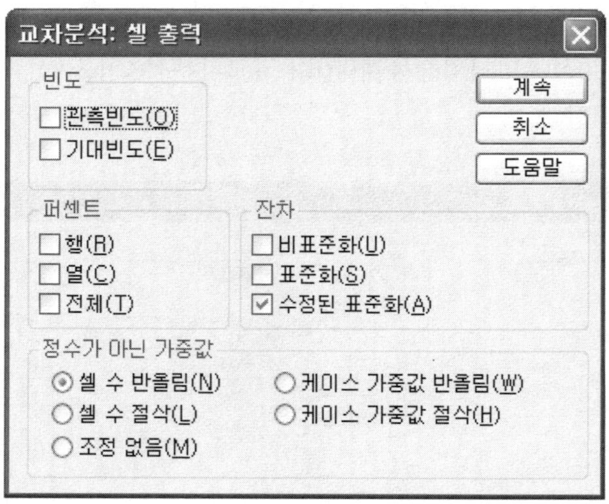

[교차분석] 대화상자에서 [확인] 버튼을 클릭하면 분석결과가 출력된다.

위의 분할표에 대한 χ^2 검정의 결과는, 다음과 같이

$$p\text{값} = 0.984 > \text{유의수준 } \alpha = 0.05$$

이므로 유의하지 않다. 즉, 출신지와 음식 사이에 관계는 보이지 않는다.

카이제곱 검정

	값	자유도	점근 유의확률 (양측검정)
Pearson 카이제곱	6,367[a]	16	,984
우도비	6,401	16	,983
선형 대 선형결합	,995	1	,319
유효 케이스 수	647		

a. 0 셀 (,0%)은(는) 5보다 작은 기대 빈도를 가지는 셀입니다. 최소 기대빈도는 22,81입니다.

수정된 잔차도 다음과 같이 되어, 특징이 있는 편성은 보이지 않는다.

출신지 * 음식 교차표

수정된 잔차

		음식				
		청국장	고등어구이	홍어찜	불고기	김치찌개
출신지	서울	-,9	-,7	,2	1,3	,1
	경기도	,7	-,6	-1,1	,2	,7
	충청도	,4	,6	,0	-1,1	,2
	경상도	-,2	,9	,4	-,2	-,9
	전라도	,1	-,2	,5	-,2	-,1

이 분할표에 대해서 대응분석을 적용하면, 다음과 같은 배치도가 얻어진다.

그림을 관찰해 보면, 서울에는 불고기를 좋아하는 사람이 많고, 경기도에는 김치찌개를 좋아하는 사람이 많다고 간파할 수 있다.

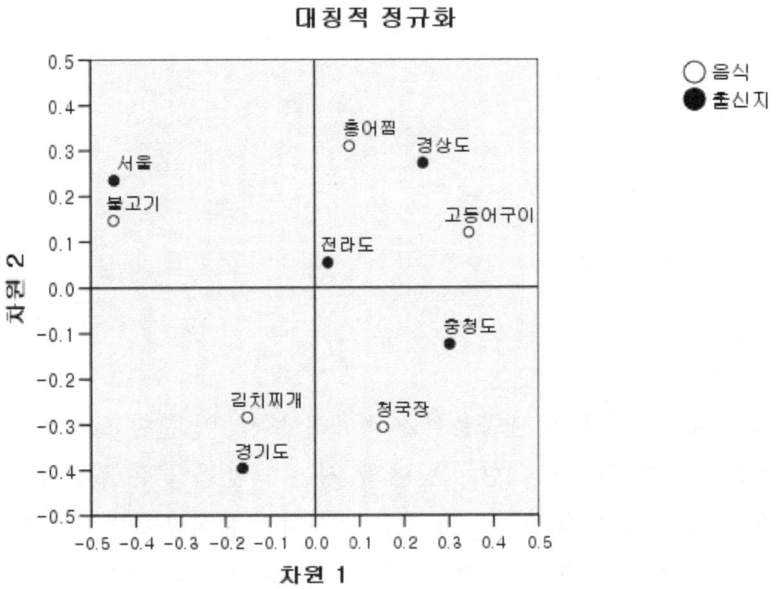

그러나 χ^2 검정에서 유의하지 않은 관계를 그림으로 해석하는 것은 위험하다. 그와 관련하여 관성비율(관성의 기여율)을 보면 다음과 같이 된다.

요약

차원	비정칙값	요약 관성	카이제곱	유의확률	관성비율		신뢰 비정칙값	
					설명됨	누적	표준편차	상관계수 2
1	,073	,005			,543	,543	,040	-,001
2	,062	,004			,387	,930	,039	
3	,023	,001			,053	,983		
4	,013	,000			,017	1,000		
요약 전체		,010	6,367	,984[a]	1,000	1,000		

a. 자유도 16

관성비율을 보면, 2차원으로 93.0% 설명할 수 있으므로 이 그림은 유효한 것처럼 생각하는 경향이 많다. 그러나 관성비율은 원래의 정보를 몇 % 설명할 수 있는가를 나타내고 있을 뿐이므로, 관성비율이 큰 숫자이더라도 반드시 유효한 그림이라고는 할 수 없다. 관성비율만으로 판단해 버리는 잘못을 막으려면, 비정칙값의 숫자를 음미하면 된다. 이 예에서는 1차원의 비정칙값은 0.073으로 되어 있다. 비정칙값은 0~1 사이의 값이 되어 1에 가까울수록 행과 열의 관계가 강하다고 하는 견해를 취할 수 있다. 이 숫자가 0에 가까울 때에는, 행과 열에는 애당초 관계가 없다(즉, 그림에는 의미가 없다)고 생각해도 좋다.

3.3 배치도의 응용

1. 정준상관분석 유형

■ 수치예 3-9

다음의 분할표 <표 3-9>에 대응분석을 적용해 보자. 이 분할표는 어떤 사회조사에 의한 결과이다. 성별·연령에 의한 집단에게 '사는 보람'을 묻는 질문항목간의 관계를 알아보고자 하는 것이 목적이다. 이와 같은 데이터의 분석방법이 이전부터 여러 가지 있었겠지만, 여기에서는 대응분석에 의해서 분석해 보고자 한다.

| 표 3-9 | **앙케트 집계표(9)**

			사는 보람					합계
			자녀	가정	생활	레저	일	
			A	B	C	D	E	
남	15-19	M_1	0	40	60	130	120	350
	20-24	M_2	10	20	50	70	90	240
	25-29	M_3	40	40	60	40	100	280
	30-34	M_4	90	60	50	20	80	300
	35-39	M_5	100	80	40	10	60	290
	40-44	M_6	90	80	40	10	50	270
여	15-19	F_1	0	90	80	100	110	380
	20-24	F_2	40	60	60	50	50	260
	25-29	F_3	110	90	70	20	30	320
	30-34	F_4	150	100	50	20	30	350
	35-39	F_5	150	90	40	10	30	320
	40-44	F_6	130	90	40	20	30	310
합계			910	840	640	500	780	3670

대응분석의 결과는 다음과 같다. [해법 차원]을 '3'차원으로 설정했다.

요약

차원	비정칙값	요약 관성	카이제곱	유의확률	관성비율		신뢰 비정칙값		
					설명됨	누적	표준편차	상관계수	
								2	3
1	.511	.261			.891	.891	.012	-.013	.161
2	.135	.018			.062	.953	.017		-.015
3	.098	.010			.033	.986	.016		
4	.064	.004			.014	1.000			
요약 전체		.293	1075.348	.000[a]	1.000	1.000			

a. 자유도 44

행 포인트 개요[a]

성별연령	매스	차원의 점수			개요 관성	기여도						
						차원의 관성에 대한 포인트			포인트의 관성에 대한 차원			
		1	2	3		1	2	3	1	2	3	개요 전체
M1	.095	-1.215	.280	.512	.075	.276	.055	.255	.953	.013	.033	.999
M2	.065	-1.036	-.264	.304	.037	.137	.034	.061	.958	.017	.016	.990
M3	.076	-.459	-.728	-.161	.014	.031	.299	.020	.582	.388	.014	.984
M4	.082	.167	-.607	.046	.005	.004	.223	.002	.221	.774	.003	.998
M5	.079	.457	-.352	-.081	.010	.032	.072	.005	.813	.127	.005	.945
M6	.074	.467	-.199	-.224	.009	.031	.022	.038	.865	.042	.038	.945
F1	.104	-.838	.311	-.485	.042	.142	.074	.247	.893	.033	.058	.983
F2	.071	-.292	.374	-.336	.006	.012	.073	.081	.552	.239	.141	.932
F3	.087	.504	.287	-.353	.015	.043	.053	.110	.780	.067	.074	.921
F4	.095	.713	.262	.199	.026	.095	.048	.038	.951	.034	.014	.999
F5	.087	.838	.091	.322	.032	.120	.005	.092	.969	.003	.028	1.000
F6	.084	.674	.255	.241	.021	.075	.040	.050	.939	.035	.023	.997
액티브 전체	1.000				.293	1.000	1.000	1.000				

a. 대칭 정규화

열 포인트 개요[a]

사는보람	매스	차원의 점수			개요 관성	기여도						
						차원의 관성에 대한 포인트			포인트의 관성에 대한 차원			
		1	2	3		1	2	3	1	2	3	개요 전체
자녀	,248	,942	-,056	,332	,115	,431	,006	,278	,974	,001	,023	,999
가정	,229	,364	,263	-,320	,021	,059	,117	,238	,724	,100	,108	,932
생활	,174	-,184	,022	-,394	,008	,012	,001	,275	,382	,001	,338	,722
레저	,136	-1,129	,561	,386	,097	,340	,317	,206	,919	,060	,021	1,000
일	,213	-,617	-,596	,033	,052	,158	,559	,002	,797	,197	,000	,995
액티브 전체	1,000				,293	1,000	1,000	1,000				

a. 대칭 정규화

이 계산결과를 보면 차원 1만으로도 원시 데이터가 가지고 있는 정보의 89.1%를 커버하고 있다. 이것을 이유로 차원 1만으로 끝낼 수도 있지만, 이 예에서는 행의 요소가 두 개의 항목(성별, 연령별)의 편성에 의한 집단이므로 적어도 두 개까지는 들어보아야 할 것이다. 하나의 차원만으로 끝내는 것은 성별로 본 차가 연령별로 본 차(差)와 같은 차원으로 설명할 수 있는 특별한 조건을 상정하는 것을 의미하므로, 그렇게 되어 있을 가능성이 있다 하더라도, 제2차원까지 들어서 살펴본 다음에 결론을 내려야 할 것이다.

차원 2까지 포함하면 95.3% 커버하게 된다. 여기까지로 충분할 것이다. 이제, 이렇게 구한 행 요소의 점수와 열 요소의 점수로 2차원 평면에 플롯한 것이 다음의 배치도이다.

대칭적 정규화

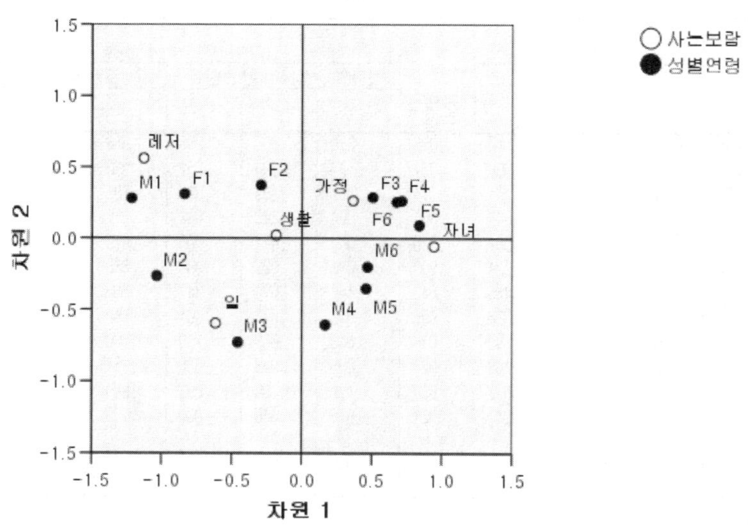

이 그림에서 가령 '레저'의 위치는 '레저'가 사는 보람이라고 대답한 사람의 평균 위치라고 읽으면 된다. 그렇다면 세로축은 '일'과 그 이외의 것을 구별하는 축이고, 10대의 남자(M1)를 예외로 한다면 대개 성별의 구별도 가능하다. 한편, 가로축은 '레저'로부터 '가정' 및 '자녀'로 연령과 함께 변화하는 방향을 나타내는 축이라고 볼 수가 있다. 가령 25~29세 남자의 평균 위치(M3)는 사는 보람이 '일'이라고 대답한 사람의 평균 위치에 가깝다든가, 남자의 연령별 평균값의 움직임이 '레저'로부터 '일'로 변한 후, '가정' 및 '자녀'의 쪽으로 변해 가는 것을 읽을 수 있다. 여자의 경우는 연령별 평균값의 움직임이 '레저'로부터 '생활', '가정' 중심으로 변한 후, 35~39세(F5)에는 '자녀'로 향했다가 점차 '가정'으로 회귀하는 것을 볼 수 있다.

이와 같이 대응분석에 의하면 동시배치를 통해서 2계통의 범주구분 관련을 시각적으로 설명할 수 있는 것이 큰 이점이다. 따라서 직접적으로는 현상표현의 수단으로서, 간접적으로는 현상해석의 수단으로서 유효하게 활용할 수 있다.

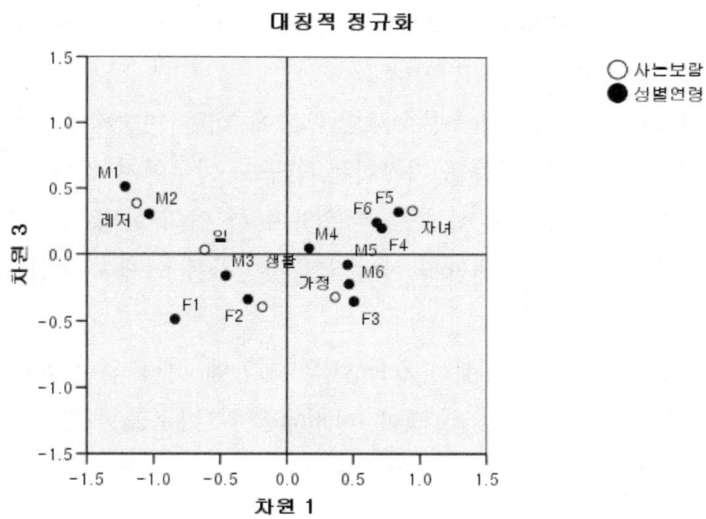

다음에, 차원 3을 채택한 경우 그들의 관련을 하나의 그림에 나타낼 수는 없다. 따라서 (차원 1과 차원 2), (차원 1과 차원 3), (차원 2와 차원 3)으로서 두 성분씩 나누어 세 개의 그림을 세트로 사용함으로써 관련의 구상을 머릿속에 그리지 않으면 안 된다. 위의 그림은 차원 1과 차원 3을 각각의 축으로 하는 배치도이다. (차원 1과 차원 2)의 배치도에서는 '생활'이 사는 보람이라고 대답한 사람의 평균 위치가 한가운데에 있어서 속성별 구분과 관련짓기가 약간 애매한데, (차원 1과 차원 3)의 배치도에서 조금 분명해진 것을 알 수 있다. 그러나 (차원 1과 차원 3)의 배치도에서는 특히 세로축에 의한 구별이 모호해져서 설명력을 잃고 있다.

이제 더욱 차원 4 이상을 문제시하면, 더욱 어렵게 된다. 그러나 정보량이 많은 성분으로부터 순서적으로 들고 있으므로, 대개는 3~4개의 성분까지로 충분하고 그 이상 들더라도 의미있는 차는 별로 눈에 띄지 않는다.

2. 다기준의사결정

의사결정에 있어서의 다목적(혹은 다기준)에 관한 처리는 오래전부터 상당한 관심을 가지고 연구되어 왔다. 이것은 경영과학 분야에 있어서 가장 중요한 문제 중의 하나라는 데에 의견은 일치함에도 불구하고, 그와 같은 문제를 해결하는 접근방법에 있어서는 상당히 의견을 달리하고 있다. 이미 제안된 방법 중에서도 'multi-attribute utility theory', 'dominance structures', 'displacement of the ideal' 등이 있다. 이들 방법들은 어느 면에서 규범적(normative)이며, 따라서 이들은 단 하나의 '최적의(best)' 의사결정이나 또는 다소 '적당한(good)' 의사결정 중의 제한된 부분집합을 규정짓고자 하는 데 목적을 두고 있다고 지적되고 있다.

이에 비해서 다기준의사결정(多基準意思決定)에 대한 기술적(descriptive) 접근방법에 목표를 두고 있는 여러 절차를 비교하는 연구도 이루어져 왔다. 여기에서는 주로 비계량적 다차원척도법, 요인분석 등을 이용하여 한 쌍의 독립적인 축으로 된 2차원 평면에 배치시킴으로써 어떤 대안이 바람직한 것인가를 쉽게 식별할 수 있도록 하는 데 특징이 있다.

여기에서는 대응분석을 이용해서 Zeleny[1)]의 제안에 따라 의사결정 대안간의 비교와 그리고 각 대안과 이상적인 해(ideal solution)와의 비교를 객관적으로 할 수 있는 절차를 제시하고자 하는 데 그 목적이 있다.

■ 수치예 3-10

다기준의사결정의 예로서 설비배치의 문제를 생각하기로 한다. 이 문제는 설비배치를 위한 10개의 제안된 위치 중에서, 10개의 기준 아래 가장 최적의 위치를 정하는 것이다. 각 위치(각 대안)는 접근가능성, 주변환경의 적합성, 물품운반의 편리성, 인원의 재배치 등 10개의 기준에 따라 0에서 10까지의 11등급으로, 위원

1) Zeleny, M., "The theory of the displaced ideal, Paper appearing in Multiple Criteria Decision Making," Kyoto, 1975, Vol.123, 1976, pp.153-206.

회에서 평가를 하게 된다. 각 위치의 각 기준에 의한 평균 등급을 정리한 것이 다음의 <표 3-10>이다.

<표 3-10>에서 11번째 행 ID는 이상적 대안(ideal alternative)으로서 각각의 기준에서 제일 큰 등급을 취하여 얻어진 가상의 대안이다. 따라서 <표 3-10>의 데이터표를 대응분석에 의해서 분석하고자 할 때, 우선 실제의 10×10 데이터 행렬에 대한 각 행과 각 열의 점수를 구하여, 적당한 수의 축을 택해 2차원 평면에 배치하고, 이상적 대안인 ID 행의 요소를 추가처리하면 된다. 그렇게 함으로써 각 대안간의 비교 및 각 대안과 이상적 대안의 비교가 가능하게 된다.

| 표 3-10 | 10개의 기준에 의한 각 대안의 평균 등급

	기준(criteria)									
대안(alternatives)	A	B	C	D	E	F	G	H	I	J
1	6	8	7	5	7	5	10	6	5	6
2	7	9	8	9	9	8	9	8	6	6
3	5	8	6	5	7	6	10	6	5	6
4	5	7	6	6	7	6	10	7	5	6
5	6	4	5	8	6	8	8	6	8	4
6	7	3	6	6	8	7	10	5	8	5
7	6	3	5	6	8	8	9	5	8	5
8	6	6	7	8	6	4	3	3	3	4
9	8	9	8	10	8	9	9	7	6	5
10	7	9	9	9	8	8	9	7	5	5
ID	8	9	9	10	9	9	10	8	8	6

본 사례연구의 목적은 바로 의사결정자로 하여금 각 대안들을 가능한 한 용이하게 검토하고 비교할 수 있도록 하는 방법을 제시하는 데 있다.

그래서 우선 <표 3-10>의 데이터 행렬에 대응분석을 적용해 본다. 그 절차는 다음과 같다.

(1) 데이터의 입력에 관해서는 통상의 대응분석 때와 다름이 없다. 대안 '1'에서 'ID'까지의 데이터를 입력한다.
(2) 먼저 각 셀의 평균 등급은 빈도변수 지정을 해 둔다.
(3) 이상적 대안인 ID 행의 요소를 추가처리하기 위해서 행 변수의 범위를 설정하는 곳에서 [범주 제약조건]의 '11'만을 [보조 범주(G)]로 지정한다.

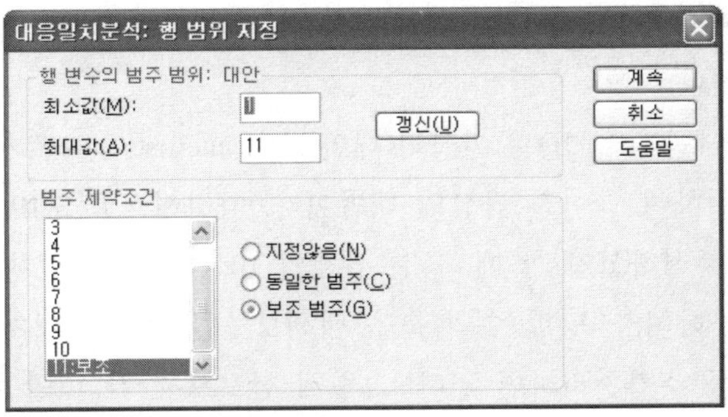

이와 같이 함으로써 'ID'의 범주는 분석에 쓰이지 않고 점수만이 구해진다. 분석결과는 다음과 같다.

대응일치표

대안	기준										
	A	B	C	D	E	F	G	H	I	J	액티브 주변
1	6	8	7	5	7	5	10	6	5	6	65
2	7	9	8	9	9	8	9	8	6	6	79
3	5	8	6	5	7	6	10	6	5	6	64
4	5	7	6	6	7	6	10	7	5	6	65
5	6	4	5	8	6	8	8	6	8	4	63
6	7	3	6	6	8	7	10	5	8	5	65
7	6	3	5	6	8	8	9	5	8	5	63
8	6	6	7	8	6	4	3	3	3	4	50
9	8	9	8	10	8	9	9	7	6	5	79
10	7	9	9	9	8	8	9	7	5	5	76
ID[a]	8	9	9	10	9	9	10	8	8	6	
액티브 주변	63	66	67	72	74	69	87	60	59	52	669

a. 보조 행

요약

차원	비정칙값	요약 관성	카이제곱	유의확률	관성비율		신뢰 비정칙값		
					설명됨	누적	표준편차	상관계수	
								2	3
1	,141	,020			,543	,543	,037	-,027	-,030
2	,108	,012			,317	,860	,038		-,019
3	,058	,003			,091	,951	,038		
4	,026	,001			,019	,970			
5	,023	,001			,014	,984			
6	,019	,000			,010	,994			
7	,011	,000			,004	,997			
8	,010	,000			,003	1,000			
9	,002	,000			,000	1,000			
요약 전체		,036	24,400	1,000[a]	1,000	1,000			

a. 자유도 81

행 포인트 개요[b]

대안	매스	차원의 점수		
		1	2	3
1	,097	,158	,457	,238
2	,118	,195	-,006	-,145
3	,096	,088	,497	,020
4	,097	,030	,400	-,084
5	,094	-,441	-,326	-,350
6	,097	-,570	-,085	,338
7	,094	-,625	-,126	,124
8	,075	,646	-,640	,454
9	,118	,195	-,199	-,244
10	,114	,306	-,070	-,144
ID[a]	,129	,063	-,119	-,127
액티브 전체	1,000			

a. 보조 포인트

b. 대칭 정규화

대응일치표와 행 포인트 개요의 마지막 행에 'ID'가 보조 범주로서 다루어지고 있는 것을 나타내는 코멘트가 기술되어 있다. 배치도는 다음과 같이 된다.

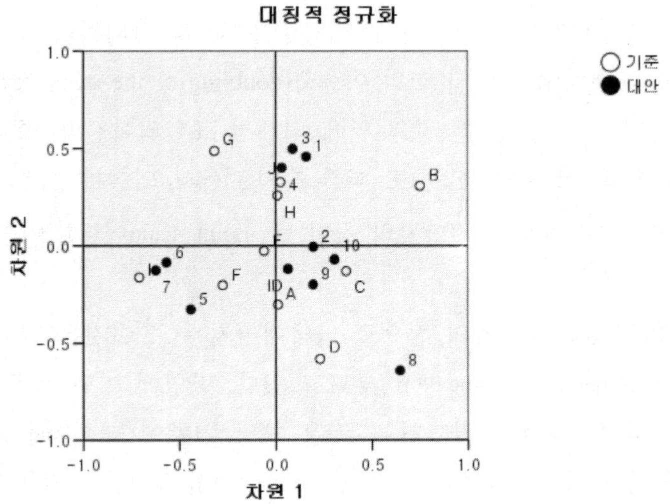

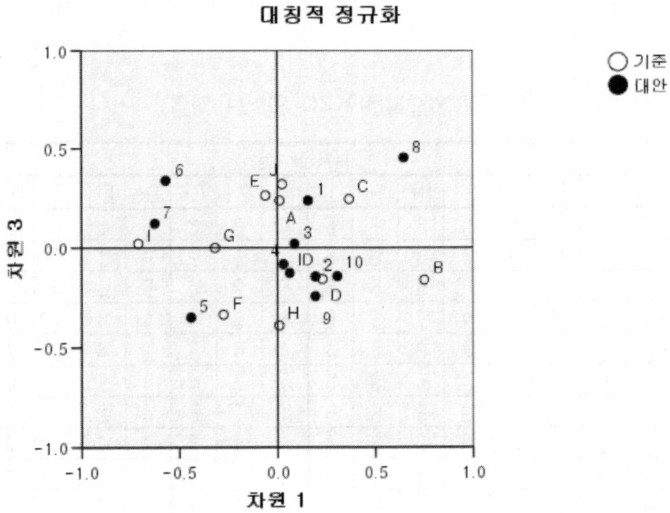

이 때 차원 3까지의 누적기여율이 95.1%에 이르기 때문에 세 개의 축으로써 데이터의 구조를 거의 모두 파악할 수 있다고 하겠다. (차원 1과 차원 2), (차원 1과 차원 3)의 두 배치도를 통해서 이상적 대안(ID)에 가까운 것으로 2, 9, 10이 한 무리를 이루고 있으며, 그 다음에 1, 3, 4와 5, 6, 7이 각각 하나의 무리를 형성하고 있다. 대안 8은 다른 것들과 멀리 떨어져 있는 것을 볼 수 있다.

그러나 여기에서 문제는, 각 기준의 중요성이 서로 다르므로, 의사결정자가 대안을 비교할 때 이에 크게 좌우된다는 것을 위의 분석에서는 고려하지 않았다. 특히 <표 3-10>과 같이 데이터 행렬의 각 숫자가 어떤 선호척도(preference scale)상의 등급을 나타내는 경우에 그 선호에 대한 실제의 방향은 다소 임의적이다. 이러한 경우에 Benzécri는 데이터 행렬에 있어서 열의 이중화(doubling of the columns)를 추천하고 있는데, 그렇게 하면 각 기준은 한 쌍의 열에 의해서 표현되어진다. 즉 제i행, 제j열의 숫자(등급)가 r_{ij}라면 이 숫자 r_{ij}와 또 다른 숫자로서 r_{ij}의 여수(餘數, complement)인 $10-r_{ij}$(위의 경우에는 0에서 10까지의 등급, 11-point scale이다), 이중으로 나타내어진다.

따라서 각각의 기준은 한 쌍의 점으로 나타내어지는데, 이것을 각각 그 기준에 대한 'positive point', 'negative point'라고 부르고 있다. 만일에 어떤 특정의 기준에 대해서 높은 등급을 갖는 대안이 있다면, 그것은 해당 기준에 대해 negative point보다는 positive point에 더 가까이 나타내어지는 경향을 발견할 수 있다. 그 반대도 물론 성립한다.

이제 이러한 방법으로 <표 3-10>에 열의 이중화를 실시한 것이 <표 3-11>이다.

| 표 3-11 | (표 3-10)에 대한 열의 이중화(11×20 데이터 행렬)

	기준(criteria)																			
대안	A+	B+	C+	D+	E+	F+	G+	H+	I+	J+	A-	B-	C-	D-	E-	F-	G-	H-	I-	J-
1	6	8	7	5	7	5	10	6	5	6	4	2	3	5	3	5	0	4	5	4
2	7	9	8	9	9	8	9	8	6	6	3	1	2	1	1	2	1	2	4	4
3	5	8	6	5	7	6	10	6	5	6	5	2	4	5	3	4	0	4	5	4
4	5	7	6	6	7	6	10	7	5	6	5	3	4	4	3	4	0	3	5	4
5	6	4	5	8	6	8	8	6	8	4	4	6	5	2	4	2	2	4	2	6
6	7	3	6	6	8	7	10	5	8	5	3	7	4	4	2	3	0	5	2	5
7	6	3	5	6	8	8	9	5	8	5	4	7	5	4	2	2	1	5	2	5
8	6	6	7	8	6	4	3	3	3	4	4	4	3	2	4	6	7	7	7	6
9	8	9	8	10	8	9	9	7	6	5	2	1	2	0	2	1	1	3	4	5
10	7	9	9	9	8	8	9	7	5	5	3	1	1	1	2	2	1	3	5	5
ID	8	9	9	10	9	9	10	8	8	6	2	1	1	0	1	1	0	2	2	4

<표 3-11>의 11×20 데이터 행렬에 대응분석을 적용하여 행 요소와 열 요소의 점수를 구해서 2차원 평면에 배치하면 아래와 같은 그림을 얻는다. 이때도 차원 3까지의 누적기여율이 94.4%이므로 세 개의 축으로서 데이터의 구조를 설명하는데 충분하다. 여기에서도 이상적 대안(ID)은 추가처리 되었으며, 열의 이중화에 의해서 각 기준은

두 개의 점으로 표현되고 있다. 따라서 어떤 기준의 positive point와 negative point를 잇는 직선상에 대한, 대안을 나타내는 점들의 사영(projection)은 그 기준에 따른 점들의 등급을 표시하고 있다고 대개 어림할 수 있다.

요약

차원	비정칙값	요약 관성	카이제곱	유의확률	관성비율		신뢰 비정칙값		
					설명됨	누적	표준편차	상관계수 2	상관계수 3
1	,221	,049			,405	,405	,044	,015	-,074
2	,203	,041			,341	,746	,029		-,046
3	,154	,024			,198	,944	,031		
4	,061	,004			,031	,975			
5	,039	,001			,012	,987			
6	,028	,001			,006	,994			
7	,023	,001			,004	,998			
8	,015	,000			,002	1,000			
9	,003	,000			,000	1,000			
요약 전체		,120	120,246	,999[a]	1,000	1,000			

a. 자유도 171

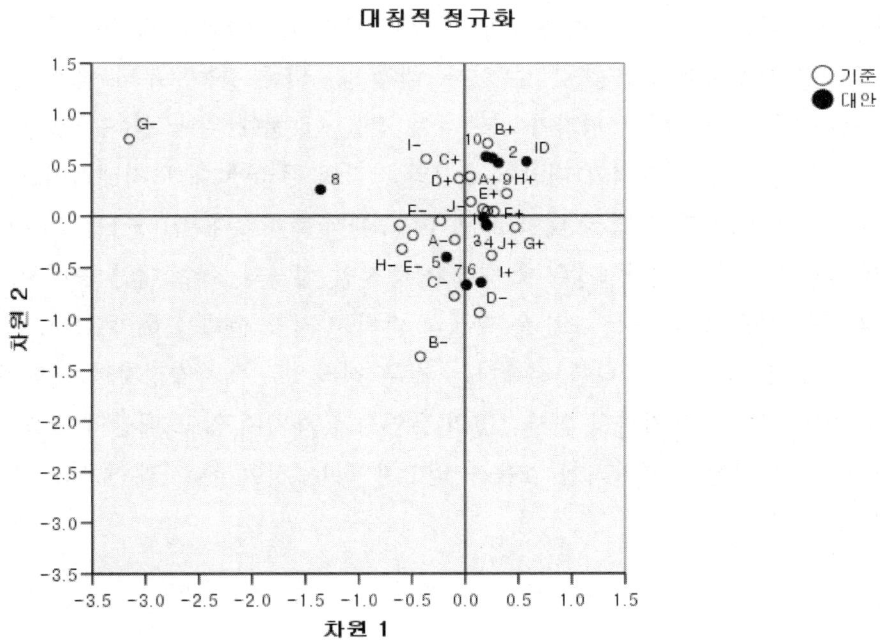

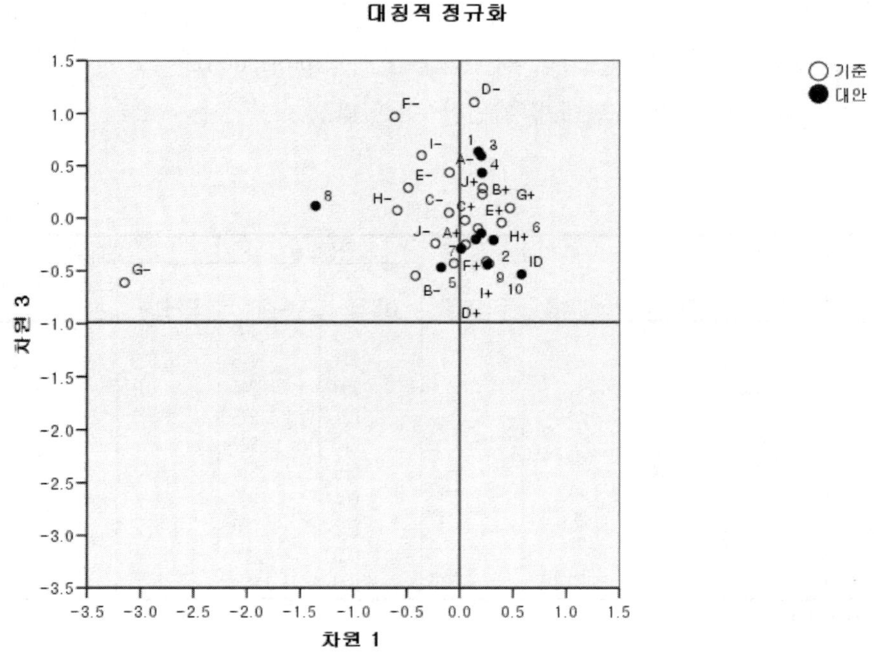

(차원 1과 차원 2), (차원 1과 차원 3)의 두 배치도로부터 대안 2, 9, 10(그 중 9가 ID에 가장 가깝다)이 하나의 무리를 이루고 있고, 대안 1, 3, 4와 5, 6, 7이 대개 각각 하나의 무리를 형성하고 있음을 볼 수 있다. 대안 8은 다른 것들로부터 훨씬 떨어져 있으며, 특히 기준 G에 의한 평가가 나쁘다는 것을 한 눈에 알아 볼 수 있다. 대안 2, 9, 10의 무리는 대안 1, 3, 4와 대안 5, 6, 7의 각각의 무리에 대해 지배적이므로, 의사결정자에 의한 마지막 선택은 대안 2, 9, 10 중에서(특히 2나 9) 하나를 고르면 된다.

이제 의사결정자는 의사결정문제 내에 상충적인 성격의 소수 대안 중에서, 원래의 기준에 따라 이들 상충 또는 모순을 확실히 밝혀 마지막 선택을 해야 한다. 즉, 이 단계에서 소수의 대안 중 하나를 선택하는 것은 전적으로 의사결정자의 책임이다.

단지 이 단계에 이르기까지 의사결정의 유연성을 해치지 않고 대안의 수를 대폭 줄임으로써, 의사결정의 객관적인 효율을 얻고자 하는 것이 본 사례연구의 의도라 할 수 있다.

4 대응분석의 응용

4.1 3원 분할표의 대응분석

예제 4-1

알콜 음료의 기호에 관한 다음과 같은 앙케트 조사를 실시했다.

질문 X ▸▸▸ 가장 좋아하는 알콜 음료를 다음 중에서 하나 고르시오.

1. 청주　2. 맥주　3. 포도주　4. 소주

질문 Y ▸▸▸ 해당하는 연령을 다음 중에서 하나 고르시오.

1. 20～29　2. 30～39　3. 40～49　4. 50～59　5. 60 이상

이 앙케트 조사의 결과를 크로스 집계한 결과, 다음과 같은 분할표(크로스 집계표)가 얻어졌다. 분할표 안의 숫자는 사람수를 나타내고, 총회답자수는 n = 500(명)이다.

| 표 4-1 | 앙케트 조사결과에 대한 분할표

	청주	맥주	포도주	소주	합계
20~29	15	45	27	23	110
30~39	17	30	48	45	120
40~49	20	10	26	44	100
50~59	36	10	20	24	90
60 이상	40	5	8	27	80
합계	128	100	129	143	500

<표 4-1>의 분할표를 남녀로 층별함으로써 다음 <표 4-2>와 같은 3원 분할표가 얻어졌다.

| 표 4-2 | 앙케트 조사결과에 대한 분할표

		청주	맥주	포도주	소주
남	20~29	10	28	11	15
	30~39	13	21	19	14
	40~49	12	6	6	30
	50~59	20	8	13	13
	60 이상	25	3	7	15
여	20~29	5	17	16	8
	30~39	4	9	29	11
	40~49	8	4	20	14
	50~59	16	2	7	11
	60 이상	15	2	1	12

이 3원 분할표를 대응분석으로 처리하라.

(1) 2원화한 분할표의 분석

본 예제와 같은 분할표를 3원 분할표라고 부른다. 대응분석은 2원표에 한정되어 있으므로, 이와 같은 3원 분할표를 다루는 경우는 변수(성별, 연령, 음료)를 편성해서 하나의 변수를 작성하여 3원 분할표를 2원화한 표로 변환하고 나서 대응분석을 적용하는 방법을 생각할 수 있다.

■ 변수의 편성과 이원화

변수의 편성은 다음의 세 가지를 생각할 수 있다.

① 성별과 연령　② 성별과 음료　③ 연령과 음료

①의 성별과 연령을 편성한 2원표란 다음의 <표 4-3>과 같은 분할표이다.

| 표 4-3 | (연령 · 성별)과 음료의 분할표

	청주	맥주	포도주	소주
20～29(남)	10	28	11	15
30～39(남)	13	21	19	14
40～49(남)	12	6	6	30
50～59(남)	20	8	13	13
60 이상(남)	25	3	7	15
20～29(여)	5	17	16	8
30～39(여)	4	9	29	11
40～49(여)	8	4	20	14
50～59(여)	16	2	7	11
60 이상(여)	15	2	1	12

②의 성별과 음료를 편성한 2원표란 다음의 <표 4-4>와 같은 분할표이다.

| 표 4-4 | (음료 · 성별)과 연령의 분할표

	20～29	30～39	40～49	50～59	60 이상
청주(남)	10	13	12	20	25
맥주(남)	28	21	6	8	3
포도주(남)	11	19	6	13	7
소주(남)	15	14	30	13	15
청주(여)	5	4	8	16	15
맥주(여)	17	9	4	2	2
포도주(여)	16	29	20	7	1
소주(여)	8	11	14	11	12

③의 연령과 음료를 편성한 2원표란 다음의 <표 4-5>와 같은 분할표이다.

| 표 4-5 | (음료 · 연령)과 성별의 분할표

	남	여
청주(20～29)	10	5
청주(30～39)	13	4
청주(40～49)	12	8
청주(50～59)	20	16
청주(60 이상)	25	15
맥주(20～29)	28	17
맥주(30～39)	21	9
맥주(40～49)	6	4
맥주(50～59)	8	2
맥주(60 이상)	3	2
포도주(20～29)	11	16
포도주(30～39)	19	29
포도주(40～49)	6	20
포도주(50～59)	13	7
포도주(60 이상)	7	1
소주(20～29)	15	8
소주(30～39)	14	11
소주(40～49)	30	14
소주(50～59)	13	11
소주(60 이상)	15	12

이 분할표의 경우에 열의 수가 2열로 되고 만다. 대응분석에서는 행과 열이 수가 모두 3 이상이 아니면 적용하는 의미가 없으므로, 이와 같은 분할표에는 대응분석을 적용하지 않는다.

■ 성별과 연령을 편성한 분할표의 분석

성별과 연령을 편성해서 하나의 변수로 한 분할표에 대응분석을 적용한다.

대응일치표

성별연령	음료				
	청주	맥주	포도주	소주	액티브 주변
20대남	10	28	11	15	64
30대남	13	21	19	14	67
40대남	12	6	6	30	54
50대남	20	8	13	13	54
60이상남	25	3	7	15	50
20대여	5	17	16	8	46
30대여	4	9	29	11	53
40대여	8	4	20	14	46
50대여	16	2	7	11	36
60이상여	15	2	1	12	30
액티브 주변	128	100	129	143	500

요약

차원	비정칙값	요약 관성	카이제곱	유의확률	관성비율		신뢰 비정칙값	
					설명됨	누적	표준편차	상관계수 2
1	.428	.183			.614	.614	.038	.111
2	.278	.077			.259	.873	.047	
3	.194	.038			.127	1.000		
요약 전체		.298	148.945	.000[a]	1.000	1.000		

a. 자유도 27

대칭적 정규화

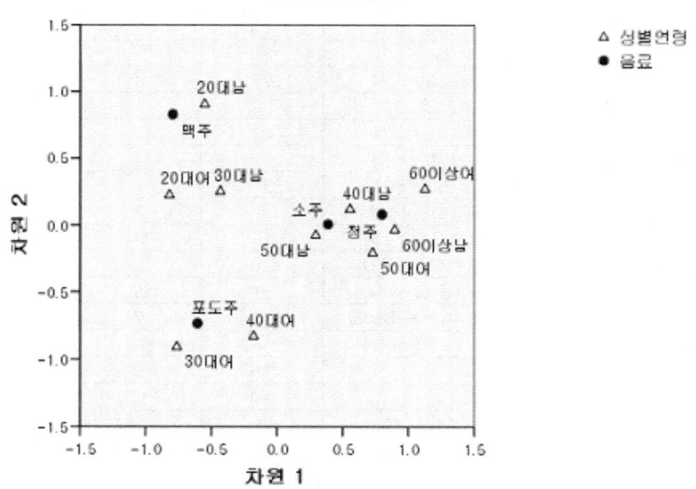

배치도로부터 다음과 같은 사실을 간파할 수 있다.

① 30대와 40대 남녀가 떨어진 위치에 있다.

② 50대와 60 이상에서는 남녀가 가깝게 위치하고 있다.

③ 차원 1축의 왼쪽에 젊은 연령이 위치하고 있다.

④ 차원 1축의 왼쪽에서 오른쪽을 향해서 여성은 연령순으로 늘어서 있다.

⑤ 차원 2축의 위쪽에서 아래쪽을 향해서 남성은 대개 연령순으로 늘어서 있다.

■ 성별과 음료를 편성한 분할표의 분석

성별과 음료를 편성해서 하나의 변수로 한 분할표에 대응분석을 적용한다.

대응일치표

	연령					
성별음료	20대	30대	40대	50대	60 이상	액티브 주변
청주(남)	10	13	12	20	25	80
맥주(남)	28	21	6	8	3	66
포도주(남)	11	19	6	13	7	56
소주(남)	15	14	30	13	15	87
청주(여)	5	4	8	16	15	48
맥주(여)	17	9	4	2	2	34
포도주(여)	16	29	20	7	1	73
소주(여)	8	11	14	11	12	56
액티브 주변	110	120	100	90	80	500

요약

					관성비율		신뢰 비정칙값	
								상관계수
차원	비정칙값	요약 관성	카이제곱	유의확률	설명됨	누적	표준편차	2
1	,420	,176			,680	,680	,038	,090
2	,234	,055			,212	,892	,044	
3	,158	,025			,097	,989		
4	,053	,003			,011	1,000		
요약 전체		,259	129,426	,000[a]	1,000	1,000		

a. 자유도 28

행점 및 열점

대칭적 정규화

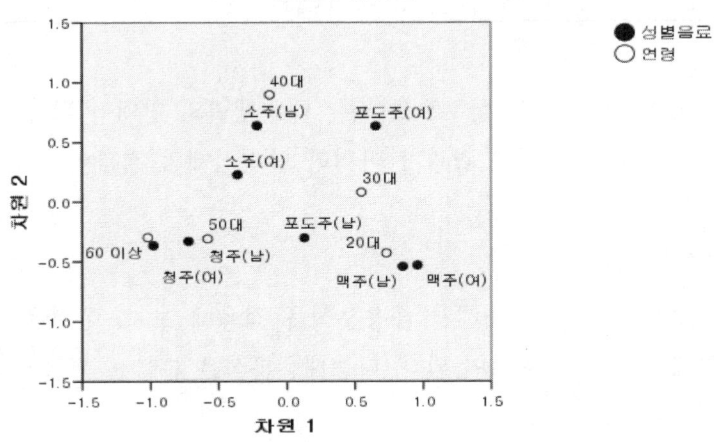

배치도로부터 다음과 같은 사실을 간파할 수 있다.

① 30대와 40대 남녀가 떨어진 위치에 있다.

② 50대와 60 이상에서는 남녀가 가깝게 위치하고 있다.

③ 차원 1축의 왼쪽에 젊은 연령이 위치하고 있다.

(2) 분할표 행렬의 대응분석

■ 분할표 행렬

대상으로 하고 있는 변수에 대해서 두 개씩 변수를 채택하여 모든 편성에 대해서 분할표를 작성하는 것을 생각한다. 이들 모든 분할표를 일람할 수 있도록 합병한 표를 분할표 행렬(다원 크로스 집계표)이라고 한다. [예제 4-1]의 3원 분할표의 경우에는 <표 4-6>과 같은 분할표 행렬이 된다.

| 표 4-6 | 분할표 행렬

	남	여	20~29	30~39	40~49	50~59	60 이상	청주	맥주	포도주	소주
남	289	0	64	67	54	54	50	80	66	56	87
여	0	211	46	53	46	36	30	48	34	73	56
20~29	64	46	110	0	0	0	0	15	45	27	23
30~39	67	53	0	120	0	0	0	17	30	48	25
40~49	54	46	0	0	100	0	0	20	10	26	44
50~59	54	36	0	0	0	90	0	36	10	20	24
60 이상	50	30	0	0	0	0	80	40	5	8	27
청주	80	48	15	17	20	36	40	128	0	0	0
맥주	66	34	45	30	10	10	5	0	100	0	0
포도주	56	73	27	48	26	20	8	0	0	129	0
소주	87	56	23	25	44	24	27	0	0	0	143

<표 4-6>은 행과 열이 같은 항목으로 되는 대칭행렬의 형태가 된다. 대각선상의 제로(0)의 숫자는 크로스 집계의 결과가 아니라 단순집계의 결과이다.

■ 대응분석의 적용

이와 같은 분할표 행렬에 대해서 대응분석을 적용해 보자. 이것은 분할표 행렬을 11×11의 분할표로 보고 적용하면 된다. 다중대응분석은 분할표 행렬에 대한 대응분석을 행하고 있는 것과 같다.

요약

차원	비정칙값	요약 관성	카이제곱	유의확률	관성비율		신뢰 비정칙값	
					설명됨	누적	표준편차	상관계수
								2
1	.472	.223			.236	.236	.012	.259
2	.422	.178			.188	.424	.014	
3	.383	.147			.155	.580		
4	.333	.111			.117	.697		
5	.326	.106			.112	.809		
6	.275	.076			.080	.889		
7	.257	.066			.070	.959		
8	.197	.039			.041	1.000		
요약 전체		.947	4259.506	.000[a]	1.000	1.000		

a. 자유도 100

행 포인트 개요[a]

행	매스	차원의 점수		개요 관성	기여도				
					차원의 관성에 대한 포인트		포인트의 관성에 대한 차원		
		1	2		1	2	1	2	개요 전체
남	.193	-.162	.445	.048	.011	.090	.049	.333	.382
여	.141	.222	-.610	.066	.015	.124	.049	.333	.382
20대	.073	.888	.955	.094	.122	.158	.291	.301	.592
30대	.080	.755	-.409	.089	.096	.032	.242	.064	.306
40대	.067	-.217	-.858	.092	.007	.116	.016	.225	.241
50대	.060	-.660	.008	.094	.055	.000	.132	.000	.132
60 이상	.053	-1.340	.364	.101	.203	.017	.447	.029	.476
청주	.085	-1.083	.334	.092	.212	.022	.516	.044	.560
맥주	.067	1.054	1.224	.099	.157	.237	.354	.427	.782
포도주	.086	.702	-.949	.089	.090	.183	.226	.368	.594
소주	.095	-.401	-.299	.083	.032	.020	.088	.044	.131
액티브 전체	1.000			.947	1.000	1.000			

a. 대칭 정규화

분할표 행렬은 행과 열이 같은 항목의 대칭행렬이므로, 대칭적 정규화 혹은 주성분 정규화를 이용해서 점수(스코어)를 구한 경우에 행 점수와 열 점수는 완전히 같은 값이 된다. 위의 행 점수는 대칭적 정규화에 의한 점수이다.

배치도는 다음과 같이 된다.

행에 대한 행 점

대칭적 정규화

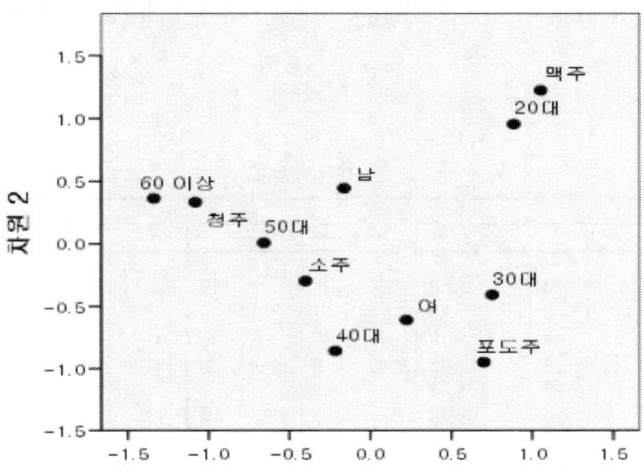

4.2 유사도 행렬에 대한 대응분석

예제 4-2

8명의 학생에게 20개의 질문을 해서 질문에 대한 회답이 같았던 수를 집계했다. 다음에 보이는 <표 4-7>는 그 집계 결과를 정리한 것이다.

| 표 4-7 | 유사도 행렬

	A	B	C	D	E	F	G	H
A	20	4	15	16	6	10	6	3
B	4	20	8	8	16	6	18	3
C	15	8	20	18	6	9	10	5
D	16	8	18	20	4	11	10	4
E	6	16	6	4	20	6	16	4
F	10	6	9	11	6	20	6	7
G	6	18	10	10	16	6	20	9
H	3	3	5	4	4	7	9	20

표 안의 숫자는 회답이 일치한 질문수를 나타내고 있다. 예를 들면, 학생 A와 B는 20개 질문 중 4개, A와 C는 20개 질문 중 15개 회답이 일치했다는 것을 보이고 있다. 따라서 숫자가 큰 편성일수록 사고방식이나 기호가 비슷한 학생이라는 것을 나타내게 된다. 대각선상의 셀은 본인끼리이므로 질문수인 20이 된다. 이 2원표를 대응분석으로 처리하라.

본 예제와 같이 숫자가 클수록 비슷한 정도가 크다는 것을 나타내는 2원표를 유사도 행렬이라고 부른다. 유사도 행렬은 행과 열의 범주가 같게 된다. 대응분석은 본래 분할표에 적용되는 것인데, 응용으로서 이와 같은 유사도 행렬에도 적용할 수 있다.

이 유사도 행렬을 8행 8열의 분할표로 간주하고 대응분석을 적용하면 다음과 같은 결과가 얻어진다.

대응일치표

	열								
행	A	B	C	D	E	F	G	H	액티브 주변
A	20	4	15	16	6	10	6	3	80
B	4	20	8	8	16	6	18	3	83
C	15	8	20	18	6	9	10	5	91
D	16	8	18	20	4	11	10	4	91
E	6	16	6	4	20	6	16	4	78
F	10	6	9	11	6	20	6	7	75
G	6	18	10	10	16	6	20	9	95
H	3	3	5	4	4	7	9	20	55
액티브 주변	80	83	91	91	78	75	95	55	648

요약

차원	비정칙값	요약 관성	카이제곱	유의확률	관성비율		신뢰 비정칙값	
					설명됨	누적	표준편차	상관계수 2
1	.402	.162			.530	.530	.036	.069
2	.329	.108			.355	.885	.055	
3	.158	.025			.082	.967		
4	.094	.009			.029	.996		
5	.032	.001			.003	1.000		
6	.011	.000			.000	1.000		
7	.000	.000			.000	1.000		
요약 전체		.305	197.724	.000[a]	1.000	1.000		

a. 자유도 49

행 포인트 개요[a]

행	매스	차원의 점수		개요 관성	기여도				
					차원의 관성에 대한 포인트		포인트의 관성에 대한 차원		
		1	2		1	2	1	2	개요 전체
A	.123	-.783	.252	.037	.188	.024	.829	.070	.899
B	.128	.753	.416	.038	.181	.067	.775	.194	.968
C	.140	-.513	.175	.020	.092	.013	.749	.071	.820
D	.140	-.617	.203	.025	.133	.018	.847	.075	.922
E	.120	.845	.332	.042	.214	.040	.814	.103	.917
F	.116	-.432	-.286	.031	.054	.029	.284	.102	.386
G	.147	.588	.040	.022	.126	.001	.936	.004	.940
H	.085	.247	-1.770	.091	.013	.808	.023	.964	.987
액티브 전체	1.000			.305	1.000	1.000			

a. 대칭 정규화

행과 열이 같은 범주로 대칭행렬이므로, 대칭적 정규화 혹은 주성분 정규화를 이용하면 행 포인트와 열 포인트는 같은 값이 된다. 여기에서는 대칭적 정규화를 사용해서 계산하고 있다. 행 포인트와 열 포인트는 같은 값이 되므로, 행 점수의 배치도와 열 점수의 배치도도 동일한 것이 된다. 다음에 보이는 것이 배치도이다.

대칭적 정규화

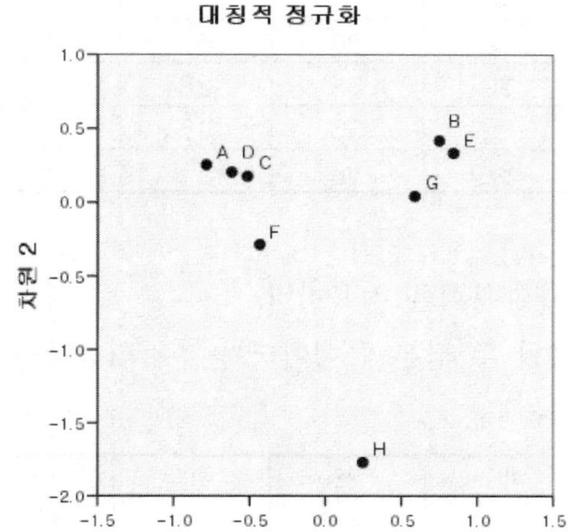

배치도로부터 8명의 학생은 다음의 3개 그룹으로 나눌 수 있다.

그룹 1 → A, C, D, F　　　그룹 2 → B, E, G　　　그룹 3 → H

특히 학생 H는 다른 7명과 크게 떨어져 있는 것을 알 수 있다.

4.3 추가처리 기능

1. 시계열 데이터에의 적용예

예제 4-3

숙박객의 만족도를 월단위로 관리하고 있는 호텔이 있다. 이 호텔에서는 각 숙박객이 5단계(만족, 약간 만족, 중간, 약간 불만, 불만)로 평가한 만족도를 월에 한번 집계하고 있다. 다음의 집계표는 1월부터 10월까지의 결과로 표 안의 숫자는 평가한 사람 수를 나타내고 있다.

| 표 4-8 | 월별 만족도 집계표

	만족	약간 만족	중간	약간 불만	불만
1월	6	6	51	30	31
2월	5	5	44	23	24
3월	6	7	52	22	23
4월	5	6	46	17	19
5월	8	10	57	21	21
6월	4	16	43	16	11
7월	12	20	47	17	12
8월	30	53	28	14	14
9월	26	36	15	5	7
10월	32	36	11	5	6

이 집계표에 대해서 대응분석을 적용하라.

그 후 새로 11월과 12월 두 달분의 데이터가 추가되었다.

11월	45	28	21	6	6
12월	49	29	22	5	4

11월과 12월의 집계결과를 추가한 집계표에 대해서 다시 대응분석을 적용하라.

먼저 1월부터 10월까지의 집계표에 대해서 대응분석을 적용하면 다음과 같은 결과를 얻을 수 있다.

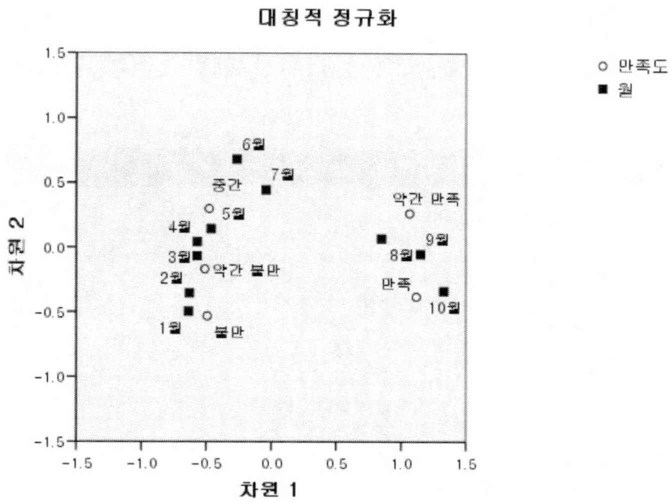

1월부터 10월을 향해서 시간이 지날수록 '만족'을 향해서 변화하고 있는 모습을 볼 수 있다. 그런데 이번에는 11월과 12월을 추가해서 1월부터 12월의 집계표에 대하여 대응분석을 적용한다. 이 때, 다음의 두 가지 방법을 생각할 수 있다.

① 1월부터 12월의 집계표로 배치도를 새로 작성한다.

② 1월부터 10월까지의 배치도에 11월과 12월의 점수를 플롯(plot)한다.

본 예제와 같은 시계열 데이터인 경우에 월단위의 집계이면, 월이 바뀔 때마다 데이터가 추가되게 된다. 이와 같은 때에는 어느 정도의 데이터가 모아졌을 때 배치도를 작성하고, 다음에는 데이터가 추가될 때마다 그 배치도상에 추가로 플롯해 가는 방법, 즉 ②의 방법이 추이를 관찰하기 쉬운 경우가 많다.

일단 작성한 배치도상의 플롯 형상을 바꾸는 일 없이 새로 데이터를 추가로 플롯하는 기능을 추가처리 기능이라고 한다. SPSS에서는 분석에는 포함하지 않고 플롯에만 사용하는 범주를 보조 범주라고 부르며, 대응분석의 대화상자 안에서 설정할 수 있다. 이를 위한 구체적인 절차는 다음과 같다.

순서 1 ››› 데이터의 입력

데이터의 입력에 관해서는 통상의 대응분석 때와 똑같다. 이 예에서는 1월부터 12월까지의 데이터를 입력한다.

순서 2 ››› 분석의 실행

메뉴에서 [분석(A)]−[데이터 축소(D)]−[대응일치분석(C)]을 선택한다.

순서 3 ››› 행과 범위의 설정

행 변수(월)의 범위를 설정하는 곳에서 11과 12에만 '보조 범주(G)'를 선택한다.

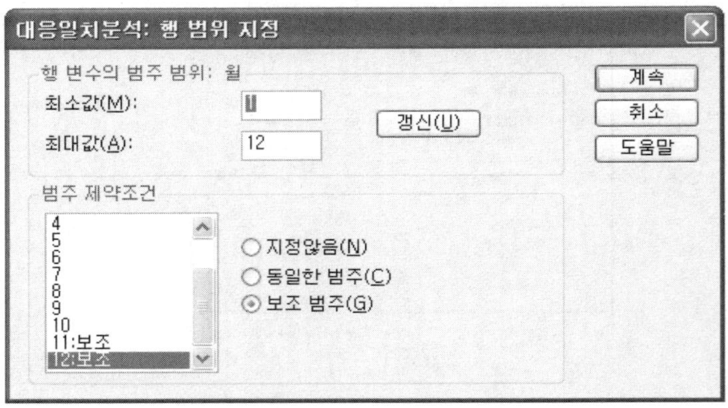

이와 같이 함으로써 11행째와 12행째(즉, 11월과 12월)의 범주는 분석에 쓰이지 않고 점수만 구해진다. 분석결과는 다음과 같다.

대응일치표

월	만족도					
	만족	약간 만족	중간	약간 불만	불만	액티브 주변
1월	6	6	51	30	31	124
2월	5	5	44	23	24	101
3월	6	7	52	22	23	110
4월	5	6	46	17	19	93
5월	8	10	57	21	21	117
6월	4	16	43	16	11	90
7월	12	20	47	17	12	108
8월	30	53	28	14	14	139
9월	26	36	15	5	7	89
10월	32	36	11	5	6	90
11[a]	45	28	21	6	6	
12[a]	49	29	22	5	4	
액티브 주변	134	195	394	170	168	1061

a. 보조 행

행 포인트 개요[b]

월	매스	차원의 점수		개요 관성	기여도				
					차원의 관성에 대한 포인트		포인트의 관성에 대한 차원		
		1	2		1	2	1	2	개요 전체
1월	.117	-.635	-.496	.029	.089	.252	.868	.114	.981
2월	.095	-.628	-.355	.021	.071	.105	.932	.064	.996
3월	.104	-.569	-.067	.018	.063	.004	.991	.003	.994
4월	.088	-.567	.043	.015	.053	.001	.967	.001	.968
5월	.110	-.462	.143	.013	.044	.020	.939	.019	.958
6월	.085	-.264	.683	.008	.011	.346	.392	.566	.958
7월	.102	-.040	.446	.003	.000	.178	.032	.843	.875
8월	.131	.849	.068	.052	.178	.005	.963	.001	.964
9월	.084	1.149	-.051	.059	.209	.002	.998	.000	.998
10월	.085	1.327	-.339	.081	.281	.086	.973	.014	.987
11[a]	.100	1.139	-.641	.095	.000	.000	.722	.049	.772
12[a]	.103	1.221	-.602	.115	.000	.000	.708	.037	.745
액티브 전체	1.000			.300	1.000	1.000			

a. 보조 포인트

b. 대칭 정규화

대응일치표와 행 점수표의 맨 아래 행에 11월과 12월이 보조 범주로서 다루어지고 있는 것을 나타내는 코멘트가 기록되어 있다. 배치도는 다음과 같이 된다.

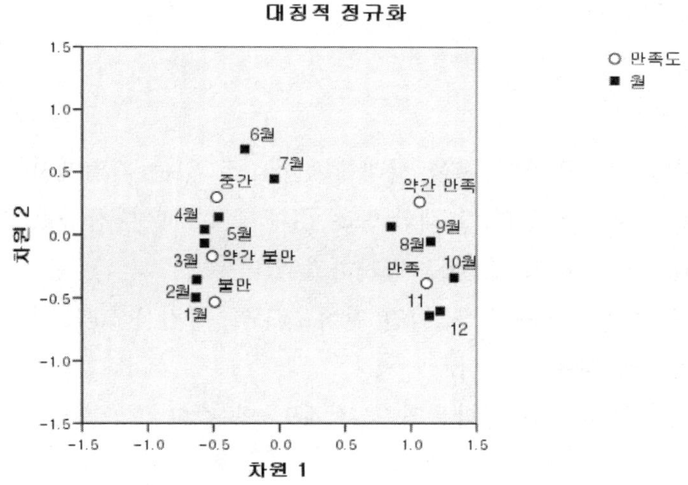

11월과 12월이 1월부터 10월까지의 배치도에 추가되고 있는 것을 알 수 있다. 여기에서 중요한 것은 11월과 12월을 추가해도 보조 범주로서 취급함으로써 다른 범주는 영향을 받지 않는다고 하는 것이다.

1월부터 12월의 데이터를 사용해서 다시 새로 대응분석을 적용한 경우에 그 배치도는 다음과 같다. 이 배치도는 11월과 12월을 추가함으로써 범주의 점수가 변화하기 때문에 10월까지의 데이터로 작성한 배치도와는 다른 것이 된다.

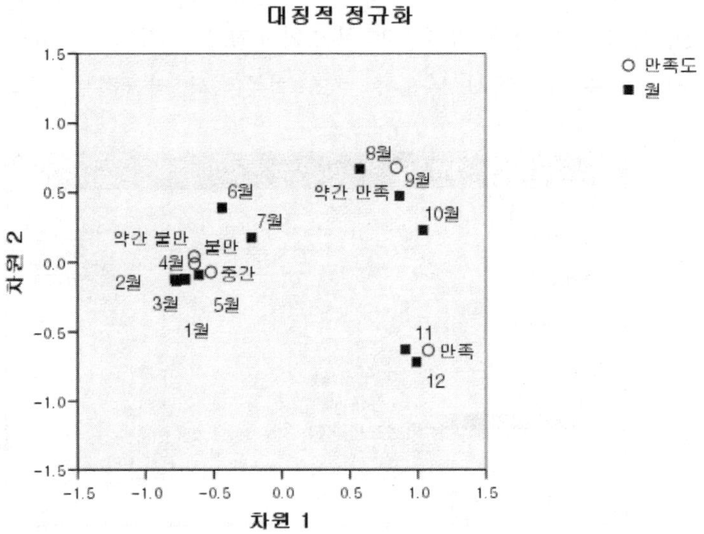

2. 추가처리기능의 활용예

시계열 데이터를 처리하는 경우 외에 추가처리기능을 활용하면 효과적이라고 생각되는 예를 소개하기로 한다.

■ 활용예 4-1

잡화품을 취급하는 점포를 서울 시내에 전개하고 있는 기업에서는 점포별로 고객만족도조사를 실시하고 있다. 고객만족도는 [예제 4-3]과 마찬가지로 5단계(만족, 약간 만족, 중간, 약간 불만, 불만)로 평가하고 있다.

이 기업의 목표는 만족을 50%, 약간 만족을 35%, 중간을 10%, 약간 불만을 4%, 불만을 1%의 비율로 하는 것이다.

점포와 만족도의 분할표는 다음의 <표 4-9>와 같다.

| 표 4-9 | **점포별 만족도 집계표(1)**

	만족	약간 만족	중간	약간 불만	불만
사당	9	19	29	18	25
잠실	12	16	36	22	14
명동	20	30	27	14	9
신촌	42	22	18	9	9
목표	50%	35%	10%	4%	1%

이 분할표에 대해서 대응분석을 적용하여 점포와 목표를 같은 배치도상에 표현한다. 이 표에 있어서의 목표는 비율인 데 비해서 점포별 숫자는 실제의 조사로부터 얻어진 사람수이다. 따라서 점포의 4행과 목표의 1행은 이질적인 것이다. 이와 같은 때에는 추가처리기능을 사용해서 목표를 보조 범주로서 취급하면 된다.

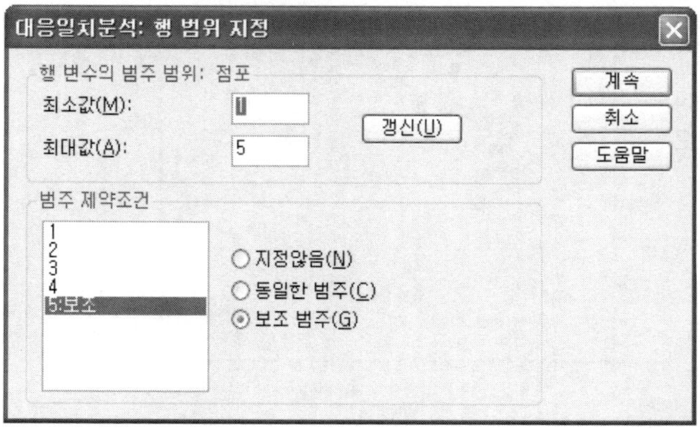

SPSS에서는 목표에 대응하는 숫자로서 50%는 0.5, 35%는 0.35, 10%는 0.1, 4%는 0.04, 1%는 0.01이라고 입력하면 된다.

대응분석 결과 배치도는 다음과 같다.

배치도로부터 신촌점이 목표에 가장 가까이 있다는 것을 알 수 있다.

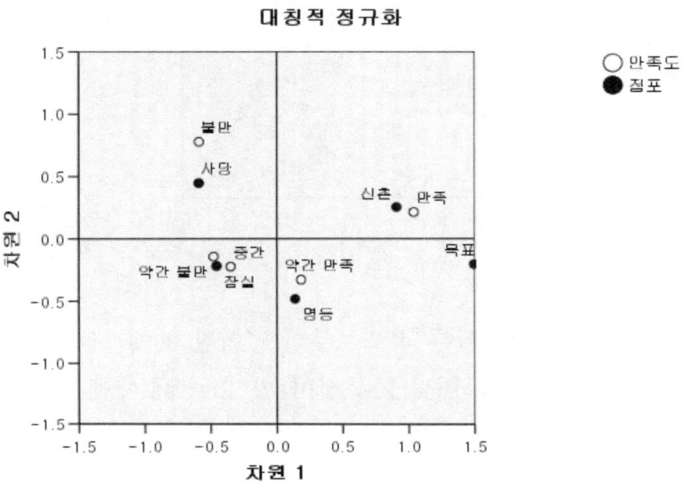

■ 활용예 4-2

다음의 분할표는 이상치(outlier)가 있는 경우의 예이다.

| 표 4-10 | 점포별 만족도 집계표(2)

	만족	약간 만족	중간	약간 불만	불만
사당	9	19	29	18	25
잠실	12	16	36	22	14
명동	20	30	27	14	9
신촌	42	22	18	9	9
구로	1	0	100	2	0

<표 4-10>에 대해서 대응분석을 적용하면 다음과 같은 결과가 얻어진다.

요약

					관성비율		신뢰 비정칙값	
								상관계수
차원	비정칙값	요약 관성	카이제곱	유의확률	설명됨	누적	표준편차	2
1	.586	.343			.733	.733	.029	.139
2	.318	.101			.215	.948	.046	
3	.128	.016			.035	.983		
4	.089	.008			.017	1.000		
요약 전체		.469	235.767	.000[a]	1.000	1.000		

a. 자유도 16

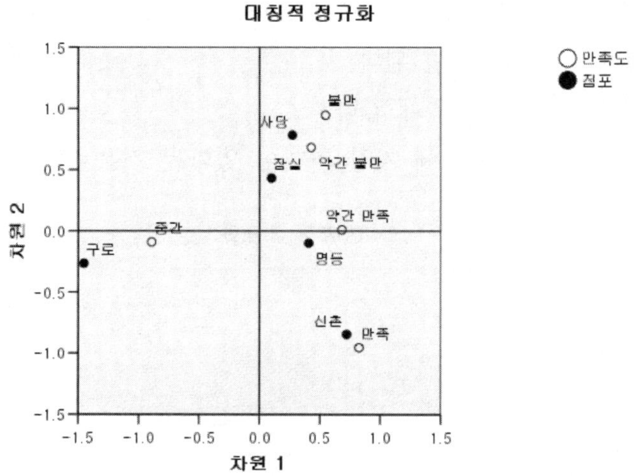

배치도를 보면 구로점만이 다른 점포로부터 떨어진 곳에 위치하고 있어, 이 때문에 다른 점포의 위치가 비뚤어져 버릴 가능성이 있다. 이런 때에는 구로점을 보조 범주로 처리하면 된다.

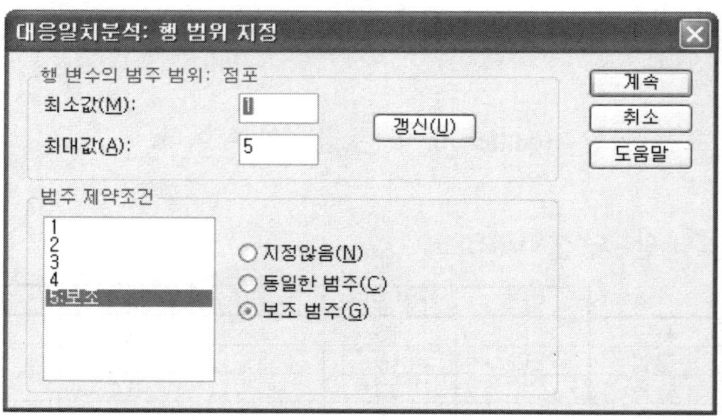

다음과 같은 대응일치표와 배치도가 얻어진다.

대응일치표

점포	만족도					
	만족	약간 만족	중간	약간 불만	불만	액티브 주변
사당	9	19	29	18	25	100
잠실	12	16	36	22	14	100
명동	20	30	27	14	9	100
신촌	42	22	18	9	9	100
구로[a]	1	0	100	2	0	
액티브 주변	83	87	110	63	57	400

a. 보조 행

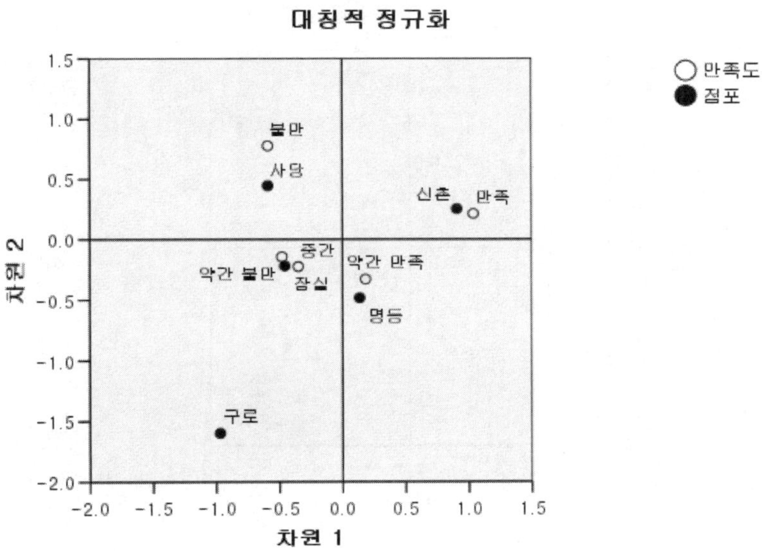

만족도면은 왼쪽에서 오른쪽으로 불만에서 만족의 순으로, 즉 순서구조를 살려서 늘어서 있는 것을 알 수 있다.

■ 활용예 4-3

다음의 분할표는 결손치가 있는 경우의 예이다.

| 표 4-11 | **점포별 만족도 집계표(3)**

	만족	약간 만족	중간	약간 불만	불만
사당	9	19	29	18	25
잠실	12	16	36	22	14
명동	20	30	27	14	9
신촌	42	22	18	9	9
구로	35	19		16	20

어떠한 사정으로 구로점의 중간에 해당하는 수치가 얻어지지 않았다고 하자. 이러한 때에 '0'이라고 입력해서 대응분석을 적용하면, 다음과 같은 배치도가 된다.

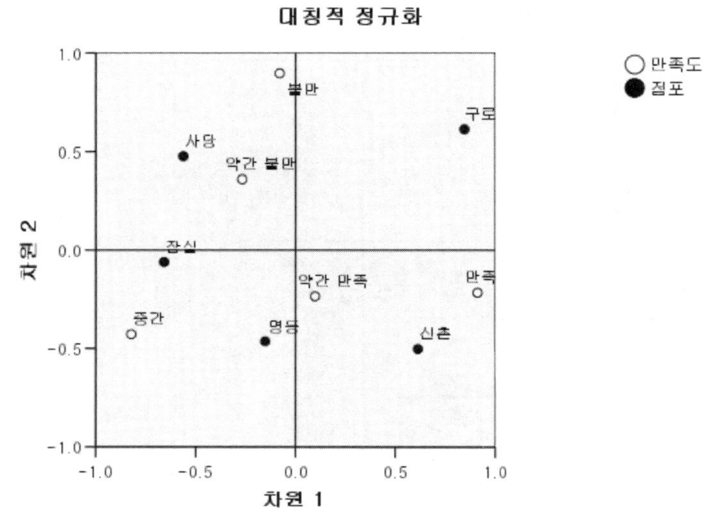

한편, 이 분할표를 다음과 같이 고쳐서 다시 써본다(활용예 4-4).

| 표 4-12 | **점포별 만족도 집계표(4)**

	만족	약간 만족	약간 불만	불만	중간
사당	9	19	18	25	29
잠실	12	16	22	14	36
명동	20	30	14	9	27
신촌	42	22	9	9	18
구로	35	19	16	20	

이와 같은 견해를 취함으로써 행 범주의 구로와 열 범주의 중간을 각각 보조 범주로서 취급할 수 있다.

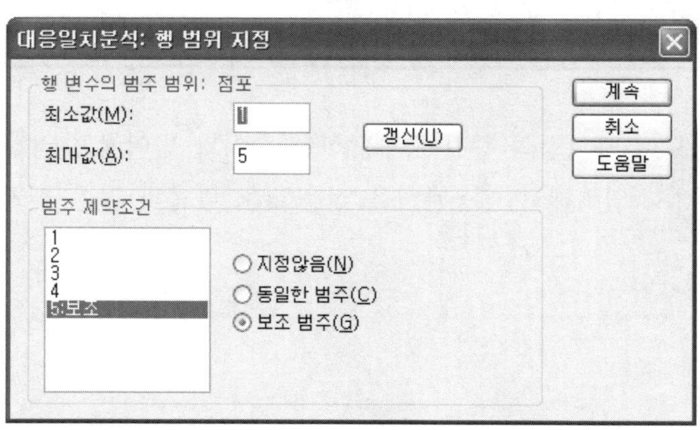

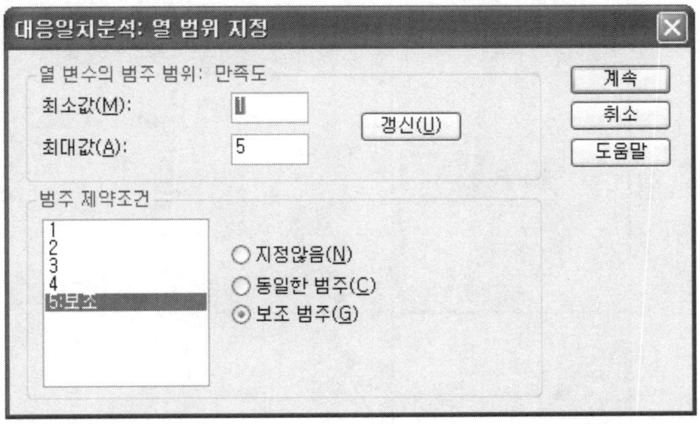

이 경우의 대응일치표와 배치도는 다음과 같이 된다.

대응일치표

	만족도					
점포	만족	약간 만족	약간 불만	불만	중간[a]	액티브 주변
사당	9	19	18	25	29	71
잠실	12	16	22	14	36	64
명동	20	30	14	9	27	73
신촌	42	22	9	9	18	82
구로[b]	35	19	16	20		
액티브 주변	83	87	63	57		290

a. 보조 열

b. 보조 행

대칭적 정규화

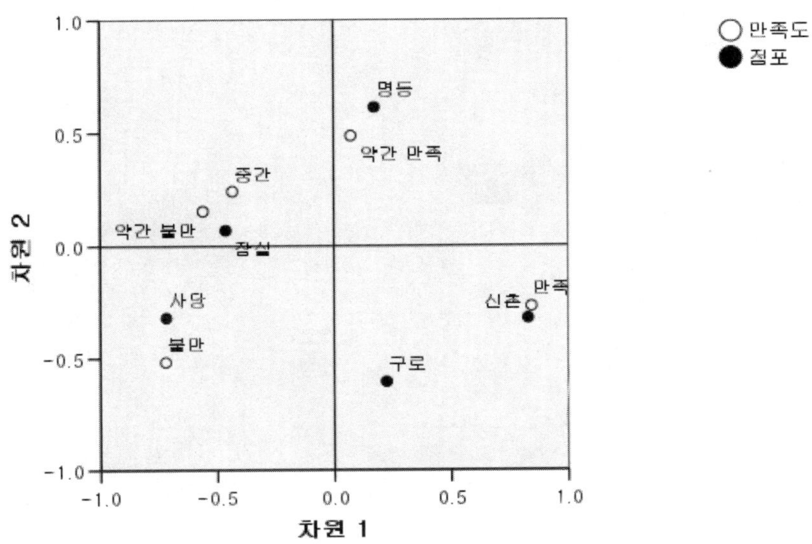

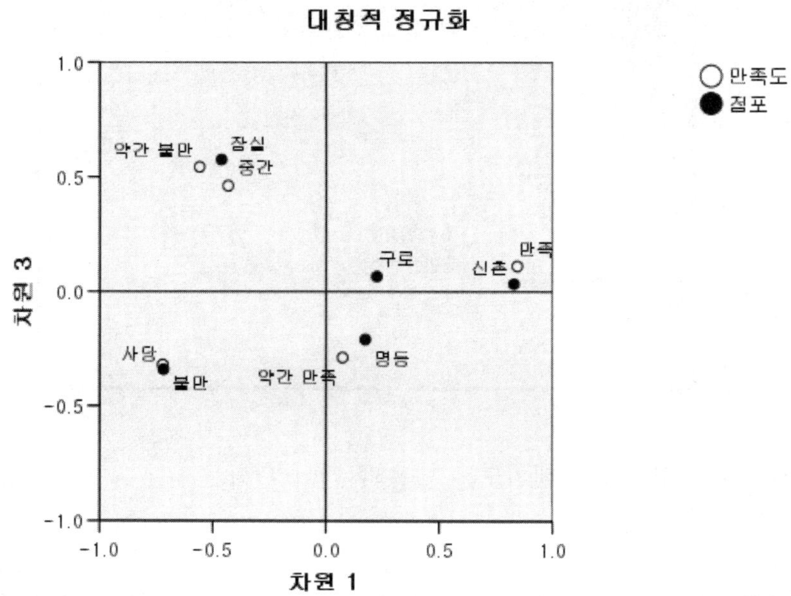

이 쪽이 만족도의 순서대로 늘어서 있는 것을 알 수 있다.

(0, 1)형 데이터의 대응분석 5

5.1 (0, 1)형 데이터표의 분석

예제 5-1

스포츠 관전의 기호에 관한 다음과 같은 앙케트 조사를 실시했다.

다음에 보이는 9가지 스포츠 중에서 관전을 하고 싶은 것에 ○표를 해 주십시오. 몇 가지를 골라도 괜찮습니다.

1. 배구	2. 야구	3. 골프	4. 농구	5. 축구
6. 럭비	7. 권투	8. 씨름	9. 테니스	

이 앙케트 조사의 회답결과를 일람표로 한 것이 다음의 <표 5－1>이다. 회답자는 25명이고 데이터표의 '1'이라고 하는 숫자는 해당 열의 스포츠를 선택한 것을 나타내고 있다.

이 데이터표에 대해서 대응분석을 적용해 보자.

1. (0, 1)형 데이터표에 대한 대응분석

본 예제와 같은 복수회답의 데이터표는 열(변수)을 각 선택지로 해서 그 선택지를 고르면 '1', 고르지 않으면 '0'으로 표현하는 경우가 많다. 0과 1만으로 표현되는 변수를 지표변수 혹은 더미변수라고 부른다. (0, 1)형 데이터표를 크로스 집계표(분할표)로 봄으로써 대응분석을 적용할 수 있다. 본 예제의 경우에 이 데이터표를 25×9의 분할표로 보고, 분석하는 것이다.

| 표 5-1 | **데이터표**

회답자	배구	야구	골프	농구	축구	럭비	권투	씨름	테니스
1	1	0	1	0	0	0	0	0	1
2	0	1	1	0	1	1	0	0	0
3	0	1	1	0	1	1	1	0	0
4	1	1	0	0	1	0	0	0	0
5	0	1	0	0	0	1	0	0	0
6	0	0	0	0	0	0	1	1	1
7	1	0	1	0	1	0	1	1	1
8	0	1	0	0	0	0	1	1	0
9	0	1	1	0	0	0	0	0	1
10	0	0	1	1	0	0	0	0	1
11	1	0	1	1	0	0	0	0	0
12	0	1	0	0	1	1	0	0	0
13	1	1	0	1	0	1	0	0	1
14	0	1	0	0	1	1	1	0	0
15	1	1	0	0	0	1	0	1	0
16	0	1	0	0	1	0	0	0	0
17	0	1	1	1	1	0	0	0	1
18	1	1	0	1	0	0	1	0	0
19	0	1	0	1	1	0	0	0	1
20	1	1	0	0	0	0	0	0	0
21	0	1	0	0	1	1	0	0	1
22	0	1	0	1	1	1	0	0	0
23	0	1	0	0	0	1	1	1	0
24	1	1	0	1	0	0	0	1	0
25	0	1	1	1	0	0	0	0	1

■ SPSS에 의한 대응분석

순서 1 ▸▸▸ 데이터의 입력

(0, 1)형 데이터표를 25×9의 크로스 집계표로써 분석하므로, SPSS에 입력하는 경우에는 이 데이터표의 이미지로 입력하지 않고 다음과 같은 형식으로 입력하기로 한다. 데이터표에서 첫 번째 회답자는 배구(1), 골프(3), 테니스(9)를 선택하고 있으므로, 다음과 같이 입력한다.

(변수값 설명)

순서 2 ››› 대응분석의 선택

메뉴에서 [분석(A)]–[데이터 축소(D)]–[대응일치분석(C)]을 선택한다.

순서 3 ››› 변수의 선택

[대응일치분석] 대화상자가 나타나면 [행(W)]에는 회답자(범위는 1~25), [열(C)]에는 스포츠(범위는 1~9)를 각각 이동한다.

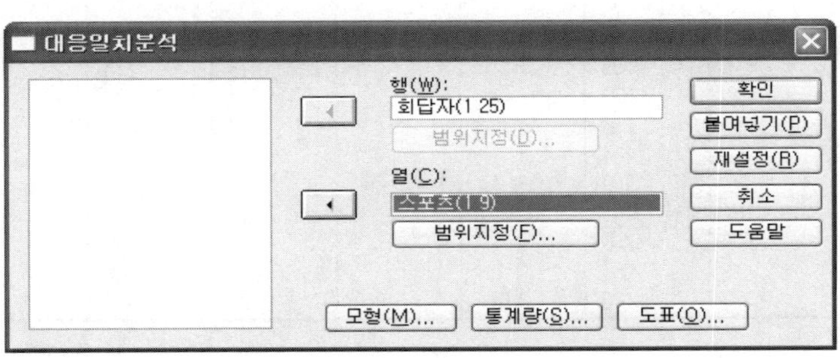

[확인] 버튼을 클릭한다.

■ 분석결과 및 결과의 해석방법

다음과 같은 대응분석의 결과가 얻어진다.

대응일치표

회답자	스포츠									
	배구	야구	골프	농구	축구	럭비	권투	씨름	테니스	액티브 주변
1	1	0	1	0	0	0	0	0	1	3
2	0	1	1	0	1	1	0	0	0	4
3	0	1	1	0	1	1	1	0	0	5
4	1	1	0	0	1	0	0	0	0	3
5	0	1	0	0	0	1	0	0	0	2
6	0	0	0	0	0	0	1	1	1	3
7	1	0	1	0	1	0	1	1	1	6
8	0	1	0	0	0	0	1	1	0	3
9	0	1	1	0	0	0	0	0	1	3
10	0	0	1	1	0	0	0	0	1	3
11	1	0	1	1	0	0	0	0	0	3
12	0	1	0	0	1	1	0	0	0	3
13	1	1	0	1	0	1	0	0	1	5
14	0	1	0	0	1	1	1	0	0	4
15	1	1	0	0	0	1	0	1	0	4
16	0	1	0	0	1	0	0	0	0	2
17	0	1	1	1	1	0	0	0	1	5
18	1	1	0	1	0	0	1	0	0	4
19	0	1	0	1	1	0	0	0	1	4
20	1	1	0	0	0	0	0	0	0	2
21	0	1	0	0	1	1	0	0	1	4
22	0	1	0	1	1	1	0	0	0	4
23	0	1	0	0	0	1	1	1	0	4
24	1	1	0	1	0	0	0	1	0	4
25	0	1	1	1	0	0	0	0	1	4
액티브 주변	9	20	9	9	11	10	7	6	10	91

원래의 (0, 1)형 데이터표가 재현되고 있음을 알 수 있다.

요약

차원	비정칙값	요약 관성	카이제곱	유의확률	관성비율		신뢰 비정칙값	
								상관계수
					설명됨	누적	표준편차	2
1	,627	,393			,273	,273	,058	,121
2	,580	,337			,234	,507	,070	
3	,483	,233			,162	,669		
4	,367	,134			,093	,763		
5	,346	,120			,083	,846		
6	,318	,101			,070	,916		
7	,257	,066			,046	,962		
8	,233	,054			,038	1,000		
요약 전체		1,440	131,011	1,000[a]	1,000	1,000		

a. 자유도 192

(0, 1)형 데이터의 경우에 관성비율의 값은 크로스 집계표일 때만큼 큰 값이 되지 않는 것이 일반적이다. 또한 카이제곱의 숫자와 유의확률은 참고가 되지 않는다.

행 포인트 개요[a]

회답자	매스	차원의 점수		개요 관성	기여도				
					차원의 관성에 대한 포인트		포인트의 관성에 대한 차원		
		1	2		1	2	1	2	개요 전체
1	.033	-1.337	.558	.074	.094	.018	.497	.080	.577
2	.044	.134	-.959	.044	.001	.070	.011	.532	.544
3	.055	.451	-.402	.044	.018	.015	.159	.117	.276
4	.033	.117	-.410	.051	.001	.010	.006	.063	.069
5	.022	.954	-1.041	.053	.032	.041	.237	.261	.498
6	.033	.639	1.742	.104	.021	.172	.081	.561	.642
7	.066	-.018	.780	.055	.000	.069	.000	.427	.427
8	.033	1.304	1.395	.087	.089	.110	.404	.428	.833
9	.033	-.950	-.053	.054	.047	.000	.345	.001	.346
10	.033	-1.645	.186	.074	.142	.002	.752	.009	.761
11	.033	-1.367	.451	.078	.098	.012	.495	.050	.545
12	.033	.803	-1.297	.047	.034	.096	.281	.680	.961
13	.055	-.362	-.075	.039	.011	.001	.114	.004	.119
14	.044	1.032	-.516	.052	.075	.020	.564	.131	.695
15	.044	.735	.528	.063	.038	.021	.236	.113	.349
16	.022	.503	-1.218	.048	.009	.056	.072	.391	.463
17	.055	-.786	-.375	.038	.054	.013	.565	.119	.684
18	.044	-.001	.623	.060	.000	.029	.000	.166	.166
19	.044	-.514	-.483	.044	.019	.018	.166	.135	.301
20	.022	-.073	.289	.059	.000	.003	.001	.018	.019
21	.044	.230	-.869	.041	.004	.057	.035	.467	.503
22	.044	.208	-.950	.044	.003	.068	.027	.523	.550
23	.044	1.328	.682	.071	.124	.035	.686	.168	.853
24	.044	-.010	.914	.066	.000	.063	.000	.324	.324
25	.044	-1.107	-.017	.049	.086	.000	.688	.000	.688
액티브 전체	1.000			1.440	1.000	1.000			

a. 대칭 정규화

열 포인트 개요[a]

스포츠	매스	차원의 점수		개요 관성	기여도				
					차원의 관성에 대한 포인트		포인트의 관성에 대한 차원		
		1	2		1	2	1	2	개요 전체
배구	.099	-.411	.700	.192	.027	.084	.054	.147	.201
야구	.220	.319	-.365	.077	.036	.050	.182	.221	.403
골프	.099	-1.174	.032	.168	.217	.000	.509	.000	.510
농구	.099	-.989	.052	.159	.154	.000	.383	.001	.384
축구	.121	.313	-1.049	.150	.019	.229	.049	.514	.563
럭비	.110	.879	-.844	.163	.135	.135	.326	.278	.604
권투	.077	1.078	1.059	.178	.142	.149	.315	.282	.597
씨름	.066	1.057	1.734	.198	.117	.342	.233	.582	.815
테니스	.110	-.933	.240	.155	.152	.011	.387	.024	.410
액티브 전체	1.000			1.440	1.000	1.000			

a. 대칭 정규화

(0, 1)형 데이터의 경우에 행 변수를 회답자로 하는 것이 일반적이므로, 행의 수가 많아지기 쉽다. 이 때문에 행 점수와 열 점수의 동시배치도는 보기 어려운 것이 되는 경우가 많다. 따라서 동시배치도뿐만 아니라 행과 열 각각의 배치도도 출력시키는 편이 좋다.

회답자에 대한 행 점

대칭적 정규화

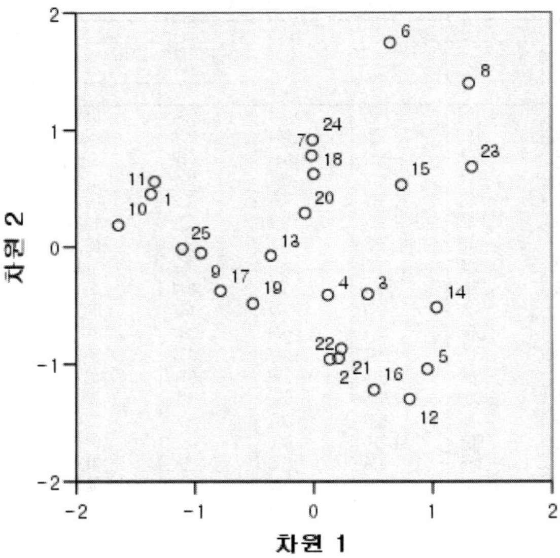

스포츠에 대한 열 점

대칭적 정규화

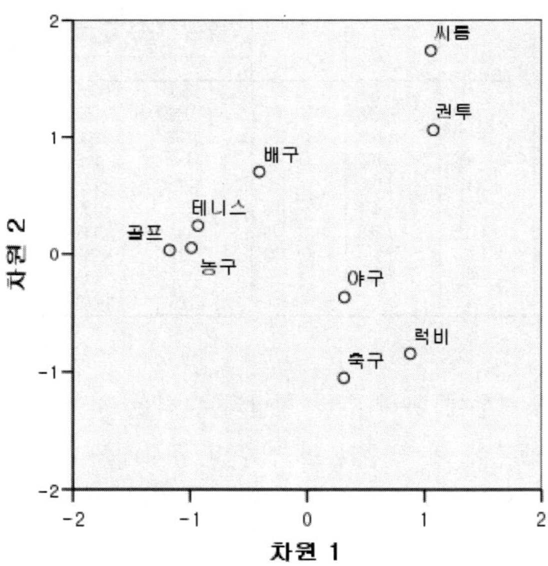

회답자에 대한 행 점수의 배치도로부터 누구와 누가 비슷한 패턴(같은 스포츠를 선택하고 있다)인지를 발견할 수 있다.

스포츠에 대한 열 점수의 배치도로부터 어느 스포츠끼리가 비슷한 패턴(동시에 선택되고 있다)인지를 발견할 수 있다. 다수파의 스포츠가 원점 가까이 모이는 경향이 있다.

행 점 및 열 점

대칭적 정규화

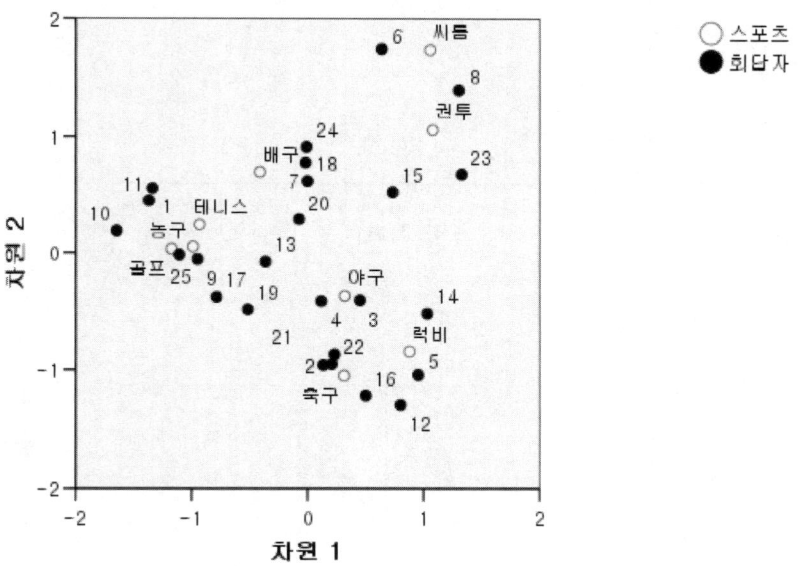

(0, 1)형 데이터의 경우 동시배치도의 결점으로서, 행 측의 점이 많으므로 어느 점까지가 어떤 하나의 열 요소와 관계하고 있는지 알기 어려운 점을 들 수 있다.

그래서 행 점수의 배치도를 열의 요소마다 1과 0으로 층별한 배치도를 작성해 보면 된다. 예를 들면, 야구를 선택한 사람(1)과 선택하지 않은 사람(0)으로 행 점수의 배치도를 층별(색을 나눔)하는 것이다. 다음에 각 스포츠마다 1과 0으로 층별한 배치도를 보인다.

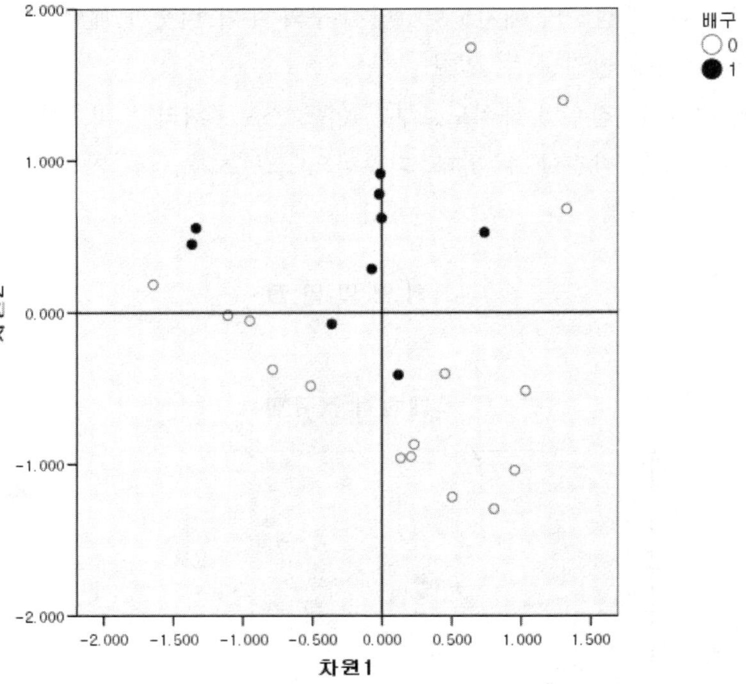

배구
0
1
차원2
차원1

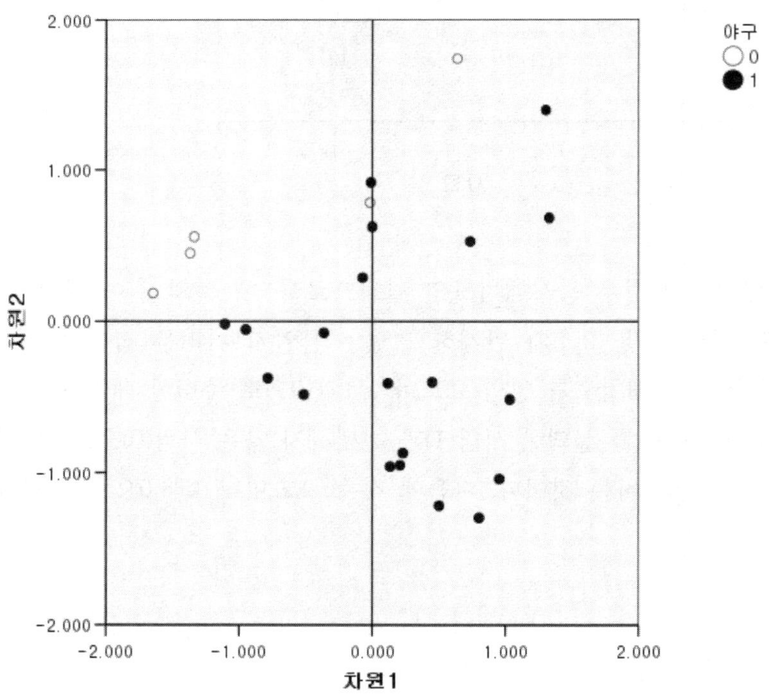

야구
0
1
차원2
차원1

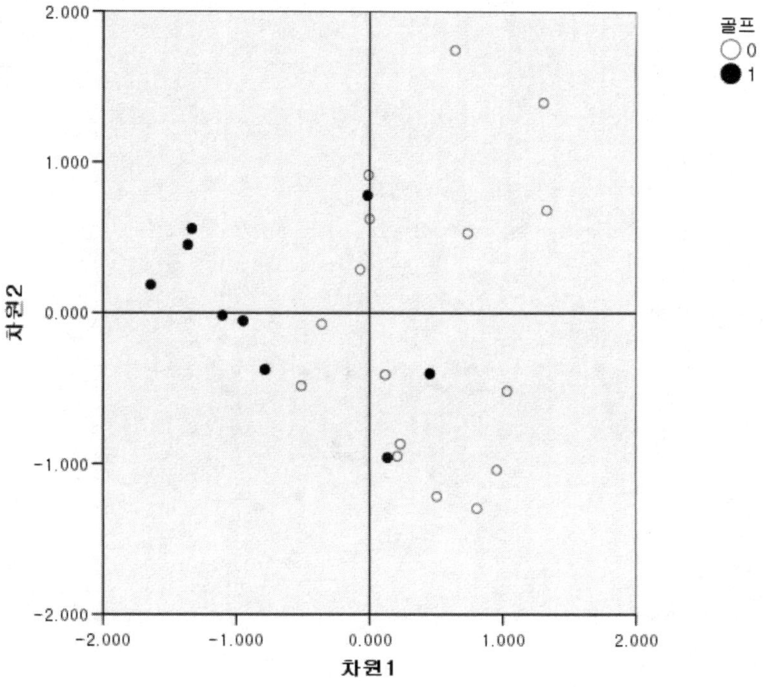
2.000
1.000
0.000
-1.000
-2.000
-2.000
-1.000
0.000
1.000
2.000
차원1
차원2
골프
0
1

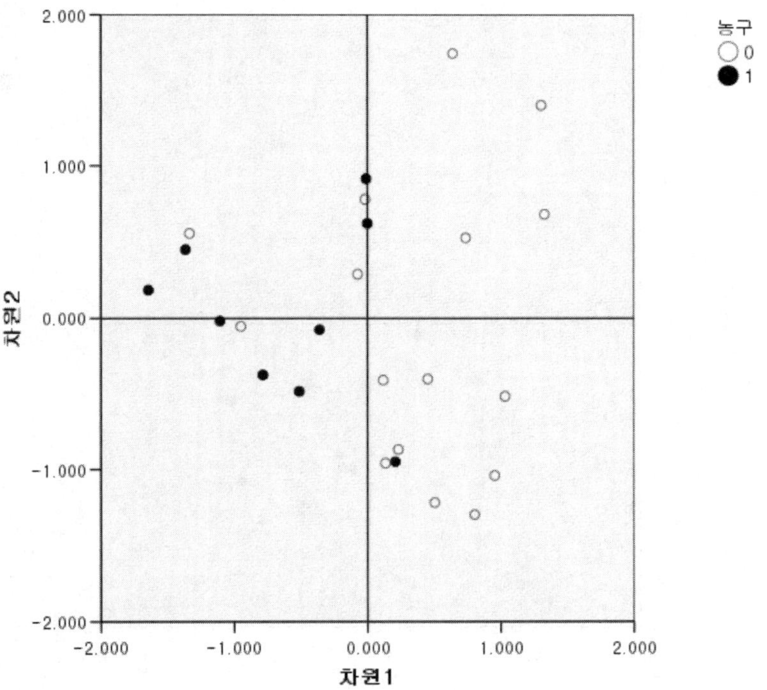
2.000
1.000
0.000
-1.000
-2.000
-2.000
-1.000
0.000
1.000
2.000
차원1
차원2
농구
0
1

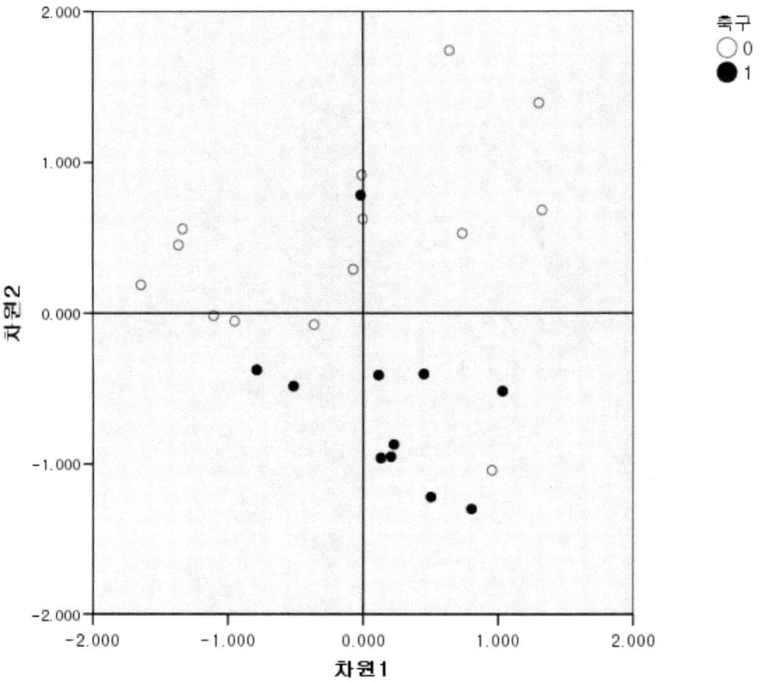
축구
0
1
2.000
1.000
0.000
-1.000
-2.000
차원2
-2.000
-1.000
0.000
1.000
2.000
차원1

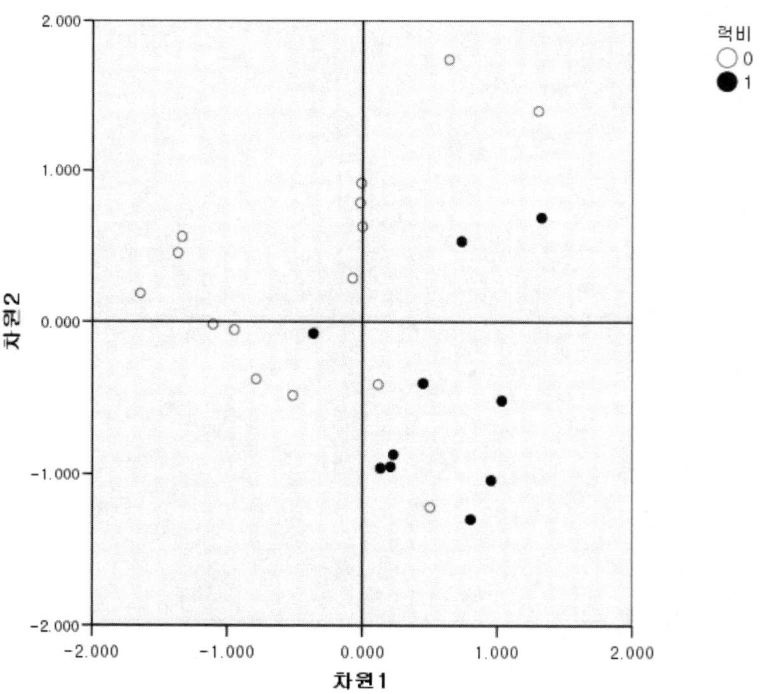
럭비
0
1
2.000
1.000
0.000
-1.000
-2.000
차원2
-2.000
-1.000
0.000
1.000
2.000
차원1

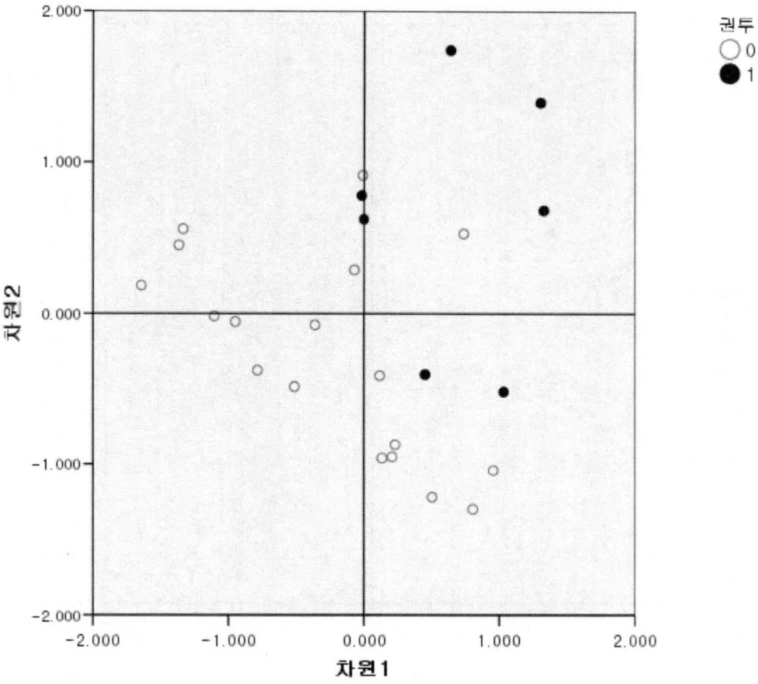
권투
0
1
2.000
1.000
0.000
-1.000
-2.000
차원2
-2.000
-1.000
0.000
1.000
2.000
차원1

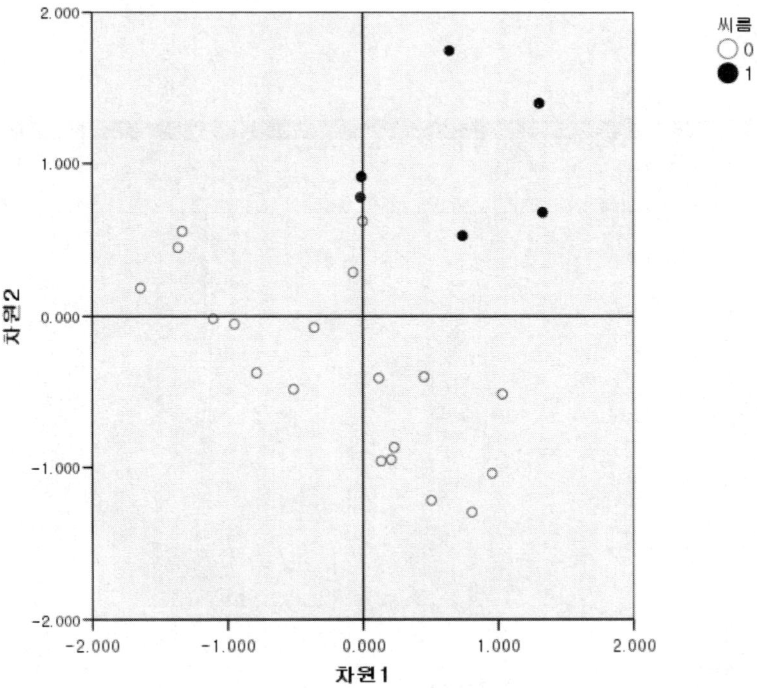
씨름
0
1
2.000
1.000
0.000
-1.000
-2.000
차원2
-2.000
-1.000
0.000
1.000
2.000
차원1

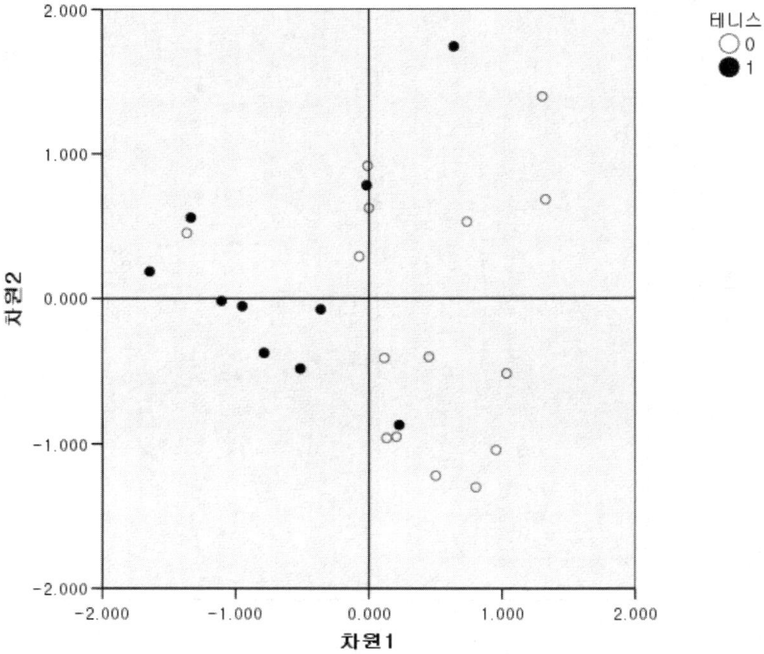

이와 같은 층별 배치도는 <표 5-1>의 (0, 1)형 데이터표와 행 점수를 SPSS상의 데이터 편집기에 다음과 같이 입력하고, 차원 1과 차원 2의 산점도를 스포츠마다 작성하게 된다.

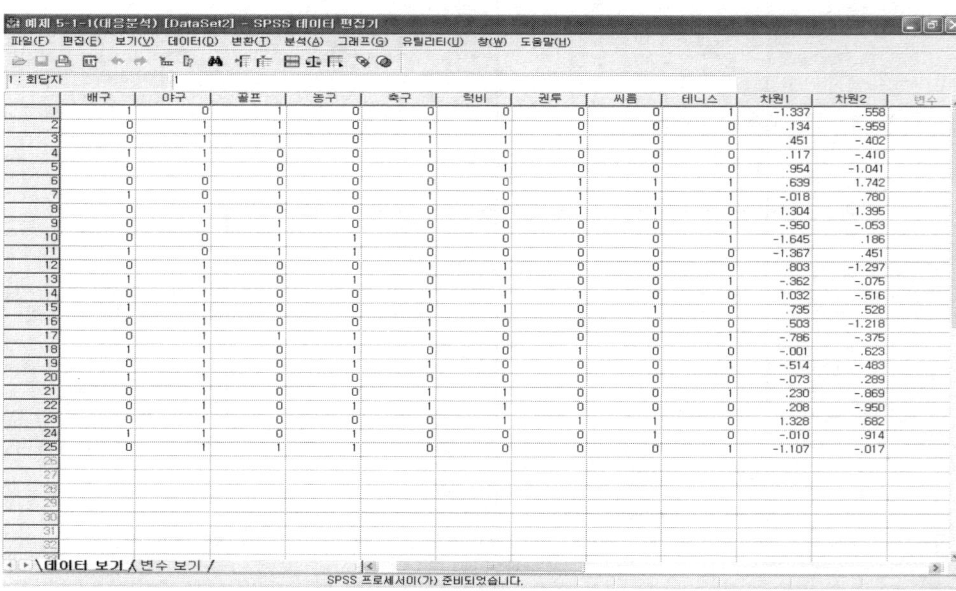

예제 5-1-1(대응분석) [DataSet2] - SPSS 데이터 편집기

파일(F) 편집(E) 보기(V) 데이터(D) 변환(T) 분석(A) 그래프(G) 유틸리티(U) 창(W) 도움말(H)

1 : 회답자 1

	배구	야구	골프	농구	축구	럭비	권투	씨름	테니스	차원1	차원2	변수
1	1	0	1	0	0	0	0	0	1	-1.337	.558	
2	0	1	1	0	1	1	0	0	0	.134	-.959	
3	0	1	1	0	1	1	1	0	0	.451	-.402	
4	1	1	0	0	1	0	0	0	0	.117	-.410	
5	0	1	0	0	0	1	0	0	0	.954	-1.041	
6	0	0	0	0	0	0	1	1	1	.639	1.742	
7	1	0	1	0	1	0	1	1	1	-.018	.780	
8	0	1	0	0	0	0	1	1	0	1.304	1.395	
9	0	1	1	0	0	0	0	0	1	-.950	-.053	
10	0	0	1	1	0	0	0	0	1	-1.645	.186	
11	1	0	1	1	0	0	0	0	0	-1.367	.451	
12	0	1	0	0	1	1	0	0	0	.803	-1.297	
13	1	1	0	1	0	1	0	0	1	-.362	-.075	
14	0	1	0	0	1	1	1	0	0	1.032	-.516	
15	1	1	0	0	0	1	0	1	0	.735	.528	
16	0	1	0	0	1	0	0	0	0	.503	-1.218	
17	0	1	1	1	1	0	0	0	1	-.786	-.375	
18	1	1	0	1	0	0	1	0	0	-.001	.623	
19	0	1	0	1	1	0	0	0	1	-.514	-.483	
20	1	1	0	0	0	0	0	0	0	-.073	.289	
21	0	1	0	0	1	1	0	0	1	.230	-.869	
22	0	1	0	1	1	1	0	0	0	.208	-.950	
23	0	1	0	0	0	1	1	1	0	1.328	.682	
24	1	1	0	1	0	0	0	1	0	-.010	.914	
25	0	1	1	1	0	0	0	0	1	-1.107	-.017	

데이터 보기 / 변수 보기

SPSS 프로세서이(가) 준비되었습니다.

각각의 산점도는 다음과 같이 [X-축]에 차원 1, [Y-축]에 차원 2를 입력하고 [점표시 기준변수]로서 각 스포츠 종목을 입력하여 작성한 것이다.

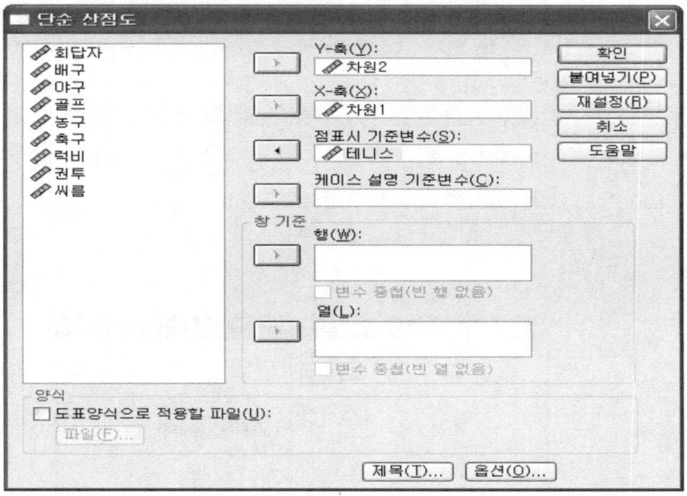

2. 범주의 정렬에 의한 관찰

(0, 1)형 데이터표에 있어서의 행(회답자)을 차원 1의 행 점수가 작은 순으로, 열(스포츠)을 차원 1의 열 점수가 작은 순으로 정렬하면 다음과 같은 (0, 1)형 데이터가 얻어진다.

차원 1에 따른 전치 대응일치표

	스포츠									
회답자	골프	농구	테니스	배구	축구	야구	럭비	씨름	권투	액티브 주변
10	1	1	1	0	0	0	0	0	0	3
11	1	1	0	1	0	0	0	0	0	3
1	1	0	1	1	0	0	0	0	0	3
25	1	1	1	0	0	1	0	0	0	4
9	1	0	1	0	0	1	0	0	0	3
17	1	1	1	0	1	1	0	0	0	5
19	0	1	1	0	1	1	0	0	0	4
13	0	1	1	1	0	1	1	0	0	5
20	0	0	0	1	0	1	0	0	0	2
7	1	0	1	1	1	0	0	1	1	6
24	0	1	0	1	0	1	0	1	0	4
18	0	1	0	1	0	1	0	0	1	4
4	0	0	0	1	1	1	0	0	0	3
2	1	0	0	0	1	1	1	0	0	4
22	0	1	0	0	1	1	1	0	0	4
21	0	0	1	0	1	1	1	0	0	4
3	1	0	0	0	1	1	1	0	1	5
16	0	0	0	0	1	1	0	0	0	2
6	0	0	1	0	0	0	0	1	1	3
15	0	0	0	1	0	1	1	1	0	4
12	0	0	0	0	1	1	1	0	0	3
5	0	0	0	0	0	1	1	0	0	2
14	0	0	0	0	1	1	1	0	1	4
8	0	0	0	0	0	1	0	1	1	3
23	0	0	0	0	0	1	1	1	1	4
액티브 주변	9	9	10	9	11	20	10	6	7	91

이와 같이 함으로써 1이 대각선에 많이 늘어서게 되어 범주 사이의 가까운 정도를 그림으로써가 아니라 표로써 간파할 수 있게 된다.

이 표는 대응분석을 실행하는 대화상자상에서 설정하면, 일련의 분석결과와 함께 출력된다. 구체적으로는 대응분석의 대화상자에 있는 [통계량(S)] 버튼을 클릭한다.

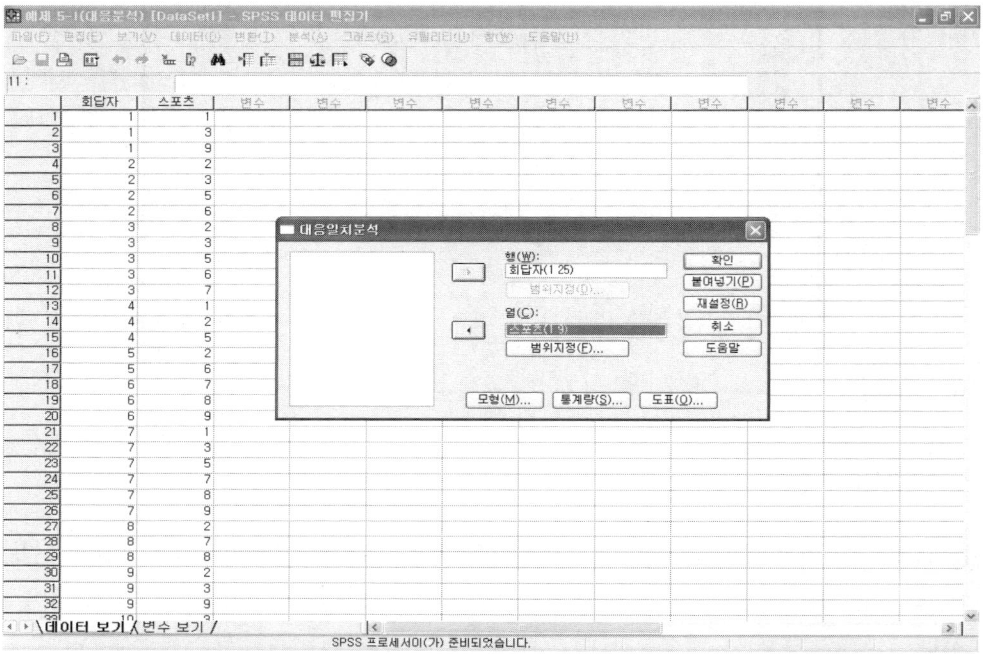

다음과 같은 [통계량] 대화상자가 나타나므로 [대응일치표의 순열(P)]을 체크하고 [순열의 최대 차원(M)]을 '1'로 하면 된다.

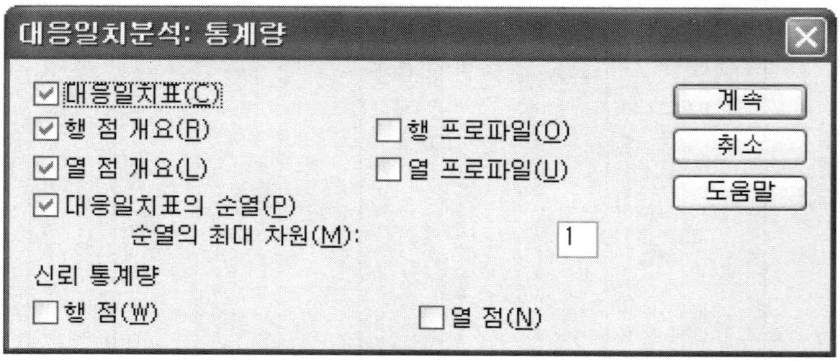

[통계량] 대화상자에서 [확인] 버튼을 클릭하면 출력결과를 얻을 수 있다.

대응분석은 가능한 한 대각선에 1이 잘 늘어서도록 점수를 계산하고 있다고 하는 견해를 취할 수 있다. 대각선에 1이 잘 늘어서지 않는다고 하는 것은 행과 열의 관계가 약하다는 것을 의미한다. 어느 정도 잘 늘어서 있는가를 보려면, 행 점수와 열 점수의 상관계수를 계산하면 된다. 이 숫자가 1에 가까울수록 잘 늘어서게 된다.

본 예제의 경우에 상관계수의 값은 어느 정도가 되는지를 계산해 보자.

그러기 위해서는 데이터를 다음과 같이 행 점수와 열 점수를 입력하고 상관계수를 계산하게 된다.

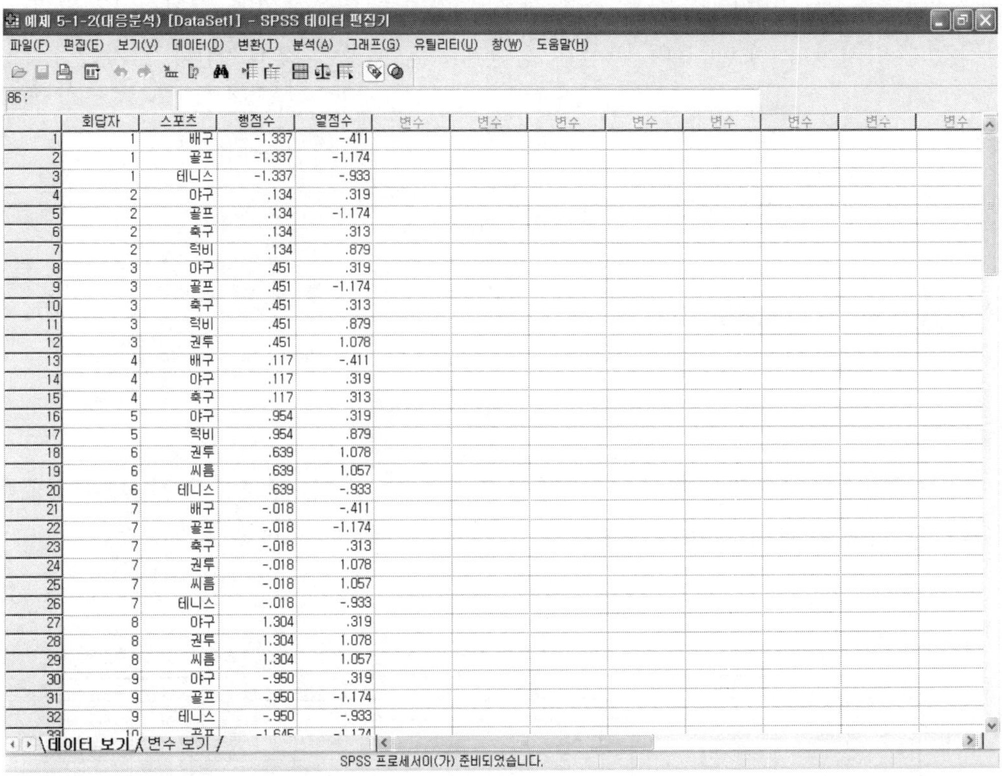

	회답자	스포츠	행점수	열점수
1	1	배구	-1.337	-.411
2	1	골프	-1.337	-1.174
3	1	테니스	-1.337	-.933
4	2	야구	.134	.319
5	2	골프	.134	-1.174
6	2	축구	.134	.313
7	2	럭비	.134	.879
8	3	야구	.451	.319
9	3	골프	.451	-1.174
10	3	축구	.451	.313
11	3	럭비	.451	.879
12	3	권투	.451	1.078
13	4	배구	.117	-.411
14	4	야구	.117	.319
15	4	축구	.117	.313
16	5	야구	.954	.319
17	5	럭비	.954	.879
18	6	권투	.639	1.078
19	6	씨름	.639	1.057
20	6	테니스	.639	-.933
21	7	배구	-.018	-.411
22	7	골프	-.018	-1.174
23	7	축구	-.018	.313
24	7	권투	-.018	1.078
25	7	씨름	-.018	1.057
26	7	테니스	-.018	-.933
27	8	야구	1.304	.319
28	8	권투	1.304	1.078
29	8	씨름	1.304	1.057
30	9	야구	-.950	.319
31	9	골프	-.950	-1.174
32	9	테니스	-.950	-.933

상관계수

		행점수	열점수
행점수	Pearson 상관계수	1	.627**
	유의확률 (양쪽)		.000
	N	91	91
열점수	Pearson 상관계수	.627**	1
	유의확률 (양쪽)	.000	
	N	91	91

**. 상관계수는 0.01 수준(양쪽)에서 유의합니다.

요약

차원	비정칙값	요약 관성	카이제곱	유의확률	관성비율		신뢰 비정칙값	
								상관계수
					설명됨	누적	표준편차	2
1	.627	.393			.273	.273	.058	.121
2	.580	.337			.234	.507	.070	
3	.483	.233			.162	.669		
4	.367	.134			.093	.763		
5	.346	.120			.083	.846		
6	.318	.101			.070	.916		
7	.257	.066			.046	.962		
8	.233	.054			.038	1.000		
요약 전체		1.440	131.011	1.000a	1.000	1.000		

a. 자유도 192

상관계수는 0.627이다. 실은 이 상관계수의 수치는 대응분석에 있어서 1차원의 비정칙값과 일치한다. 또한 요약 관성은 상관계수를 제곱한 값(0.393)과 일치한다.

5.2 (0, 1)형 데이터표의 대응분석에 관한 성질

1. 말발굽형의 배치도

예제 5-2

다음의 데이터표와 같이 1이 대각선상에 가지런히 늘어선 구조를 갖는 데이터에 대응분석을 적용해 보기로 한다.

| 표 5-2 | 데이터표

회답자	C1	C2	C3	C4	C5	C6	C7	C8	C9	C10	C11
1	1	0	0	0	0	0	0	0	0	0	0
2	1	1	0	0	0	0	0	0	0	0	0
3	1	1	1	0	0	0	0	0	0	0	0
4	1	1	1	1	0	0	0	0	0	0	0
5	1	1	1	1	1	0	0	0	0	0	0
6	1	1	1	1	1	1	0	0	0	0	0
7	1	1	1	1	1	1	0	0	0	0	0
8	0	1	1	1	1	1	0	0	0	0	0
9	0	0	1	1	1	1	0	0	0	0	0
10	0	0	0	1	1	1	0	0	0	0	0
11	0	0	0	0	1	1	1	0	0	0	0
12	0	0	0	0	0	1	1	1	0	0	0
13	0	0	0	0	0	1	1	1	1	0	0
14	0	0	0	0	0	1	1	1	1	1	0
15	0	0	0	0	0	1	1	1	1	1	1
16	0	0	0	0	0	1	1	1	1	1	1
17	0	0	0	0	0	0	1	1	1	1	1
18	0	0	0	0	0	0	0	1	1	1	1
19	0	0	0	0	0	0	0	0	1	1	1
20	0	0	0	0	0	0	0	0	0	1	1
21	0	0	0	0	0	0	0	0	0	0	1

(0, 1)형 데이터표를 21×11의 크로스 집계표로써 분석하므로, SPSS에 입력하는 경우에는 이 데이터표의 이미지로 입력하지 않고 다음과 같은 형식으로 입력하기로 한다. 데이터표에서 첫 번째 회답자는 C1(1)을 선택하고, 두 번째 회답자는 C1(1), C2(2)를 선택하고 있으므로, 다음과 같이 입력한다.

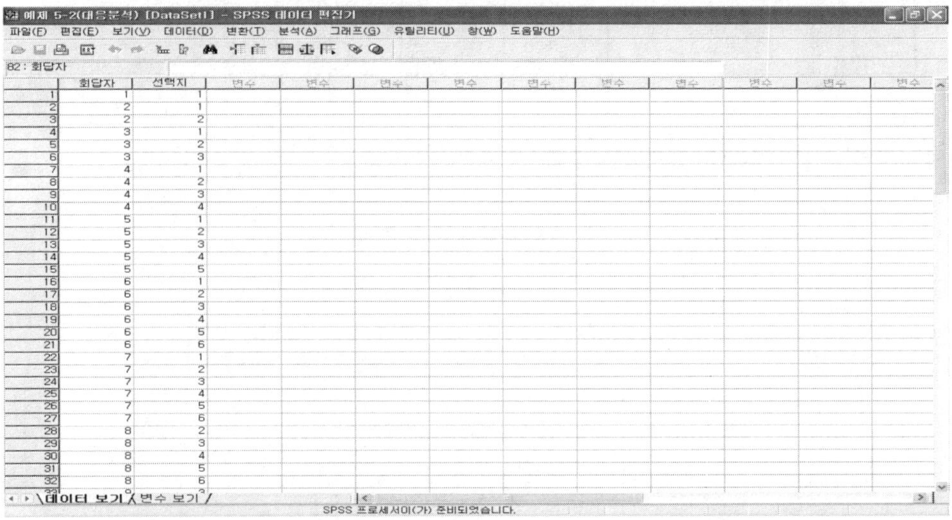

	회답자	선택지
1	1	1
2	2	1
3	2	2
4	3	1
5	3	2
6	3	3
7	4	1
8	4	2
9	4	3
10	4	4
11	5	1
12	5	2
13	5	3
14	5	4
15	5	5
16	6	1
17	6	2
18	6	3
19	6	4
20	6	5
21	6	6
22	7	1
23	7	2
24	7	3
25	7	4
26	7	5
27	7	6
28	8	2
29	8	3
30	8	4
31	8	5
32	8	6

(변수값 설명)

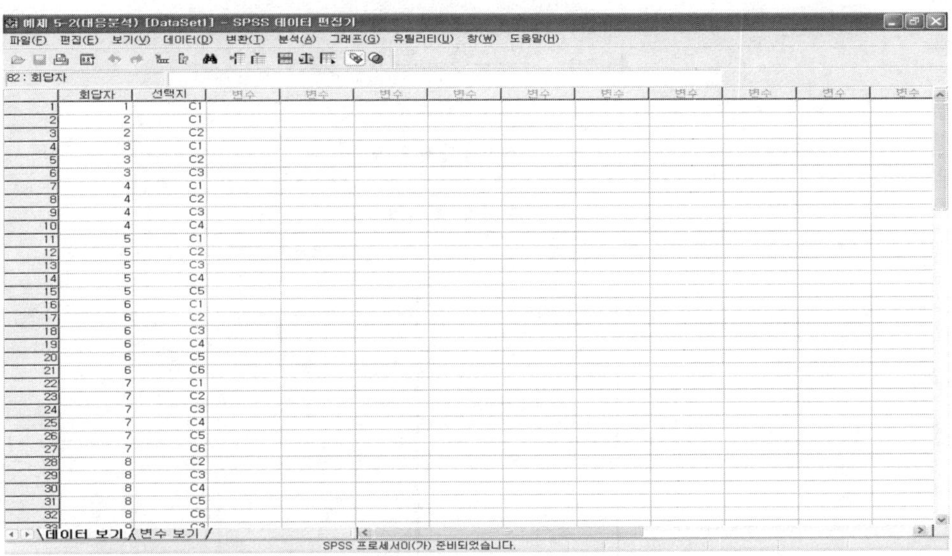

	회답자	선택지
1	1	C1
2	2	C1
3	2	C2
4	3	C1
5	3	C2
6	3	C3
7	4	C1
8	4	C2
9	4	C3
10	4	C4
11	5	C1
12	5	C2
13	5	C3
14	5	C4
15	5	C5
16	6	C1
17	6	C2
18	6	C3
19	6	C4
20	6	C5
21	6	C6
22	7	C1
23	7	C2
24	7	C3
25	7	C4
26	7	C5
27	7	C6
28	8	C2
29	8	C3
30	8	C4
31	8	C5
32	8	C6

대응분석의 결과는 다음과 같이 된다.

요약

차원	비정칙값	요약 관성	카이제곱	유의확률	관성비율		신뢰 비정칙값	
					설명됨	누적	표준편차	상관계수 2
1	.934	.873			.468	.468	.016	.001
2	.624	.390			.209	.676	.055	
3	.518	.269			.144	.820		
4	.328	.108			.058	.878		
5	.279	.078			.042	.919		
6	.224	.050			.027	.946		
7	.189	.036			.019	.965		
8	.175	.031			.016	.982		
9	.141	.020			.011	.992		
10	.119	.014			.008	1.000		
요약 전체		1.867	151.200	.996[a]	1.000	1.000		

a. 자유도 200

1차원의 비정칙값은 0.934로 1에 가까운 값이다.

회답자에 대한 행 점

대칭적 정규화

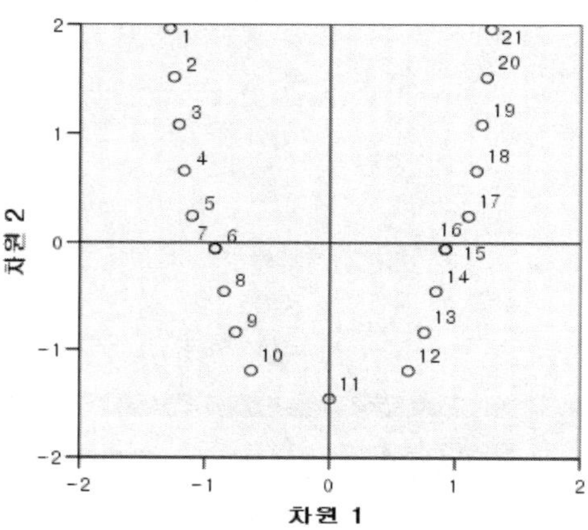

선택지에 대한 열 점

대칭적 정규화

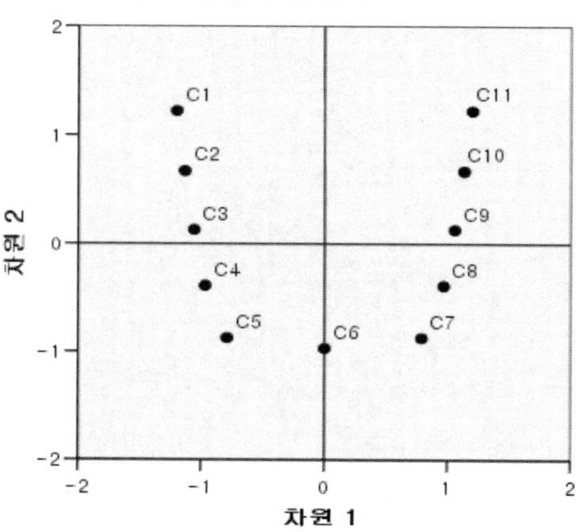

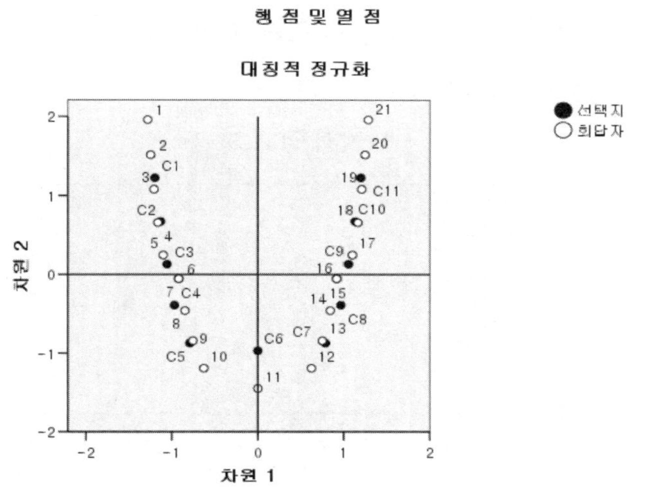

행 점수와 열 점수 모두 2차 곡선 모양의 배치도가 된다.

예제 5-3

다음과 같은 (0, 1)형 데이터표의 경우도 2차 곡선 모양이 된다. 이 데이터에 대응분석을 적용해 보기로 한다.

| 표 5-3 | 데이터표

회답자	C1	C2	C3	C4	C5	C6	C7	C8	C9	C10	C11	C12	C13
1	1	0	0	0	0	0	0	0	0	0	0	0	0
2	1	1	0	0	0	0	0	0	0	0	0	0	0
3	1	1	1	0	0	0	0	0	0	0	0	0	0
4	1	1	1	1	0	0	0	0	0	0	0	0	0
5	1	1	1	1	1	0	0	0	0	0	0	0	0
6	1	1	1	1	1	1	0	0	0	0	0	0	0
7	1	1	1	1	1	1	1	0	0	0	0	0	0
8	1	1	1	1	1	1	1	1	0	0	0	0	0
9	1	1	1	1	1	1	1	1	1	0	0	0	0
10	1	1	1	1	1	1	1	1	1	1	0	0	0
11	1	1	1	1	1	1	1	1	1	1	1	0	0
12	1	1	1	1	1	1	1	1	1	1	1	1	0
13	1	1	1	1	1	1	1	1	1	1	1	1	1

요약

					관성비율		신뢰 비정칙값	
								상관계수
차원	비정칙값	요약 관성	카이제곱	유의확률	설명됨	누적	표준편차	2
1	,500	,250			,438	,438	,070	,221
2	,333	,111			,195	,633	,083	
3	,250	,063			,109	,742		
4	,200	,040			,070	,812		
5	,167	,028			,049	,861		
6	,143	,020			,036	,896		
7	,125	,016			,027	,924		
8	,111	,012			,022	,945		
9	,100	,010			,018	,963		
10	,091	,008			,014	,977		
11	,083	,007			,012	,990		
12	,077	,006			,010	1,000		
요약 전체		,571	51,951	1,000[a]	1,000	1,000		

a. 자유도 144

회답자에 대한 행 점

대칭적 정규화

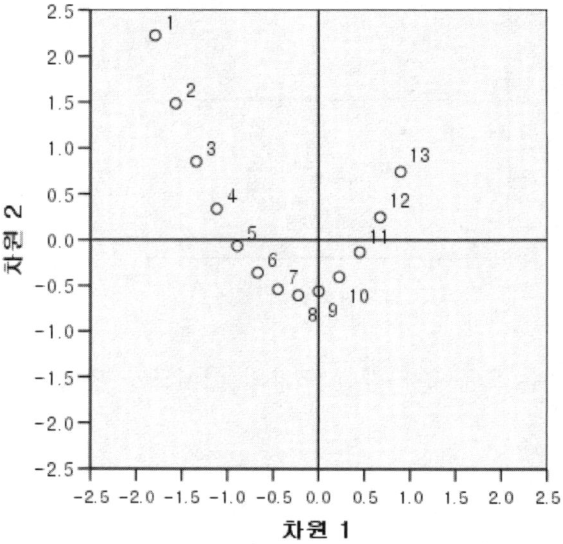

선택지에 대한 열 점

대칭적 정규화

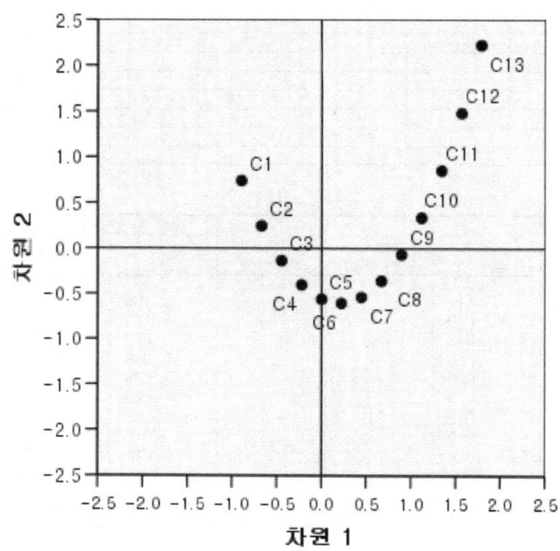

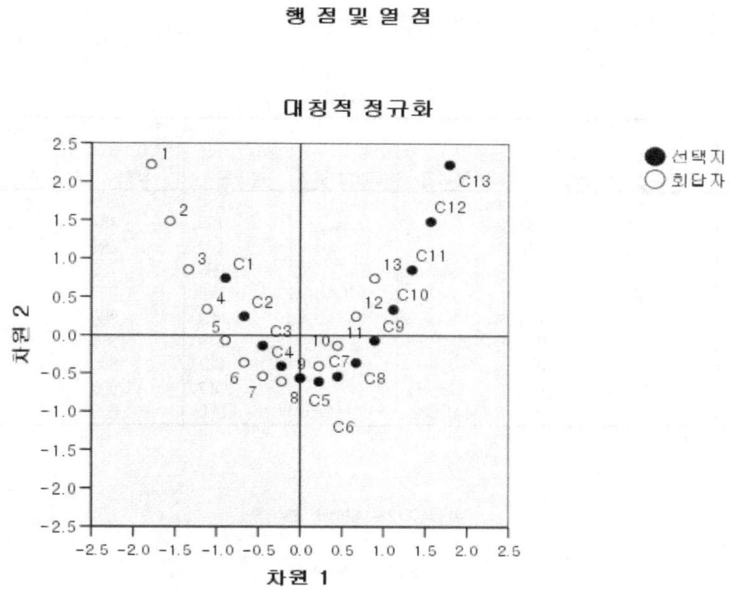

2. 이상치의 영향

(0, 1)형 데이터표에 있어서 이상치가 존재하는 예를 보도록 하자.

예제 5-4

다음에 보이는 (0, 1)형 데이터표에 대응분석을 적용한다.

| 표 5-4 | **데이터표**

회답자	C1	C2	C3	C4	C5	C6	C7	C8	C9	C10
1	1	0	1	1	0	0	0	0	0	0
2	0	1	1	0	1	1	0	0	0	0
3	0	1	1	0	1	1	1	0	0	0
4	1	1	0	0	1	0	0	0	0	0
5	0	1	0	0	0	1	0	0	0	0
6	0	0	0	0	0	0	1	1	1	0
7	1	0	1	0	1	0	1	1	0	0
8	0	1	0	0	0	0	1	1	0	0
9	0	1	1	0	0	0	0	0	1	1
10	0	0	1	1	0	0	0	1	1	1
11	1	0	1	1	0	0	0	0	0	0
12	0	1	0	0	1	1	0	0	0	0
13	1	1	0	1	0	1	0	0	0	0
14	0	1	0	0	1	1	1	0	0	0
15	1	1	0	0	0	1	0	1	1	0
16	0	1	0	0	1	0	0	0	0	0
17	0	1	1	1	1	0	0	0	0	0
18	1	1	0	1	0	0	1	0	0	0
19	0	1	0	1	1	0	0	0	0	0
20	0	1	0	1	1	0	0	0	0	0
21	0	0	0	0	0	0	0	0	0	1

대응분석의 결과는 다음과 같이 된다.

요약

차원	비정칙값	요약 관성	카이제곱	유의확률	관성비율		신뢰 비정칙값	
					설명됨	누적	표준편차	상관계수 2
1	.747	.558			.288	.288	.073	.255
2	.621	.385			.199	.487	.074	
3	.586	.344			.177	.664		
4	.431	.186			.096	.760		
5	.388	.151			.078	.837		
6	.365	.134			.069	.906		
7	.308	.095			.049	.955		
8	.231	.053			.027	.983		
9	.184	.034			.017	1.000		
요약 전체		1.939	141.522	.985[a]	1.000	1.000		

a. 자유도 180

회답자에 대한 행 점

대칭적 정규화

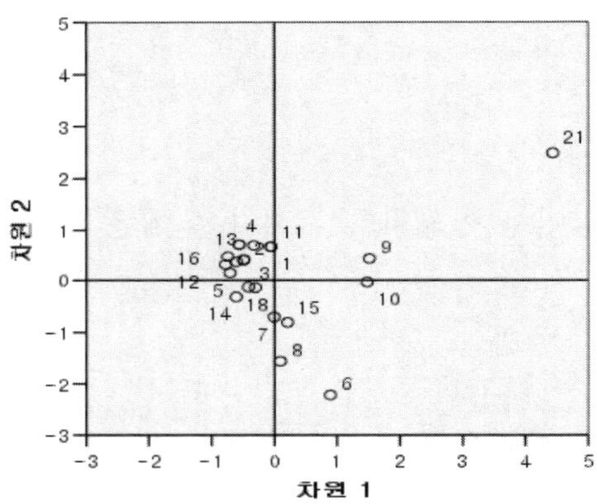

선택지에 대한 열 점

대칭적 정규화

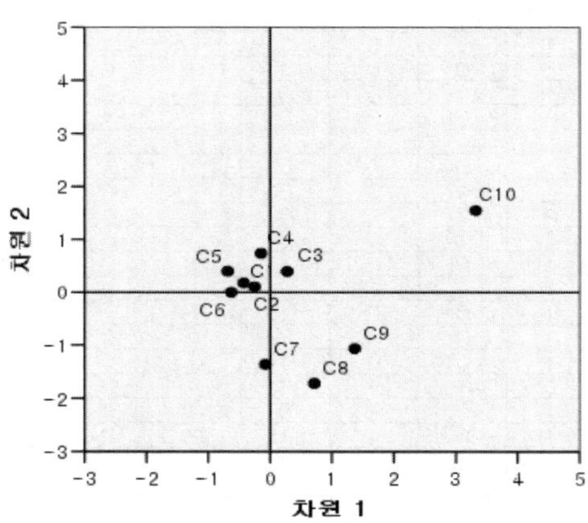

행 점 및 열 점

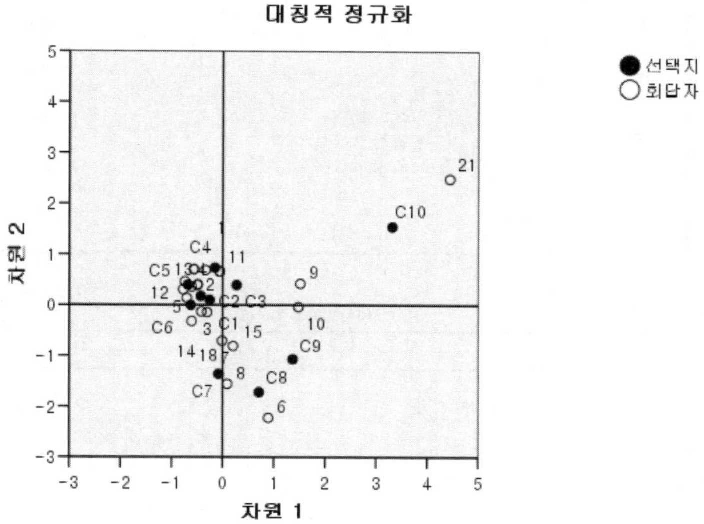

회답자 21은 C10밖에 선택하고 있지 않다. 또한 C10은 세 사람밖에 선택하고 있지 않다. 이와 같은 때에는 회답자 21과 C10이 떨어진 곳에 위치하여, 다른 범주의 위치를 뒤틀리게 해 버린다.

이러한 경우에는 회답자 21과 선택지 C10을 보조 범주로 처리하여 대응분석을 적용하는 편이 좋다.

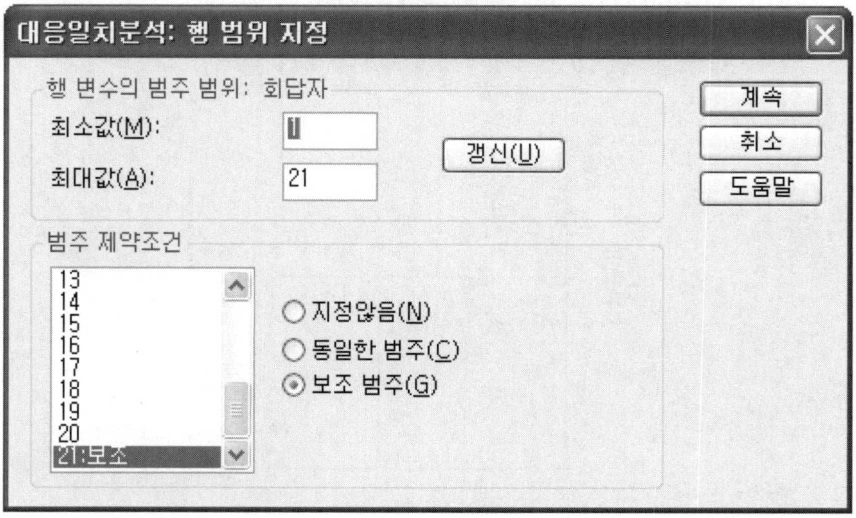

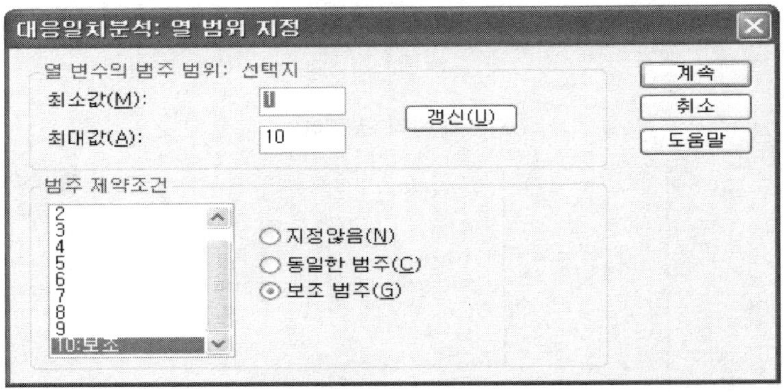

대응일치표

회답자	선택지										
	C1	C2	C3	C4	C5	C6	C7	C8	C9	C10[a]	액티브 주변
1	1	0	1	1	0	0	0	0	0	0	3
2	0	1	1	0	1	1	0	0	0	0	4
3	0	1	1	0	1	1	1	0	0	0	5
4	1	1	0	0	1	0	0	0	0	0	3
5	0	1	0	0	0	1	0	0	0	0	2
6	0	0	0	0	0	0	1	1	1	0	3
7	1	0	1	0	1	0	1	1	0	0	5
8	0	1	0	0	0	0	1	1	0	0	3
9	0	1	1	0	0	0	0	0	1	1	3
10	0	0	1	1	0	0	0	1	1	1	4
11	1	0	1	1	0	0	0	0	0	0	3
12	0	1	0	0	1	1	0	0	0	0	3
13	1	1	0	1	0	1	0	0	0	0	4
14	0	1	0	0	1	1	1	0	0	0	4
15	1	1	0	0	0	1	0	1	1	0	5
16	0	1	0	0	1	0	0	0	0	0	2
17	0	1	1	1	1	0	0	0	0	0	4
18	1	1	0	1	0	0	1	0	0	0	4
19	0	1	0	1	1	0	0	0	0	0	3
20	0	1	0	1	1	0	0	0	0	0	3
21[b]	0	0	0	0	0	0	0	0	0		
액티브 주변	7	15	8	8	10	7	6	5	4		70

a. 보조 열

b. 보조 행

회답자에 대한 행 점

대칭적 정규화

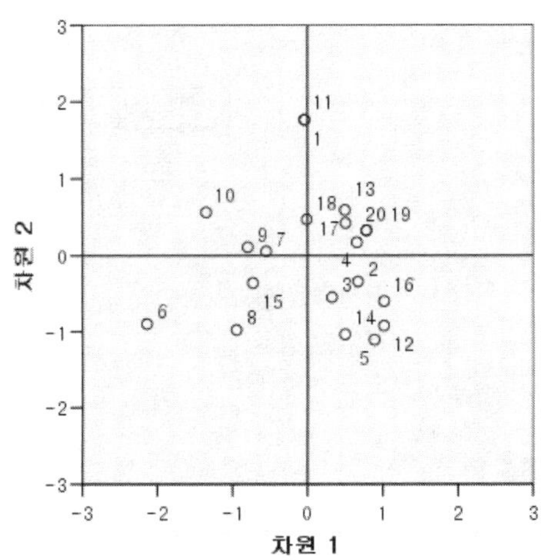

선택지에 대한 열 점

대칭적 정규화

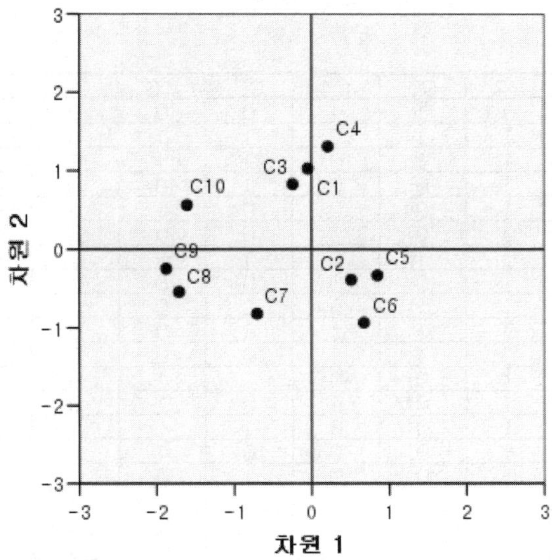

행 점 및 열 점

대칭적 정규화

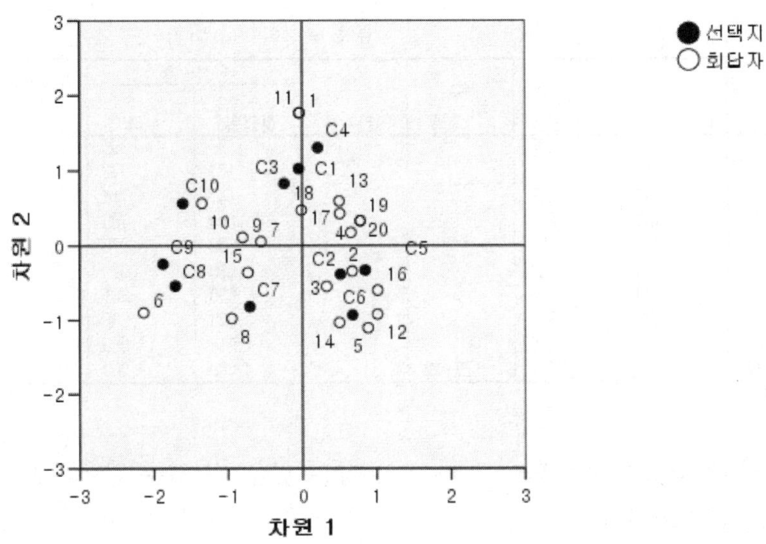

예제 5-5

다음에 보이는 데이터표는 좀 더 극단적인 예이다.

| 표 5-5 | **데이터표**

회답자	C1	C2	C3	C4	C5	C6	C7	C8	C9	C10
1	1	0	1	1	0	0	0	0	0	0
2	0	1	1	0	1	1	0	0	0	0
3	0	1	1	0	1	1	1	0	0	0
4	1	1	0	0	1	0	0	0	0	0
5	0	1	0	0	0	1	0	0	0	0
6	0	0	0	0	0	0	1	1	1	0
7	1	0	1	0	1	0	1	1	0	0
8	0	1	0	0	0	0	1	1	0	0
9	0	1	1	0	0	0	0	0	1	0
10	0	0	1	1	0	0	0	1	1	0
11	1	0	1	1	0	0	0	0	0	0
12	0	1	0	0	1	1	0	0	0	0
13	1	1	0	1	0	1	0	0	0	0
14	0	1	0	0	1	1	1	0	0	0
15	1	1	0	0	0	1	0	1	1	0
16	0	1	0	0	1	0	0	0	0	0
17	0	1	1	1	1	0	0	0	0	0
18	1	1	0	1	0	0	1	0	0	0
19	0	1	0	1	1	0	0	0	0	0
20	0	1	0	1	1	0	0	0	0	0
21	0	0	0	0	0	0	0	0	0	1

회답자 21은 C10만을 선택하고, C10은 회답자 21에게만 선택되고 있다. 21과 C10은 완전히 1 대 1의 대응관계로 되어 있다.

이 (0, 1)형 데이터표에 대한 대응분석의 결과는 다음과 같이 된다.

요약

차원	비정칙값	요약 관성	카이제곱	유의확률	관성비율		신뢰 비정칙값	
					설명됨	누적	표준편차	상관계수 2
1	1,000	1,000			,396	,396	,000	,103
2	,669	,448			,177	,573	,066	
3	,597	,356			,141	,714		
4	,462	,213			,084	,798		
5	,427	,182			,072	,870		
6	,366	,134			,053	,923		
7	,309	,096			,038	,961		
8	,252	,063			,025	,986		
9	,186	,035			,014	1,000		
요약 전체		2,527	179,426	,498[a]	1,000	1,000		

a. 자유도 180

1차원의 비정칙값이 1로 되어 있다. 이론상은 있을 수 있는 값이지만, 실제로는 생각할 수 없는 수치이다.

회답자에 대한 행 점

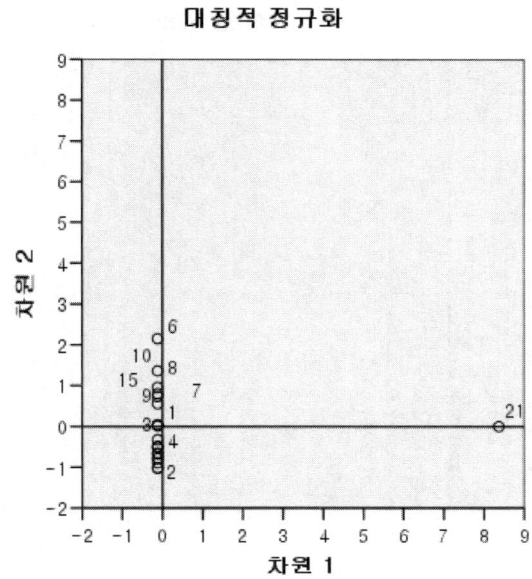

선택지에 대한 열 점

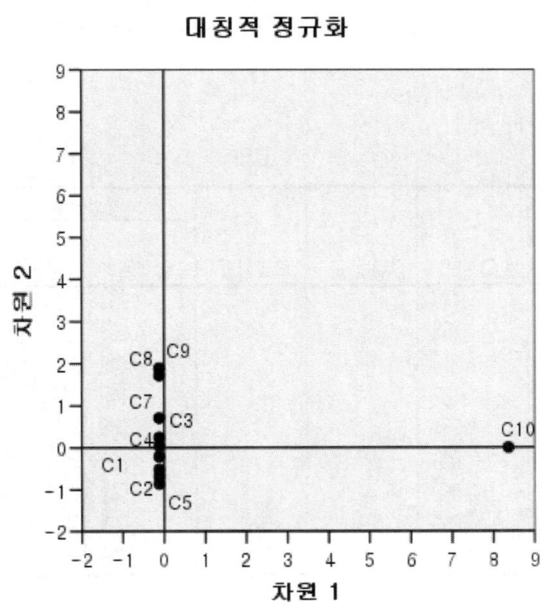

행 점 및 열 점

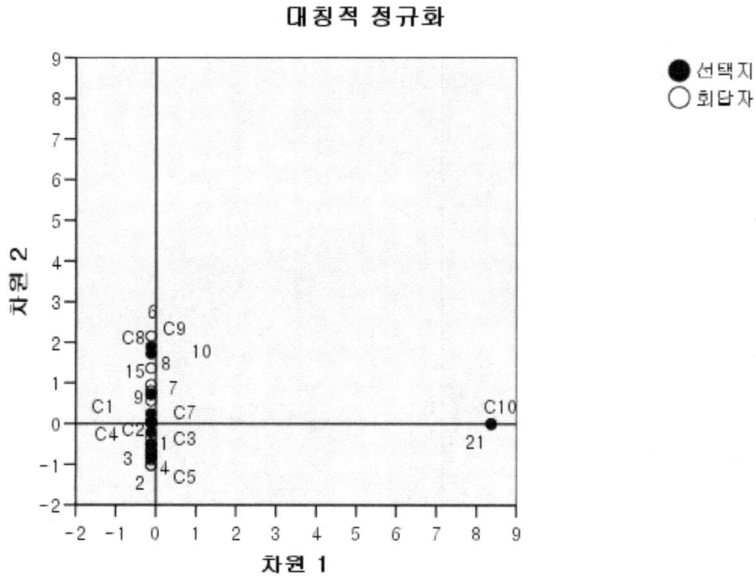

회답자 21과 C10이 배치도의 오른쪽에 떨어져 위치하고, 다른 점은 왼쪽에 세로로 늘어서 있다. 1 대 1로 대응하는 행과 열이 있으면, 이와 같은 배치도가 되고 만다.

회답자 21과 C10을 제거하고 다시 대응분석을 적용하면, 다음과 같은 결과를 얻는다.

요약

차원	비정칙값	요약 관성	카이제곱	유의확률	관성비율		신뢰 비정칙값	
								상관계수
					설명됨	누적	표준편차	2
1	,669	,448			,293	,293	,066	-,048
2	,597	,356			,233	,527	,062	
3	,462	,213			,140	,666		
4	,427	,182			,119	,786		
5	,366	,134			,088	,873		
6	,309	,096			,063	,936		
7	,252	,063			,041	,977		
8	,186	,035			,023	1,000		
요약 전체		1,527	106,899	,998[a]	1,000	1,000		

a. 자유도 152

행 점 및 열 점

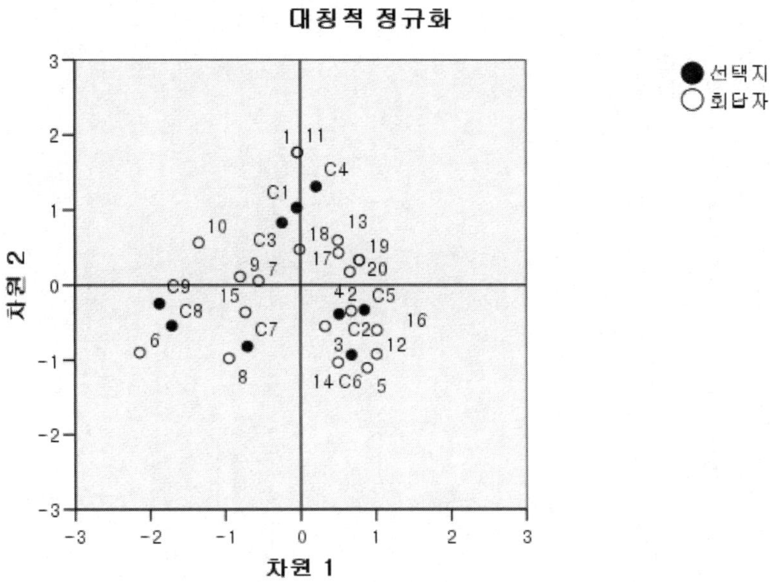
대칭적 정규화
선택지
회답자
차원 1
차원 2
C1
C2
C3
C4
C5
C6
C7
C8
C9
1
2
3
4
5
6
7
8
9
10
11
12
13
14
15
16
17
18
19
20

다중대응분석 6

6.1 아이템 · 카테고리형 데이터표의 분석

예제 6-1

음식의 기호에 관한 다음과 같은 앙케트 조사를 실시했다. 여섯 개의 질문을 하고 있다.

Q 1 ▸▸▸ 어느 알콜 음료를 가장 좋아하십니까?

1. 청주　　2. 맥주　　3. 포도주

Q 2 ▸▸▸ 어느 식사를 가장 좋아하십니까?

1. 한식　　2. 중화　　3. 양식

Q 3 ▸▸▸ 알콜류를 마실 때의 안주로서 어느 것을 가장 좋아하십니까?

1. 채소　　2. 초콜릿　　3. 치즈

Q 4 ▸▸▸ 어느 차를 가장 좋아하십니까?

1. 녹차　　2. 커피　　3. 홍차

Q 5 ▸▸▸ 맛의 기호는 어느 쪽이십니까?

1. 연한 맛　　2. 진한 맛

Q 6 ▸▸▸ 저녁식사는 어디에서 드시는 일이 많습니까?

1. 자택　　2. 외출처

이 앙케트 조사를 25명에게 실시한 회답결과를 일람표로 한 것이 <표 6-1>이다. 이 데이터표에 대해서 다중대응분석을 적용해 보자.

1. 아이템·카테고리형 데이터표에 대한 대응분석

본 예제와 같이 복수의 질문이 있고, 각 질문은 단일 회답형식(복수의 선택지 중에서 하나의 선택지만을 고르게 한다)으로 되어 있는 앙케트 조사에 있어서, 회답자를 행, 질문항목을 열로 배치해서 회답결과를 데이터표로 정리했을 때, 이 데이터표를 아이템·카테고리형 데이터표라고 부른다. 아이템·카테고리형 데이터표에 대한 대응분석에는 다중대응분석이 적용된다.

| 표 6-1 | **아이템·카테고리형 데이터표**

회답자	Q1	Q2	Q3	Q4	Q5	Q6
1	1	1	1	1	1	2
2	2	3	3	2	2	2
3	2	1	1	3	1	1
4	1	2	1	2	1	2
5	3	3	2	1	2	1
6	3	2	2	2	2	2
7	3	3	3	2	2	2
8	3	2	1	2	2	1
9	3	3	3	3	2	2
10	1	1	1	2	1	1
11	3	3	2	1	2	1
12	1	1	1	2	1	2
13	2	2	2	2	1	1
14	2	2	3	3	2	2
15	1	1	2	2	1	2
16	3	2	1	2	2	1
17	2	2	1	1	1	1
18	1	1	2	2	1	1
19	1	1	3	3	1	2
20	3	3	3	3	2	2
21	1	2	1	1	1	1
22	2	2	1	1	1	1
23	3	3	3	3	2	2
24	1	1	3	3	1	2
25	2	3	2	2	2	1

■ SPSS에 의한 다중대응분석

순서 1 ▸▸▸ 데이터의 입력

<표 6-1>의 데이터표를 SPSS 데이터 편집기에 입력한다. 각 아이템의 각 카테고리별로 변수값 설명을 해 놓는다.

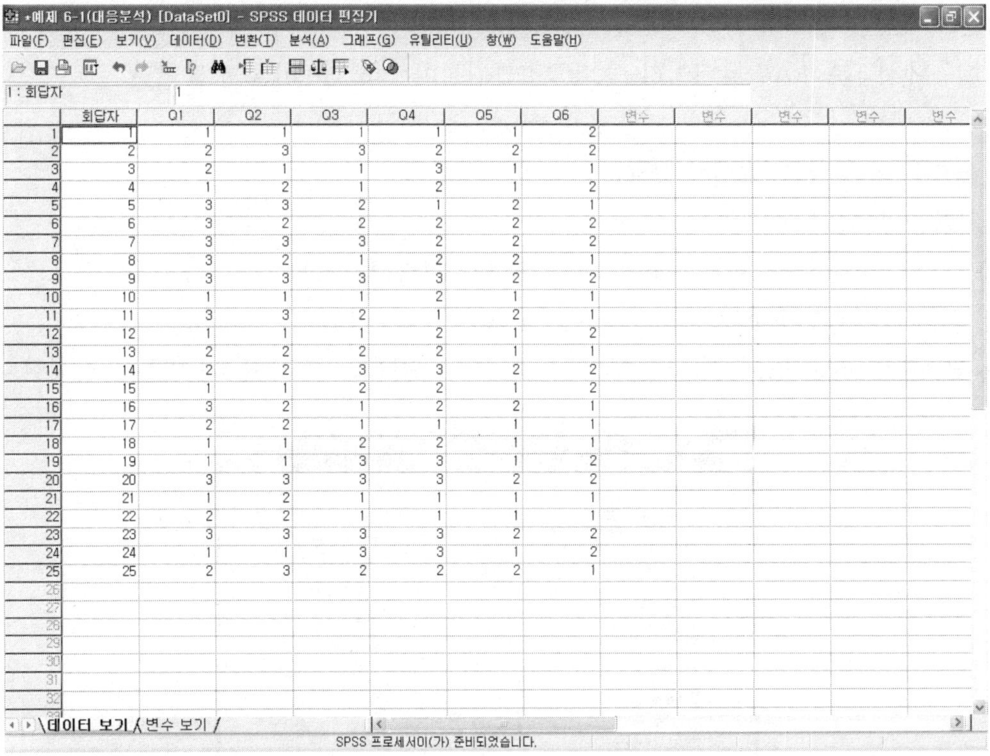
*예제 6-1(대응분석) [DataSet0] - SPSS 데이터 편집기
파일(F) 편집(E) 보기(V) 데이터(D) 변환(T) 분석(A) 그래프(G) 유틸리티(U) 창(W) 도움말(H)
1 : 회답자 1
회답자 Q1 Q2 Q3 Q4 Q5 Q6 변수 변수 변수 변수 변수
1 1 1 1 1 1 1 2
2 2 2 3 3 2 2 2
3 3 2 1 1 3 1 1
4 4 1 2 1 2 1 2
5 5 3 3 2 1 2 1
6 6 3 2 2 2 2 2
7 7 3 3 3 2 2 2
8 8 3 2 1 2 2 1
9 9 3 3 3 3 2 2
10 10 1 1 1 2 1 1
11 11 3 3 2 1 2 1
12 12 1 1 1 2 1 2
13 13 2 2 2 2 1 1
14 14 2 2 3 3 2 2
15 15 1 1 2 2 1 2
16 16 3 2 1 2 2 1
17 17 2 2 1 1 1 1
18 18 1 1 2 2 1 1
19 19 1 1 3 3 1 2
20 20 3 3 3 3 2 2
21 21 1 2 1 1 1 1
22 22 2 2 1 1 1 1
23 23 3 3 3 3 2 2
24 24 1 1 3 3 1 2
25 25 2 3 2 2 2 1
데이터 보기 / 변수 보기 /
SPSS 프로세서이(가) 준비되었습니다.

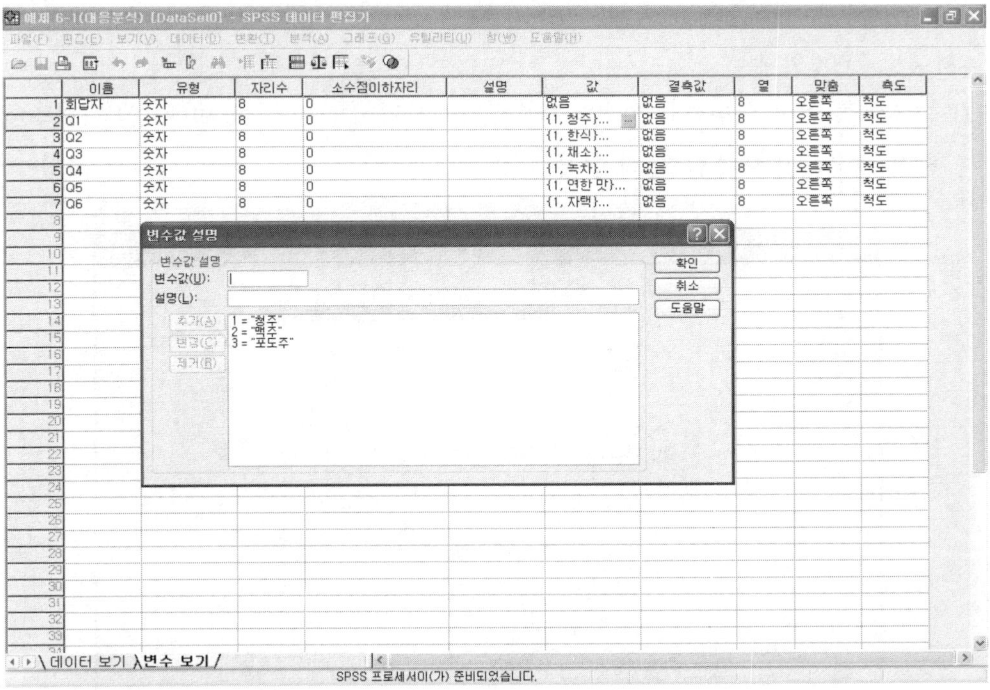
예제 6-1(대응분석) [DataSet0] - SPSS 데이터 편집기
파일(F) 편집(E) 보기(V) 데이터(D) 변환(T) 분석(A) 그래프(G) 유틸리티(U) 창(W) 도움말(H)
이름 유형 자리수 소수점이하자리 설명 값 결측값 열 맞춤 측도
1 회답자 숫자 8 0 없음 없음 8 오른쪽 척도
2 Q1 숫자 8 0 {1, 청주}... 없음 8 오른쪽 척도
3 Q2 숫자 8 0 {1, 한식}... 없음 8 오른쪽 척도
4 Q3 숫자 8 0 {1, 채소}... 없음 8 오른쪽 척도
5 Q4 숫자 8 0 {1, 녹차}... 없음 8 오른쪽 척도
6 Q5 숫자 8 0 {1, 연한 맛}... 없음 8 오른쪽 척도
7 Q6 숫자 8 0 {1, 자택}... 없음 8 오른쪽 척도
변수값 설명
변수값 설명
변수값(U):
설명(L):
추가(A)
변경(C)
제거(R)
1 = "청주"
2 = "맥주"
3 = "포도주"
확인
취소
도움말
데이터 보기 / 변수 보기 /
SPSS 프로세서이(가) 준비되었습니다.

순서 2 ››› 최적화 척도법의 선택

메뉴에서 [분석(A)]－[데이터 축소(D)]－[최적화 척도법(O)]을 선택한다.

순서 3 ››› 다중대응분석의 선택

다음의 화면이 되면

최적 척도 수준 : 모든 변수가 다중 명목(A)

변수군의 수 : 단일 군(M)

을 선택하면 다중대응분석(다중 대응일치분석)이 된다. 그리고 [정의] 버튼을 클릭한다.

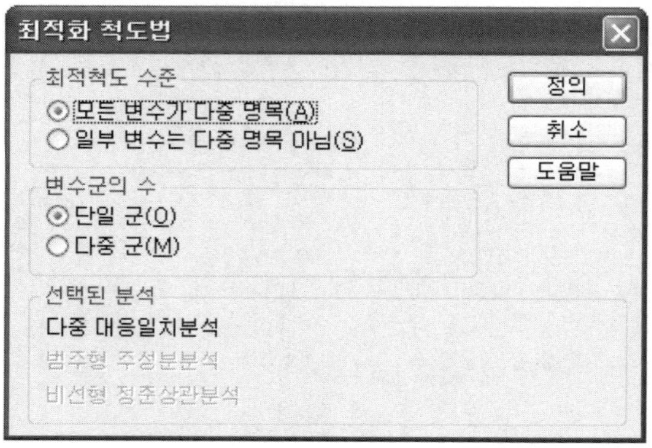

순서 4 ››› 변수의 선택

(1) 다음의 화면이 되면 'Q1'을 [분석변수(A)] 난에 이동하고, 그 밑에 있는 [변수 가중값 정의(D)] 버튼을 클릭한다.

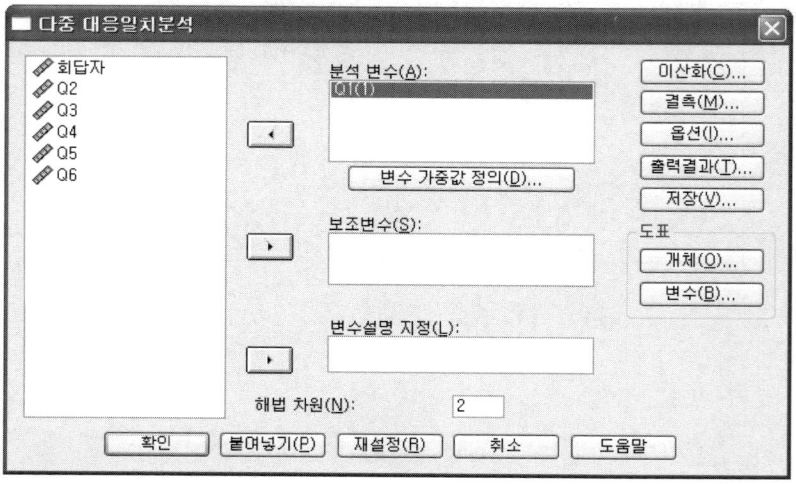

(2) 변수 가중값을 정의하고 싶을 때는 다음의 화면에서 [변수 가중값(V)]의 난에 가중값을 입력한다. 여기에서는 '1'을 그대로 유지한다.

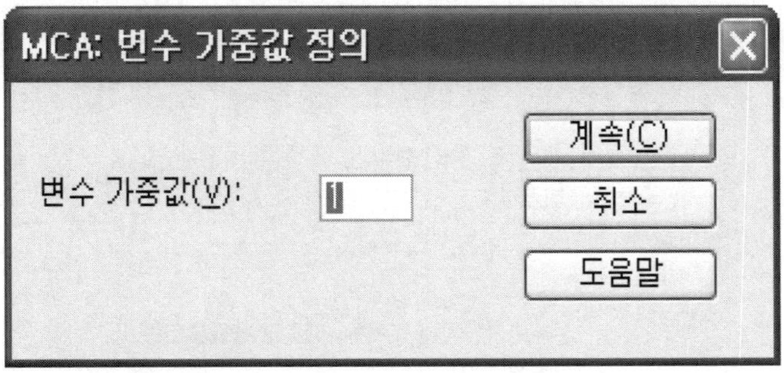

여기에서 [계속] 버튼을 클릭한다.

(3) 다음의 화면으로 되돌아오면 'Q2', 'Q3', 'Q4', 'Q5', 'Q6'을 각각 클릭해서 [분석 변수(A)] 난에 이동한다.

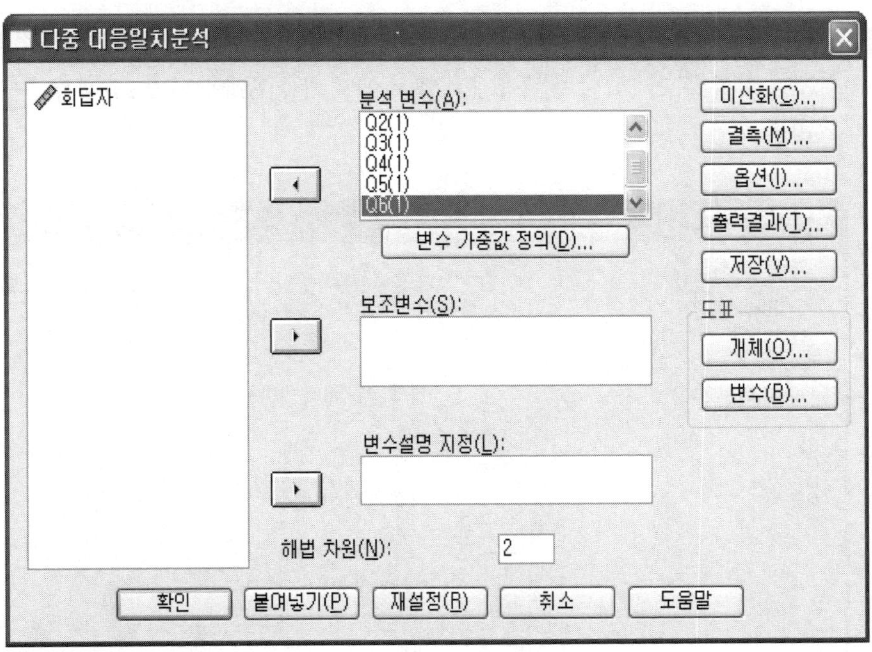

(4) 계속해서 '회답자'를 [변수설명 지정(L)]의 난으로 이동하고, [출력결과(T)] 버튼을 클릭한다.

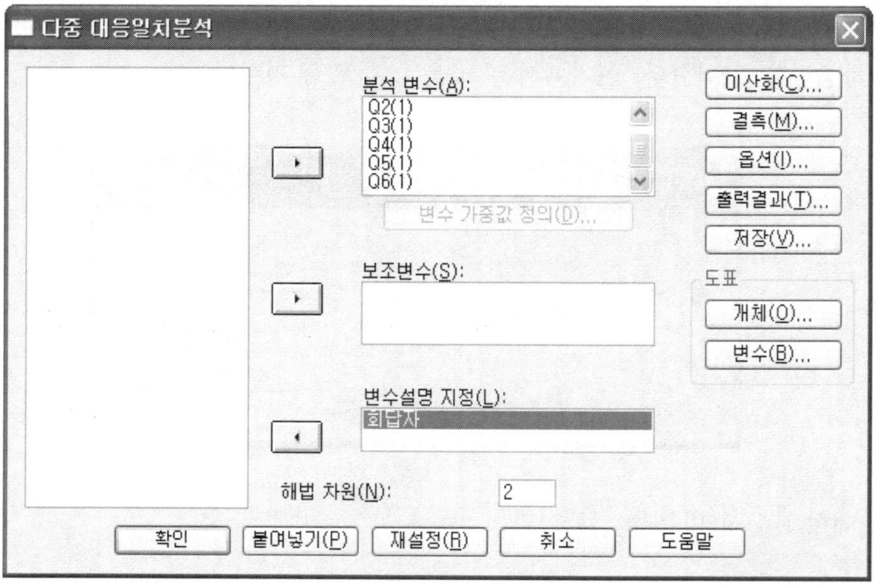

순서 5 ››› 출력결과 설계

[출력결과] 화면이 되면 [개체점수(O)], [판별측도(S)], [변환된 변수간의 상관관계(E)]를 선택한다. 이어서 'Q1'~'Q6'을 [범주 수량화 및 기여도(T)] 난과 [다음 범주 포함(N)] 난으로 이동하고, '회답자'를 [개체점수 설명기준(B)]의 난으로 이동하고 [계속] 버튼을 클릭한다.

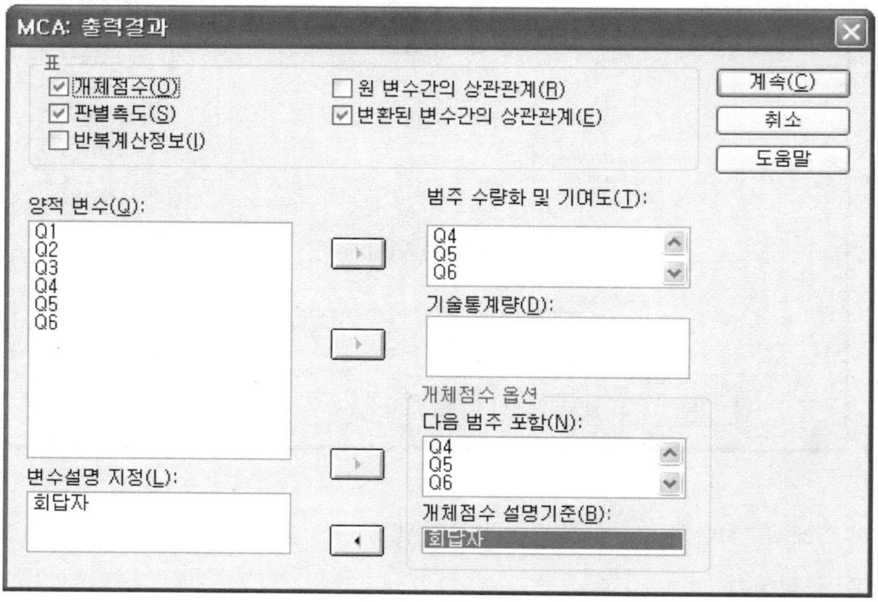

순서 6 ▸▸▸ 다음의 화면이 되면 [도표] 중의 [개체(O)]를 클릭한다.

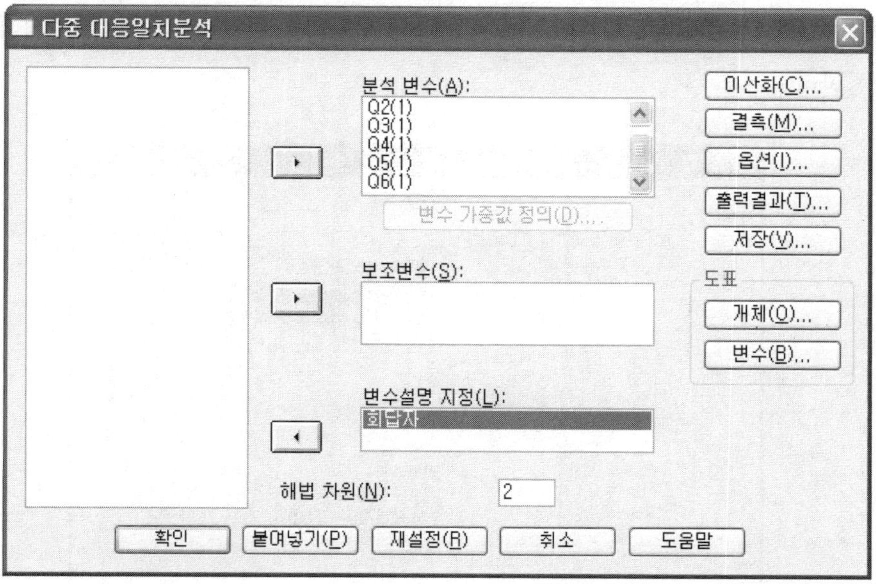

순서 7 ▸▸▸ 개체도표 설계

[개체도표] 화면이 되면 다음과 같이 선택하고, '회답자'를 [선택(E)]의 난으로 이동하고 [계속] 버튼을 클릭한다.

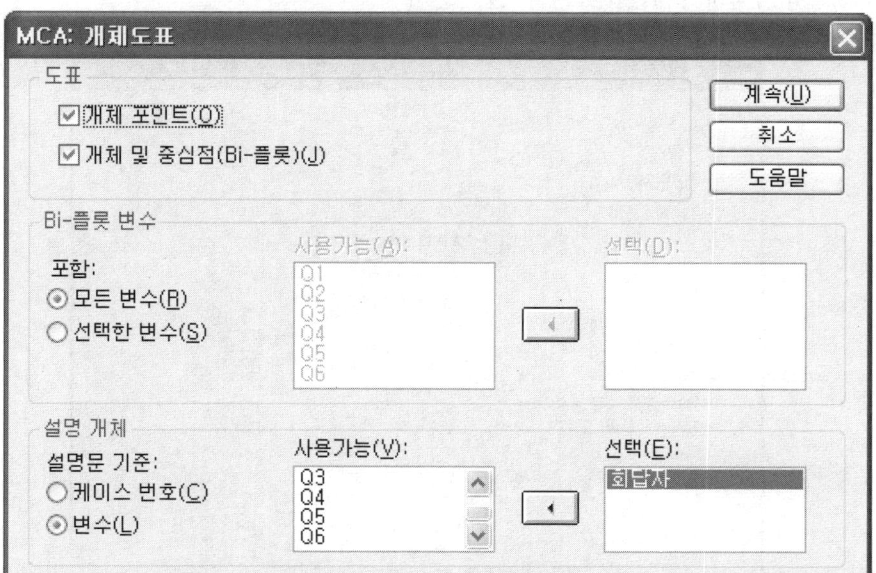

순서 8 ››› 변수도표 설계

<<순서 6>>의 화면으로 되돌아오면 [도표] 중의 [변수(B)]를 클릭한다. 다음의 [변수도표] 화면이 되면 'Q1'~'Q6'을 [결합범주도표(J)]의 난으로 이동하고 [계속] 버튼을 클릭한다.

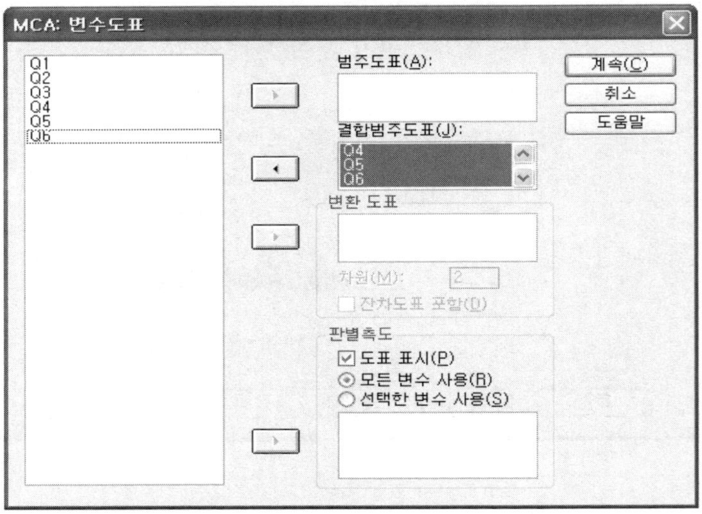

순서 9 ››› 옵션의 선택

<<순서 6>>의 화면으로 되돌아오면 [옵션(I)]을 클릭한다. 다음의 [옵션] 화면이 되면 그대로 유지하고 [계속] 버튼을 클릭한다.

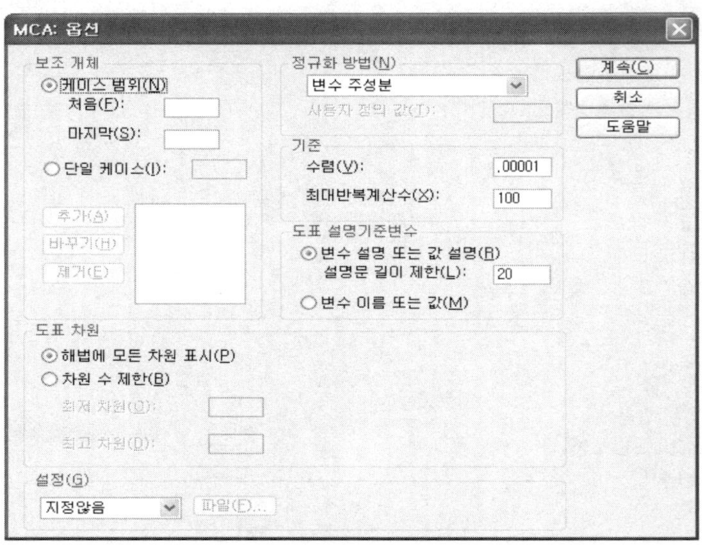

[정규화 방법(N)]에서는 개체점수나 변수의 정규화를 실시하는 다섯 가지의 옵션을 지정한다.

변수 주성분 : 이 옵션을 사용하면 변수간의 관련이 최적화된다. 변수간의 상관에 주로 관심이 있는 경우에 도움이 된다.

개체 주성분 : 이 옵션을 사용하면 개체간의 거리가 최적화된다. 개체간의 상위 또는 유사성에 주로 관심이 있는 경우에 도움이 된다.

대칭적 : 개체와 변수의 관계에 주로 관심이 있는 경우는 이 정규화 옵션을 사용한다.

독립적 : 개체간의 거리 및 변수간의 상관을 따로따로 조사하는 경우는 이 정규화 옵션을 사용한다.

사용자 정의 : 폐구간 [-1, 1] 내의 임의의 실수치(實數値)를 지정할 수 있다. 1은 '개체 주성분' 방법에 상당하고, 0은 '대칭적' 방법에 상당하며, -1은 '변수 주성분' 방법에 상당한다. 이 방법은 목적에 따른 바이 플롯 또는 트리 플롯의 작성에 도움이 된다.

순서 10 ▸▸▸ 이산화

<<순서 6>>의 화면으로 되돌아오면 [이산화(C)]를 클릭한다. 여기에서는 '지정되지 않음'인 채 [취소] 버튼을 클릭한다. <<순서 6>>의 화면으로 되돌아오면 [확인] 버튼을 클릭한다.

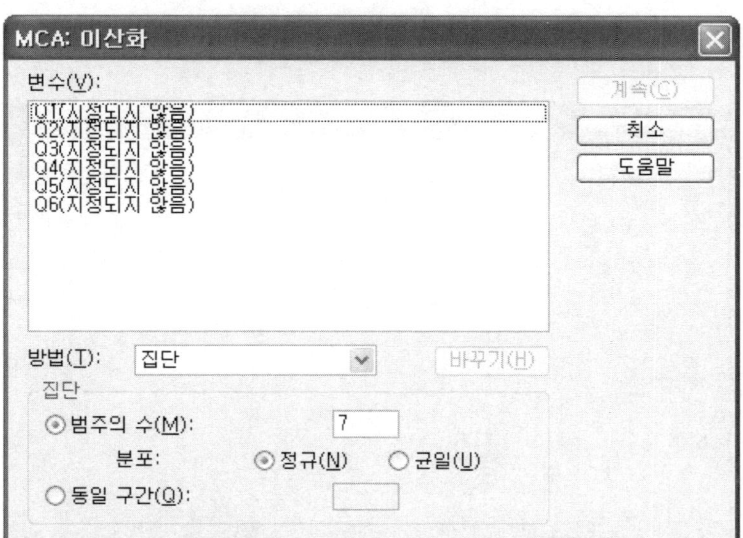

[이산화]란 변수 값의 재할당을 말한다.

[방법(T)]에는 '지정되지 않음', '집단', '순위', '곱하기'가 있다.

'지정되지 않음'의 경우에 변수는 '정규분포에 따르는 일곱 가지 범주'에 할당된다. 문자형 변수는 문자의 오름차순에 따르고, 플러스의 정수(整數)에 범주를 할당한다.

■ 분석결과와 결과의 해석방법

다중대응분석을 적용하면 다음과 같은 결과가 얻어진다.

(1) 관성

모형 요약

차원	Cronbach의 알파	설명된 분산		
		전체(고유값)	관성	분산의 %
1	.803	3.026	.504	50.436
2	.675	2.287	.381	38.119
합계		5.313	.886	
평균	.748[a]	2.657	.443	44.278

a. 평균 Cronbach의 알파는 평균 고유값에 기준합니다.

여기에서 차원의 수는 2로 되어 있지만, 다중대응분석에 있어서의 최대 차원 수는

카테고리의 총수 − 아이템의 수(질문 수)

가 된다. 따라서 본 예제에 있어서의 최대 차원 수는 $(3+3+3+3+2+2)-6=10$ 이 된다. 최대 차원 수까지 구하기 위해서는 다음의 화면에서 [해법 차원(N)] 난에 '10'을 입력한다.

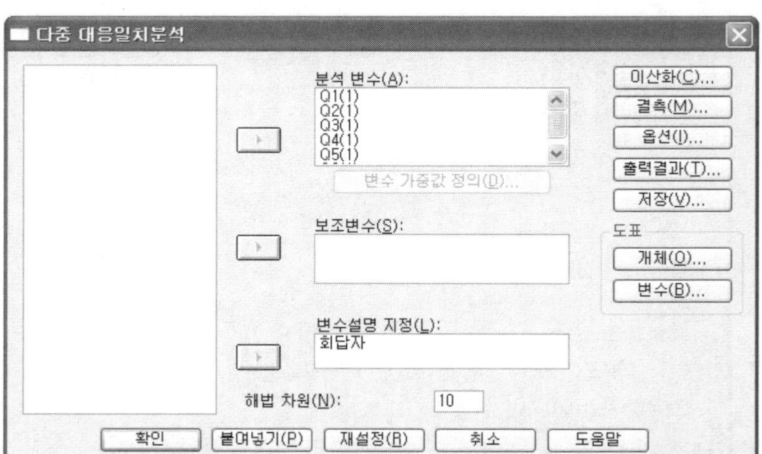

최대 차원 수까지 구했을 때의 관성의 값은 다음과 같이 된다.

모형 요약

차원	Cronbach의 알파	설명된 분산		
		전체(고유값)	관성	분산의 %
1	.803	3.026	.504	50.436
2	.675	2.287	.381	38.119
3	.295	1.326	.221	22.107
4	.011	1.010	.168	16.828
5	-.057	.955	.159	15.913
6	-1.063	.530	.088	8.838
7	-1.374	.466	.078	7.770
8	-4.809	.200	.033	3.328
9	-9.927	.108	.018	1.797
10	-11.878	.092	.015	1.529
합계		10.000	1.667	
평균	.000[a]	1.000	.167	16.667

a. 평균 Cronbach의 알파는 평균 고유값에 기준합니다.

관성의 총계

$$\text{카테고리의 총수} \,/\, \text{아이템 수} - 1$$

이 된다. 따라서 본 예제에 있어서의 총계는 $(3+3+3+3+2+2)/6-1=1.667$로 되어 있다.

(2) 범주의 수량화(열 점수 = 변수 점수)

Q1

Points: Coordinates

범주	빈도	중심점 좌표 차원 1	중심점 좌표 차원 2
청주	9	-.819	-.829
맥주	7	-.169	.519
포도주	9	.951	.425

변수 주성분 정규화

Q2

Points: Coordinates

범주	빈도	중심점 좌표 차원 1	중심점 좌표 차원 2
한식	8	-.750	-.998
중화	9	-.384	.664
양식	8	1.182	.251

변수 주성분 정규화

Q3

Points: Coordinates

범주	빈도	중심점 좌표 차원 1	중심점 좌표 차원 2
채소	10	-.832	.185
초콜릿	7	.004	.656
치즈	8	1.036	-.805

변수 주성분 정규화

Q4

Points: Coordinates

범주	빈도	중심점 좌표 차원 1	중심점 좌표 차원 2
녹차	6	-.512	.801
커피	12	-.165	.149
홍차	7	.722	-.942

변수 주성분 정규화

Q5

Points: Coordinates

범주	빈도	중심점 좌표 차원 1	2
연한 맛	13	-.837	-.349
진한 맛	12	.906	.378

변수 주성분 정규화

Q6

Points: Coordinates

범주	빈도	중심점 좌표 차원 1	2
자택	12	-.430	.747
외출처	13	.397	-.689

변수 주성분 정규화

(3) 범주의 배치도

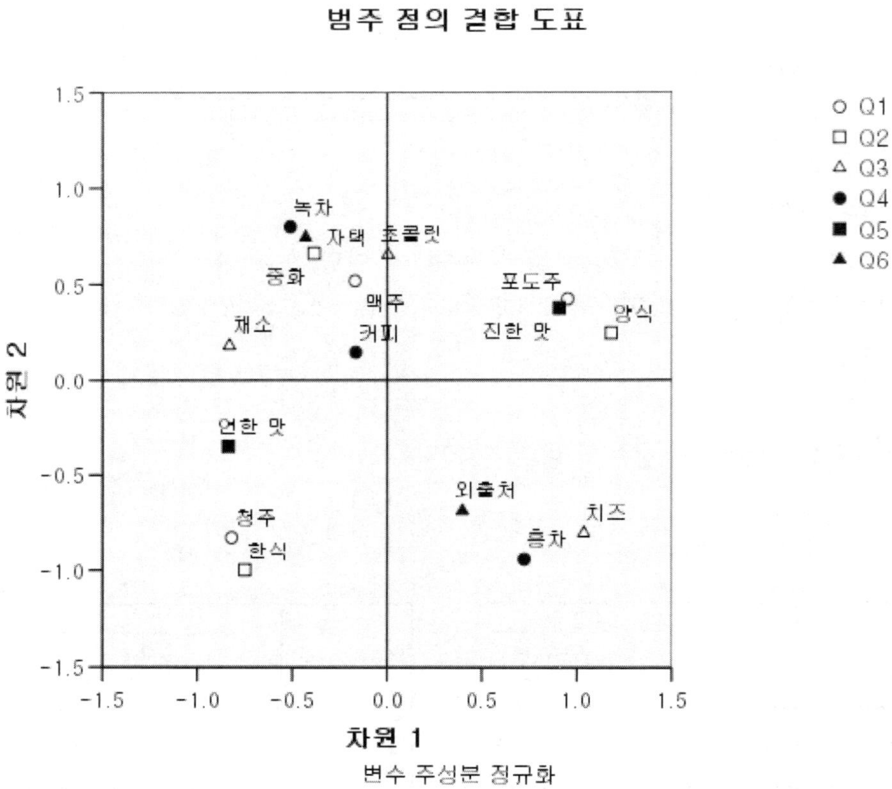

예를 들면,

▸ 청주를 좋아하는 사람은 한식을 좋아한다

▸ 포도주를 좋아하는 사람은 양식을 좋아한다

▸ 맥주를 좋아하는 사람은 중화를 좋아한다

라고 하는 경향을 간파할 수 있다.

(4) 변환된 변수간의 상관계수

변환된 변수간의 상관관계

차원: 1

	Q1	Q2	Q3	Q4	Q5	Q6
Q1	1,000	,676	,278	,090	,850	-,053
Q2	,676	1,000	,529	,067	,769	,098
Q3	,278	,529	1,000	,639	,465	,590
Q4	,090	,067	,639	1,000	,148	,481
Q5	,850	,769	,465	,148	1,000	,122
Q6	-,053	,098	,590	,481	,122	1,000
차원	1	2	3	4	5	6
고유값	3,026	1,771	,551	,389	,149	,114

점수를 적용한 변수간(열간)의 상관계수를 봄으로써 어느 변수와 어느 변수의 관계가 강한지를 파악할 수 있다.

(5) 대상 점수(행 점수)

대상점수

	차원							
회답자	1	2	Q1	Q2	Q3	Q4	Q5	Q6
1	-1,108	-,822	청주	한식	채소	녹차	연한 맛	외출처
2	1,053	-,086	맥주	양식	치즈	커피	진한 맛	외출처
3	-,759	-,366	맥주	한식	채소	홍차	연한 맛	자택
4	-,872	-,381	청주	중화	채소	커피	연한 맛	외출처
5	,694	1,425	포도주	양식	초콜릿	녹차	진한 맛	자택
6	,565	,692	포도주	중화	초콜릿	커피	진한 맛	외출처
7	1,423	-,128	포도주	양식	치즈	커피	진한 맛	외출처
8	,015	1,113	포도주	중화	채소	커피	진한 맛	자택
9	1,716	-,604	포도주	양식	치즈	홍차	진한 맛	외출처
10	-1,267	-,479	청주	한식	채소	커피	연한 맛	자택
11	,694	1,425	포도주	양식	초콜릿	녹차	진한 맛	자택
12	-,993	-1,107	청주	한식	채소	커피	연한 맛	외출처
13	-,654	1,043	맥주	중화	초콜릿	커피	연한 맛	자택
14	,829	-,383	맥주	중화	치즈	홍차	진한 맛	외출처
15	-,717	-,901	청주	한식	초콜릿	커피	연한 맛	외출처
16	,015	1,113	포도주	중화	채소	커피	진한 맛	자택
17	-1,045	1,122	맥주	중화	채소	녹차	연한 맛	자택
18	-,990	-,273	청주	한식	초콜릿	커피	연한 맛	자택
19	-,083	-2,016	청주	한식	치즈	홍차	연한 맛	외출처
20	1,716	-,604	포도주	양식	치즈	홍차	진한 맛	외출처
21	-1,260	,532	청주	중화	채소	녹차	연한 맛	자택
22	-1,045	1,122	맥주	중화	채소	녹차	연한 맛	자택
23	1,716	-,604	포도주	양식	치즈	홍차	진한 맛	외출처
24	-,083	-2,016	청주	한식	치즈	홍차	연한 맛	외출처
25	,439	1,181	맥주	양식	초콜릿	커피	진한 맛	자택

변수 주성분 정규화

(6) 대상의 배치도

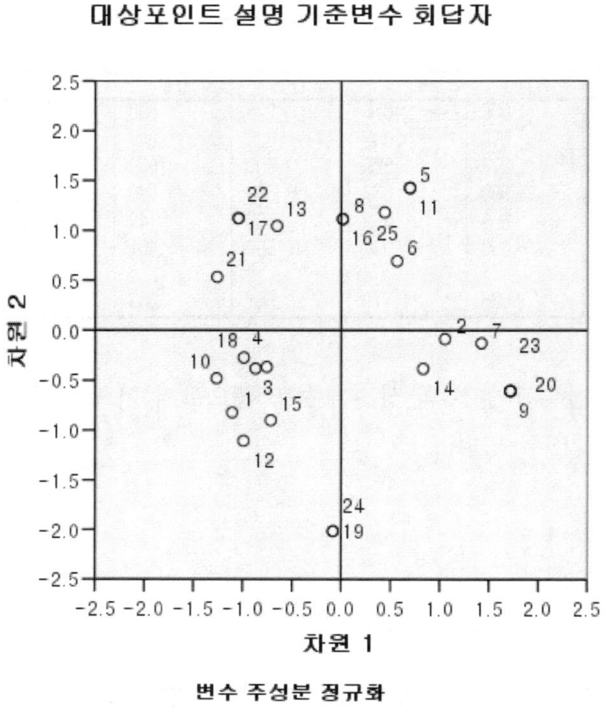

회답의 방식이 비슷한 사람끼리 가까이 위치한다.

(7) 식별 방법

식별 방법

	차원		평균
	1	2	
Q1	,575	,388	,482
Q2	,680	,497	,588
Q3	,620	,342	,481
Q4	,222	,413	,317
Q5	,758	,132	,445
Q6	,171	,515	,343
액티브 전체	3,026	2,287	2,657
분산의 %	50,436	38,119	44,278

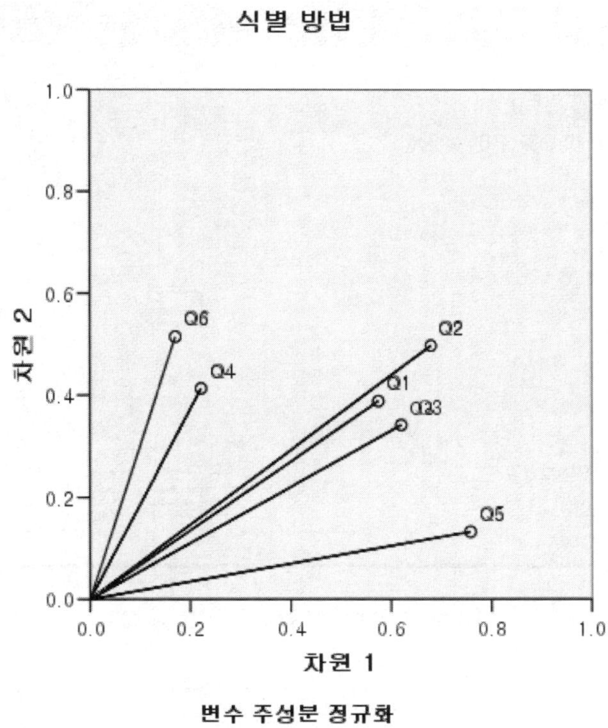

이 그래프로부터는 원래의 정보가 각 차원에서 설명되는 정도를 볼 수 있다. Q4와 Q6의 정보는 차원 2로 설명되는 비율이 많고, Q5의 정보는 차원 1로 설명되는 비율이 많다는 것을 알 수 있다. 한편, Q1, Q2, Q3의 정보는 차원 1과 차원 2로는 충분히 설명할 수 없다는 것을 알 수 있다.

2. 식별 방법에 대한 다른 관점에서의 검증

식별 방법의 결과를 다른 관점에서 검증해 본다. 그러기 위해서 대상 점수의 배치도를 각 질문의 회답결과로 표시하게 한다. 배치도상에서 범주의 구별이 가능한지 어떤지를 봄으로써 어느 차원이 원래의 정보를 잘 설명하고 있는지를 검증할 수 있다.

각 설명 기준변수의 대상 점수에 대한 배치도를 그리기 위해서는 다음과 같이 진행한다.

[개체도표] 대화상자에서 [사용가능(V)] 난에 있던 'Q1'~'Q6'를 [선택(E)] 난으로 이동한 다음에 [계속] 버튼을 누른다.

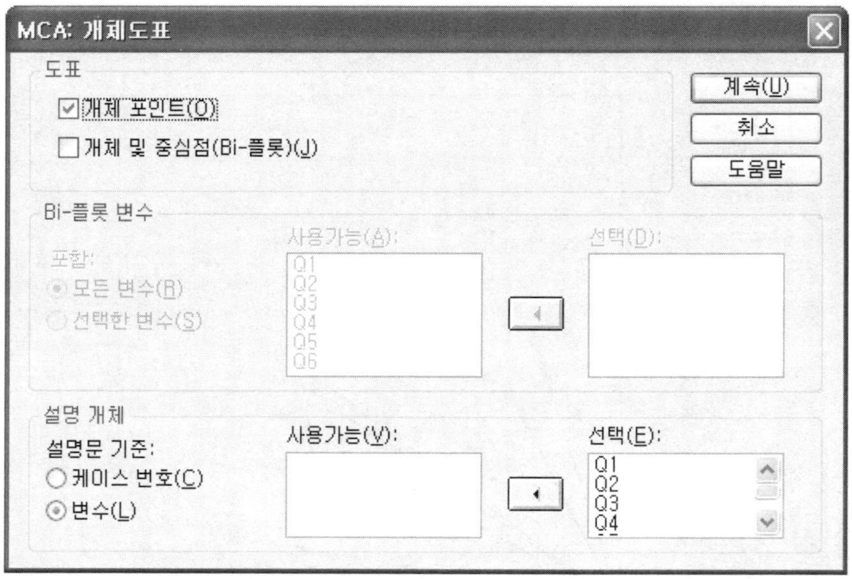

대상포인트 설명 기준변수 Q1

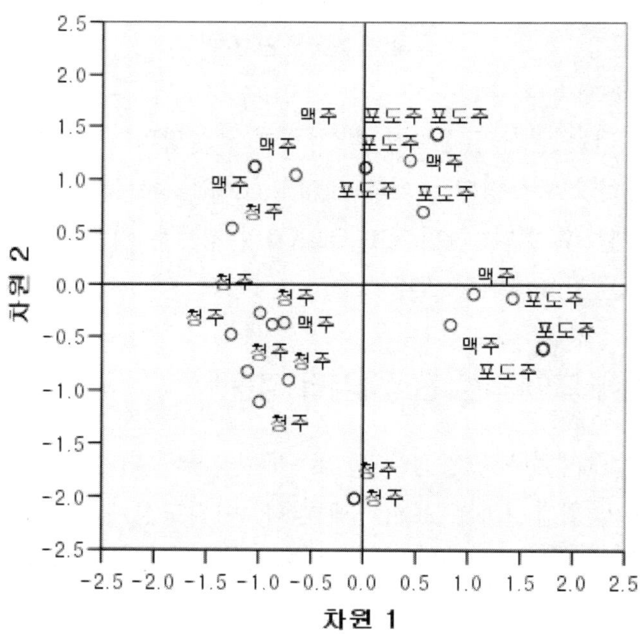

변수 주성분 정규화

차원 1과 차원 2로는 Q1에 대한 세 개의 카테고리(범주)의 구별(판별)이 충분하지 않음을 알 수 있다.

대상포인트 설명 기준변수 Q2

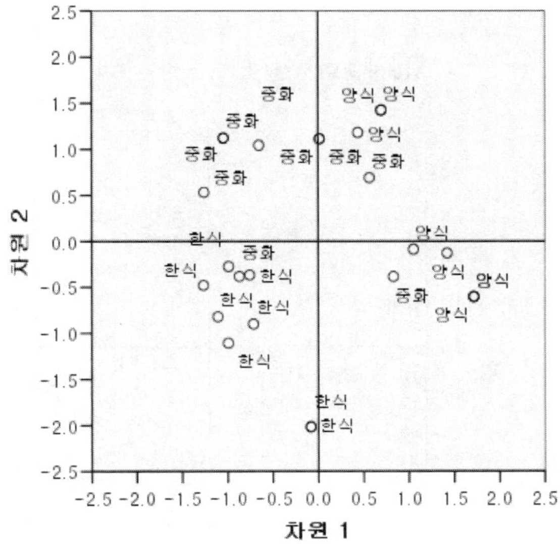

변수 주성분 정규화

마찬가지로 차원 1과 차원 2로는 Q2에 대한 세 개의 카테고리(범주)의 구별(판별)이 충분하지 않음을 알 수 있다.

대상포인트 설명 기준변수 Q3

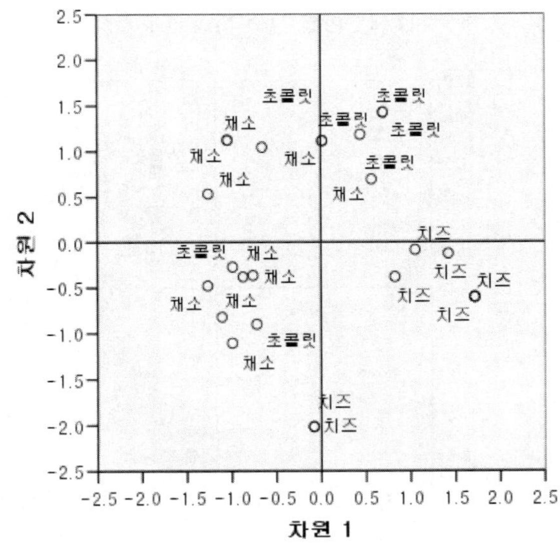

변수 주성분 정규화

마찬가지로 차원 1과 차원 2로는 Q3에 대한 세 개의 카테고리(범주)의 구별(판별)이 충분하지 않다.

대상포인트 설명 기준변수 Q4

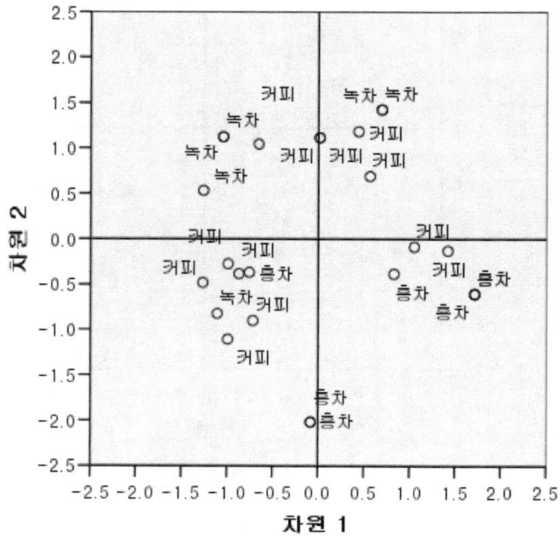

변수 주성분 정규화

차원 1로는 세 개의 카테고리를 충분히 구별(판별)할 수 없지만, 차원 2로는 홍차가 아래측에 위치하고 있어, 홍차와 다른 차를 구별할 수 있다는 것을 알 수 있다.

대상포인트 설명 기준변수 Q5

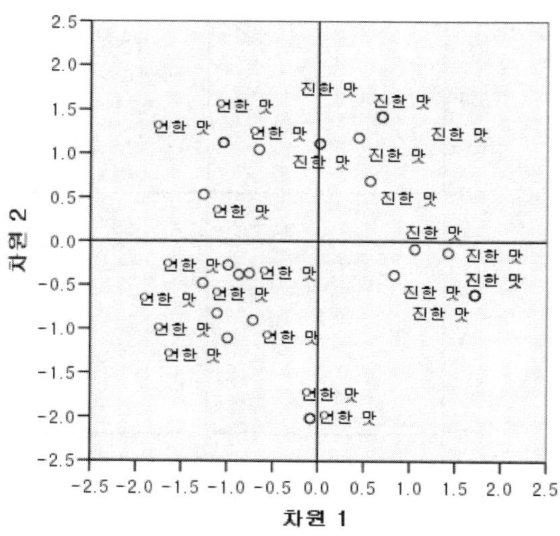

변수 주성분 정규화

차원 1로는 연한 맛이 왼쪽에 위치하고, 진한 맛이 오른쪽에 위치하고 있어서 잘 구별되고 있지만, 차원 2로는 두 개의 카테고리를 충분히 구별할 수 없다.

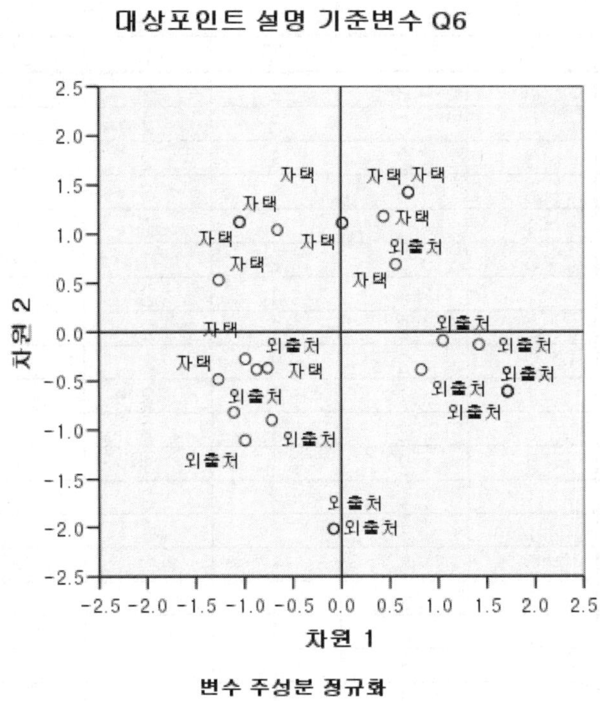

차원 1로는 두 개의 카테고리를 충분히 구별(판별)할 수 없지만, 차원 2로는 대체적으로 외출처가 아래쪽에 위치하고 있고 자택이 위쪽에 위치하고 있어, 비교적 잘 구별되고 있다는 것을 알 수 있다.

6.2 다중대응분석에 있어서 데이터 처리의 기능

1. 앙케트 조사와 결측값

예제 6-2

앙케트의 조사에서 회답자 전원이 모든 질문에 응답해 주면 결측값은 생기지 않는다. 그러나 어떤 질문에는 응답을 하고 어떤 질문에는 응답하지 않는다고 하는 회답자가 존재하면, 결측값이 생기게 된다.

| 표 6-2 | 결측값이 있는 데이터표(1)

회답자	Q1	Q2	Q3	Q4	Q5	Q6
1	3	2	2	2	2	2
2	3	3	3	2	2	2
3	3	2	1	2	2	1
4	3	3	3	3	2	2
5	1	1	1	2	1	1
6	3	3	2	1	2	1
7	1	1	1	2	1	2
8	2	2	2	2	1	1
9	2	2	3	3	2	2
10	1	1	2	2	1	2
11	3	2	1	2	2	1
12	2	2	1	1	1	1
13	1	1	2	2	1	1
14	1	1	3	3	1	2
15	3	3	3	3	2	2
16	1	2	1	1	1	1
17	2	2	1	1	1	1
18	3	3	3	3	2	2
19		1	3	3	1	2
20	2		2	2	2	1

예를 들면, 6개의 질문을 20명에게 했을 때 19번의 회답자는 질문 1에 회답하고 있지 않고, 20번의 회답자는 질문 2에 회답하고 있지 않다고 하는 상황이 생겼다. 이 경우에 <표 6-2>와 같은 데이터표가 된다.

결측값이 있는 경우의 처리방법으로서는 다음의 세 가지를 생각할 수 있다.

① 결측값이 있는 회답자(대상)를 삭제한다.
② 결측값이 있는 질문(변수)을 삭제한다.
③ 결측값을 보충한다.

결측치의 처리로서는 ①이 무난한 태도일 것이다. 그러나 다음의 예와 같은 경우에는 곤란하게 된다.

| 표 6-3 | **결측값이 있는 데이터표(2)**

회답자	Q1	Q2	Q3	Q4	Q5	Q6
1	3	2	2	2	2	2
2	3	3		2	2	2
3	3	2	1	2	2	1
4	3	3	3	3		2
5	1	1	1	2	1	
6	3	3	2	1	2	
7	1	1	1	2		2
8	2	2	2	2	1	1
9	2	2		3	2	2
10	1		2	2	1	2
11		2	1	2	2	1
12		2	1	1	1	1
13	1		2	2	1	1
14	1	1		3	1	2
15	3	3	3		2	2
16	1	2	1	1		1
17	2	2	1	1	1	
18	3	3	3	3	2	
19		1	3	3	1	2
20	2		2	2	2	1

결측값이 있는 회답자는 제거한다고 하는 방법으로 처리하면, 유효한 회답자는 1, 3, 8번의 세 사람밖에 남지 않게 된다. 이와 같은 상황일 때에는 결측값을 보충한다고 하는 방법을 취하게 될 것이다.

결측값을 보충할 때에는 최빈값(mode)을 이용해서 결측값을 추정하는 방법과 '무회답'이라고 하는 범주가 있다고 생각해서 새로 범주를 추가하는 방법이 있다.

최빈값을 이용해서 추정하는 방법에 대해서 설명하기로 한다. 예를 들면, <표 6-2>에 있어서 Q1의 경우에 다음과 같은 집계결과로 되어 있다.

범주	회답자
1	6
2	5
3	8
무회답	1
합계	20

따라서 최빈수는 3이 된다. 이 때, 결측값의 추정치로서 3을 사용하는 것이 최빈값

을 이용하는 추정방법이다. 추정 후는 다음과 같은 집계결과가 된다.

범주	회답자
1	6
2	5
3	9
합계	20

최빈값이 두 개 이상 있을 때는 최빈값으로부터 랜덤하게 고르면 된다. 그리고 이 방법은 결측값이 많은 질문에 대해서는 피하는 것이 좋다.

한편, 무회답이라고 하는 범주를 추가하는 방법은 Q1의 경우에 무회답의 사람을 네 번째의 범주에 회답했다고 간주하는 것이다. 이 경우에는 다음과 같은 집계결과가 된다.

범주	회답자
1	6
2	5
3	8
4	1
합계	20

그런데 다음의 <표 6-4>에 보이는 바와 같은 경우도 상정할 수 있다. 이것은 어떤 특정의 질문에 결측값이 집중한다고 하는 상황이다.

이 경우에 결측값이 있는 회답자는 제거하는 방법으로 처리하면, Q5의 결측값이 많기 때문에 유효한 회답자는 5명밖에 남지 않게 된다. 이와 같은 상황일 때에는 Q5를 삭제하는 방법이 좋을 것이다.

이상으로 지금까지 보아온 바와 같이 결측값에 대한 대처는 결측값의 수나 어떠한 상황에서 결측값이 발생하고 있는가에 따라서 다른 방법을 취해야 하는 것으로, 어떠한 대처방법이 좋은가는 일괄적으로 말할 수 없다.

결측값 그 자체의 분석이란 결측값분석(missing value analysis)이라고 불리며, 다음과 같은 두 개의 테마를 갖고 있다.

① 결측값에는 어떠한 경향이 있는가를 발견한다.

② 결측값을 추정한다.

예를 들면, 여성은 연령의 무회답이 많다든가, 질문 1에서 무회답인 사람은 질문 3

에서도 무회답이라든가 하는 경향을 분석하는 것이 ①의 경우이다. 이 회답자는 연령이 무회답이지만, 반드시 몇 살 정도일 것이라고 추정하는 것이 ②의 경우이다.

| 표 6-4 | **결측값이 있는 데이터표(3)**

회답자	Q1	Q2	Q3	Q4	Q5	Q6
1	3	2	2	2	2	2
2	3	3	3	2		2
3	3	2	1	2	2	1
4	3	3	3	3		2
5	1	1	1	2		1
6	3	3	2	1	2	1
7	1	1	1	2	1	2
8	2	2	2	2		1
9	2	2	3	3		2
10	1	1	2	2		2
11	3	2	1	2		1
12	2	2	1	1		1
13	1	1	2	2		1
14	1	1	3	3		2
15	3	3	3	3		2
16	1	2	1	1		1
17	2	2	1	1		1
18	3	3	3	3	2	2
19	1	1	3	3		2
20	2	3	2	2		1

SPSS의 다중대응분석에는 이와 같은 결측값을 처리하는 방법이 마련되어 있으므로, <표 6-2>의 예로 소개하기로 한다.

■ SPSS에 의한 해법

순서 1 ▸▸▸ 데이터의 입력

<표 6-2>의 데이터를 다음과 같이 입력한다. 결측값은 공난으로 둔다. Q1의 19번째와 Q2의 20번째에 공난이 있다.

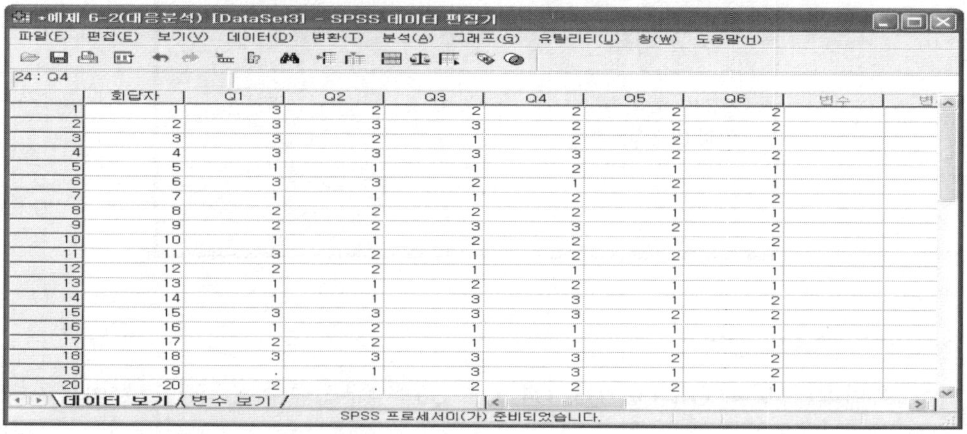

	회답자	Q1	Q2	Q3	Q4	Q5	Q6	변수
1	1	3	2	2	2	2	2	
2	2	3	3	3	2	2	2	
3	3	3	2	1	2	2	1	
4	4	3	3	3	3	2	2	
5	5	1	1	1	2	1	1	
6	6	3	3	2	1	2	1	
7	7	1	1	1	2	1	2	
8	8	2	2	2	2	1	1	
9	9	2	2	3	3	2	2	
10	10	1	1	2	2	1	2	
11	11	3	2	1	2	2	1	
12	12	2	2	1	1	1	1	
13	13	1	1	2	2	1	1	
14	14	1	1	3	3	1	2	
15	15	3	3	3	3	2	2	
16	16	1	2	1	1	1	1	
17	17	2	2	1	1	1	1	
18	18	3	3	3	3	2	2	
19	19	.	1	3	3	1	2	
20	20	2	.	2	2	2	1	

(변수값 설명)

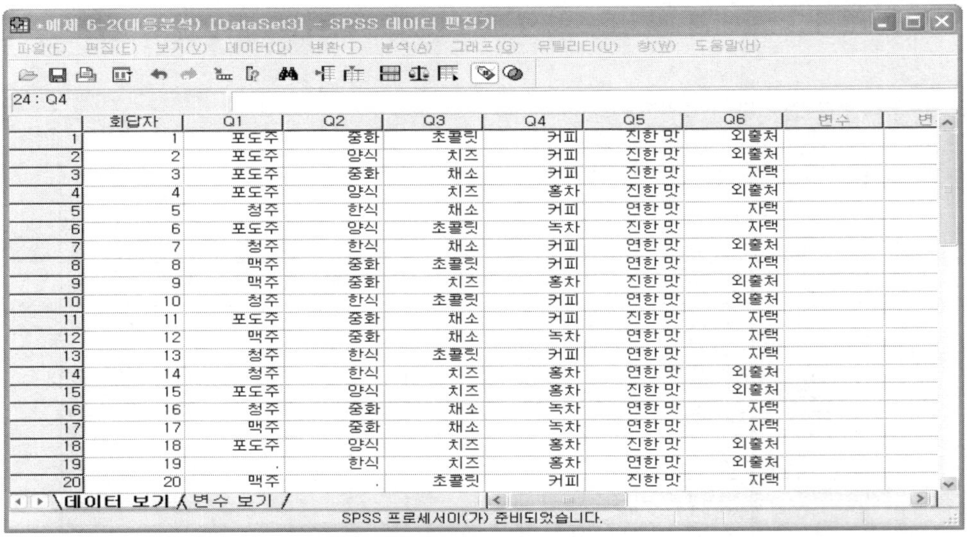

	회답자	Q1	Q2	Q3	Q4	Q5	Q6
1	1	포도주	중화	초콜릿	커피	진한 맛	외출처
2	2	포도주	양식	치즈	커피	진한 맛	외출처
3	3	포도주	중화	채소	커피	진한 맛	자택
4	4	포도주	양식	치즈	홍차	진한 맛	외출처
5	5	청주	한식	채소	커피	연한 맛	자택
6	6	포도주	양식	초콜릿	녹차	진한 맛	자택
7	7	청주	한식	채소	커피	연한 맛	외출처
8	8	맥주	중화	초콜릿	커피	연한 맛	자택
9	9	맥주	중화	치즈	홍차	진한 맛	외출처
10	10	청주	한식	초콜릿	커피	연한 맛	외출처
11	11	포도주	중화	채소	커피	진한 맛	자택
12	12	맥주	중화	채소	녹차	연한 맛	자택
13	13	청주	한식	초콜릿	커피	연한 맛	자택
14	14	청주	한식	치즈	홍차	연한 맛	외출처
15	15	포도주	양식	치즈	홍차	진한 맛	외출처
16	16	청주	중화	채소	녹차	연한 맛	자택
17	17	맥주	중화	채소	녹차	연한 맛	자택
18	18	포도주	양식	치즈	홍차	진한 맛	외출처
19	19	.	한식	치즈	홍차	연한 맛	외출처
20	20	맥주	.	초콜릿	커피	진한 맛	자택

순서 2 ▸▸▸ 다중대응분석의 선택

(1) 메뉴에서 [분석(A)]−[데이터 축소(D)]−[최적화 척도법(O)]을 선택한다.

(2) 다음과 같이 다중대응분석(다중 대응일치분석)을 선택하고 [정의]를 클릭한다.

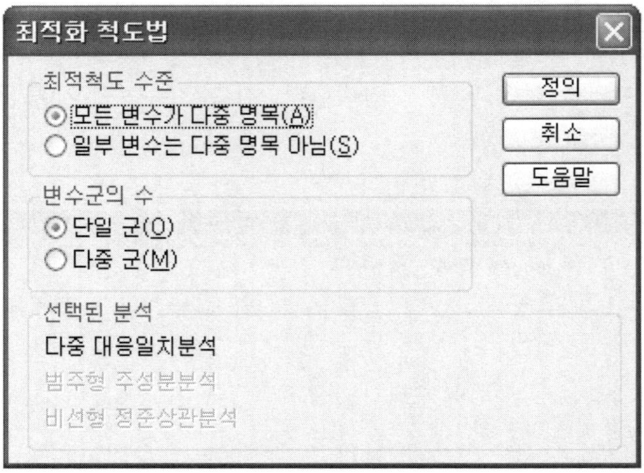

순서 3 ▸▸▸ 변수의 선택

다음 화면에서 변수 Q1, Q2, Q3, Q4, Q5, Q6를 [분석변수(A)] 난으로 이동한다.

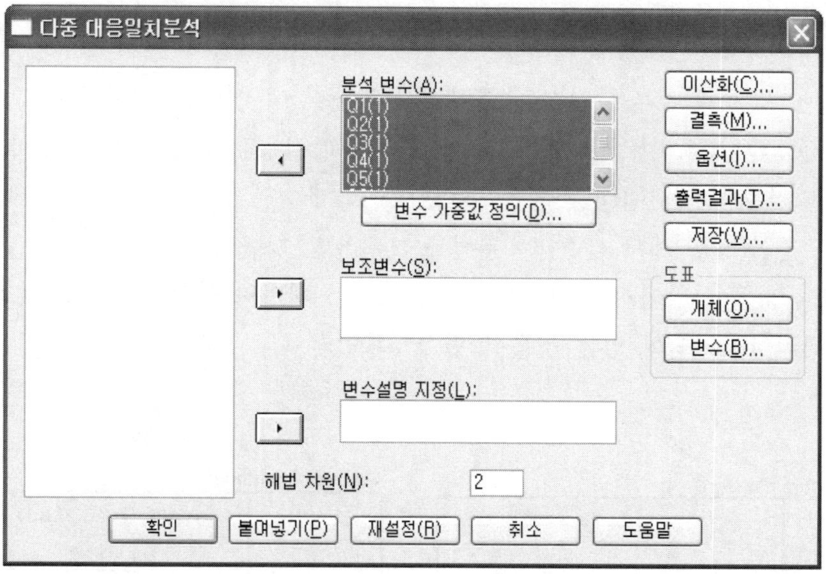

[결측(M)] 버튼을 클릭한다.

그러면 다음과 같은 [결측값] 대화상자가 나타난다.

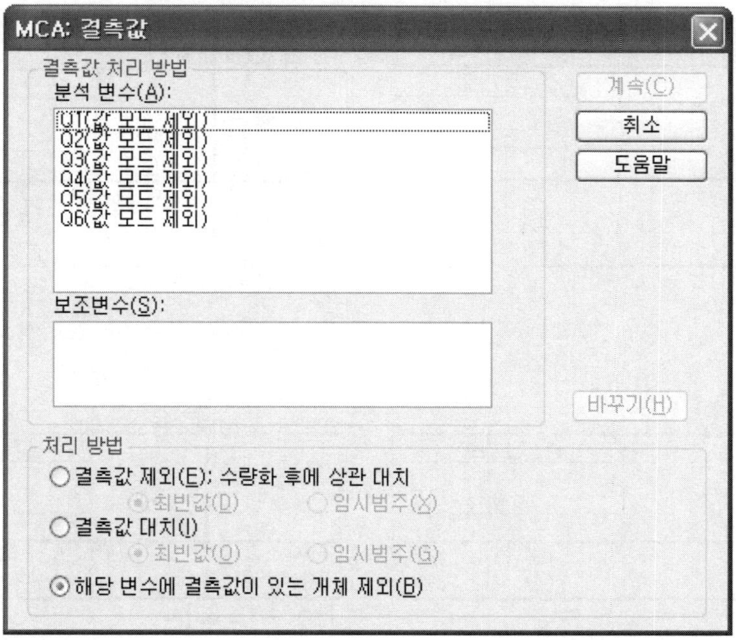

여기서부터는 결측값에 대해서 어떠한 처리를 하는가에 따라서 절차가 다르다.

[1] 결측값이 있는 대상을 삭제하고 싶을 때

결측값이 있는 회답자를 분석의 대상에서 삭제할 때에는, [분석변수(A)] 난에 있는 Q1, Q2, Q3, Q4, Q5, Q6를 선택하고 [해당 변수에 결측값이 있는 개체 제외(B)]에 체크한다. 그리고 [바꾸기(H)] 버튼을 클릭한다.

이와 같은 설정을 해서 다중대응분석을 실행하면, 다음과 같은 출력결과를 얻을 수 있다. 어느 질문에 있어서도 결측값이 있는 2행이 제거되어 있으므로, 도수의 합계는 20이 아니라 18로 되어 있는 것을 확인할 수 있다.

Q1

Points: Coordinates

범주	빈도	중심점 좌표 차원 1	중심점 좌표 차원 2
청주	6	,689	1,111
맥주	4	,577	-,994
포도주	8	-,805	-,336

변수 주성분 정규화

Q2

Points: Coordinates

범주	빈도	중심점 좌표 차원 1	중심점 좌표 차원 2
한식	5	,598	1,440
중화	8	,434	-,795
양식	5	-1,292	-,168

변수 주성분 정규화

Q3

Points: Coordinates

범주	빈도	중심점 좌표 차원 1	중심점 좌표 차원 2
채소	7	,782	-,374
초콜릿	5	,354	,296
치즈	6	-1,207	,190

변수 주성분 정규화

Q4

Points: Coordinates

범주	빈도	중심점 좌표 차원 1	중심점 좌표 차원 2
녹차	4	,769	-1,084
커피	9	,326	,363
홍차	5	-1,203	,215

변수 주성분 정규화

Q5

Points: Coordinates

범주	빈도	중심점 좌표 차원 1	중심점 좌표 차원 2
연한 맛	9	,804	,361
진한 맛	9	-,804	-,361

변수 주성분 정규화

Q6

Points: Coordinates

범주	빈도	중심점 좌표 차원 1	중심점 좌표 차원 2
자택	9	,702	-,463
외출처	9	-,702	,463

변수 주성분 정규화

범주 점의 결합 도표를 그리면 다음과 같다.

범주 점의 결합 도표

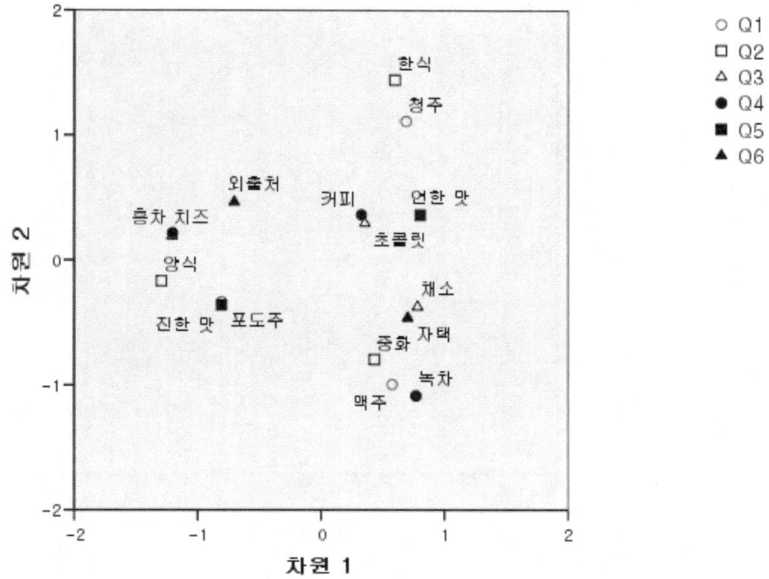

변수 주성분 정규화

대상점수

회답자	차원 1	차원 2	Q1	Q2	Q3	Q4	Q5	Q6
1	-,328	-,157	포도주	중화	초콜릿	커피	진한 맛	외출처
2	-1,228	,066	포도주	양식	치즈	커피	진한 맛	외출처
3	,174	-,846	포도주	중화	채소	커피	진한 맛	자택
4	-1,647	,001	포도주	양식	치즈	홍차	진한 맛	외출처
5	1,068	1,050	청주	한식	채소	커피	연한 맛	자택
6	-,295	-,910	포도주	양식	초콜릿	녹차	진한 맛	자택
7	,684	1,449	청주	한식	채소	커피	연한 맛	외출처
8	,876	-,531	맥주	중화	초콜릿	커피	연한 맛	자택
9	-,795	-,554	맥주	중화	치즈	홍차	진한 맛	외출처
10	,567	1,738	청주	한식	초콜릿	커피	연한 맛	외출처
11	,174	-,846	포도주	중화	채소	커피	진한 맛	자택
12	1,114	-1,445	맥주	중화	채소	녹차	연한 맛	자택
13	,951	1,339	청주	한식	초콜릿	커피	연한 맛	자택
14	-,280	1,626	청주	한식	치즈	홍차	연한 맛	외출처
15	-1,647	,001	포도주	양식	치즈	홍차	진한 맛	외출처
16	1,145	-,537	청주	중화	채소	녹차	연한 맛	자택
17	1,114	-1,445	맥주	중화	채소	녹차	연한 맛	자택
18	-1,647	,001	포도주	양식	치즈	홍차	진한 맛	외출처
19[a]	.	.	.	.	.	.	.	.
20[a]	.	.	.	.	.	.	.	.

변수 주성분 정규화

a. Excluded case (case number).

한편 대상점수와 배치도는 다음과 같다.

대상포인트 설명 기준변수 회답자

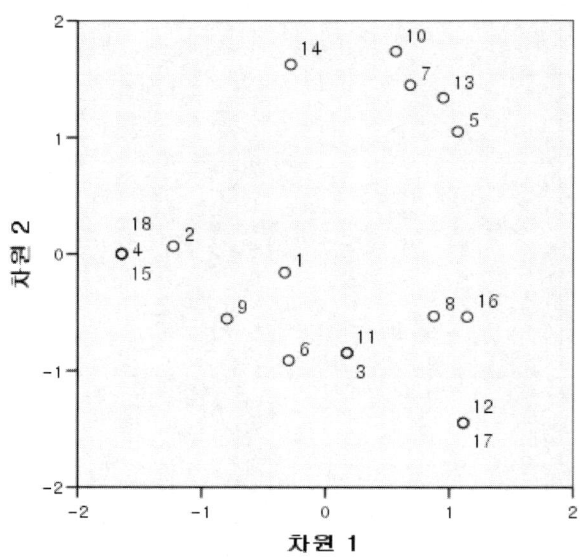

19번과 20번째의 대상점수가 공난으로 되어 있어, 제외되어 있는 것을 알 수 있다. 배치도상에 19번과 20번은 플롯되어 있지 않다.

[2] 결측값을 최빈값으로 추정하고 싶을 때

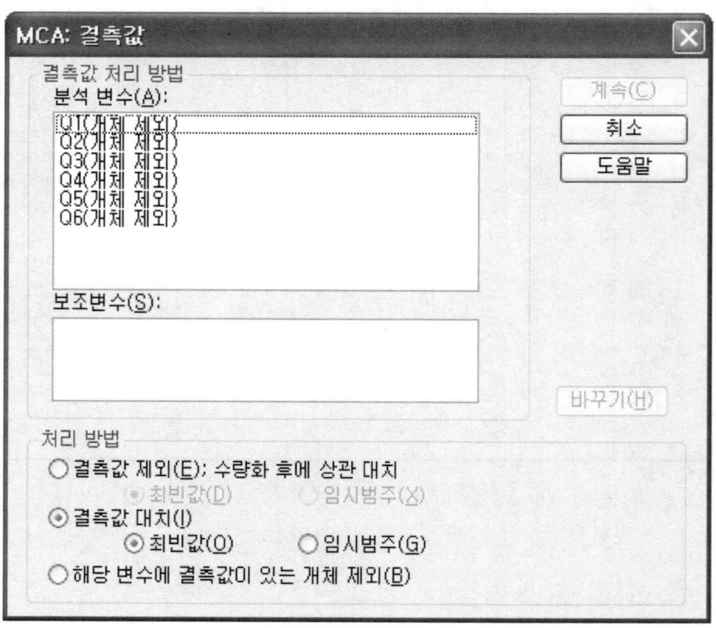

결측값을 최빈값으로 보충할 때에는 [결측값] 대화상자에서 [결측값 대치], [최빈값]을 선택한다. [분석변수(A)] 난에 있는 Q1, Q2, Q3, Q4, Q5, Q6를 선택하고 [바꾸기(H)] 버튼을 클릭한다.

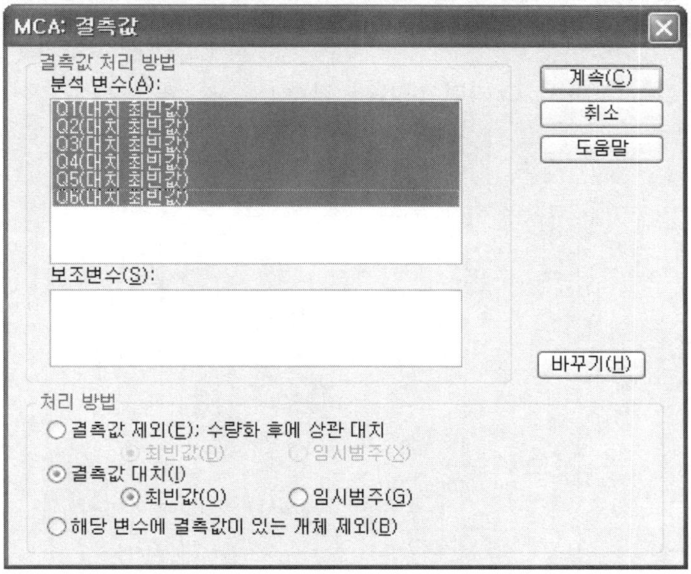

그리고 다중대응분석을 실행하면 다음과 같은 출력결과를 얻게 된다. 결측값이 있는 두 행은 제거되어 있지 않으므로, 도수의 합계는 20으로 되어 있다.

Q1

Points: Coordinates

범주	빈도	중심점 좌표 차원 1	중심점 좌표 차원 2
청주	6	,588	-1,249
맥주	5	,675	,821
포도주	9	-,767	,376

변수 주성분 정규화

Q2

Points: Coordinates

범주	빈도	중심점 좌표 차원 1	중심점 좌표 차원 2
한식	6	,235	-1,446
중화	9	,559	,723
양식	5	-1,288	,433

변수 주성분 정규화

Q3

Points: Coordinates

범주	빈도	중심점 좌표 차원 1	중심점 좌표 차원 2
채소	7	,846	,144
초콜릿	6	,410	,049
치즈	7	-1,197	-,185

변수 주성분 정규화

Q4

Points: Coordinates

범주	빈도	중심점 좌표 차원 1	중심점 좌표 차원 2
녹차	4	,891	,804
커피	10	,359	-,163
홍차	6	-1,192	-,264

변수 주성분 정규화

Q5

Points: Coordinates

범주	빈도	중심점 좌표	
		차원	
		1	2
연한 맛	10	.612	-.608
진한 맛	10	-.612	.608

변수 주성분 정규화

Q6

Points: Coordinates

범주	빈도	중심점 좌표	
		차원	
		1	2
자택	10	.766	.403
외출처	10	-.766	-.403

변수 주성분 정규화

범주 점의 결합 도표를 그리면 다음과 같다.

범주 점의 결합 도표

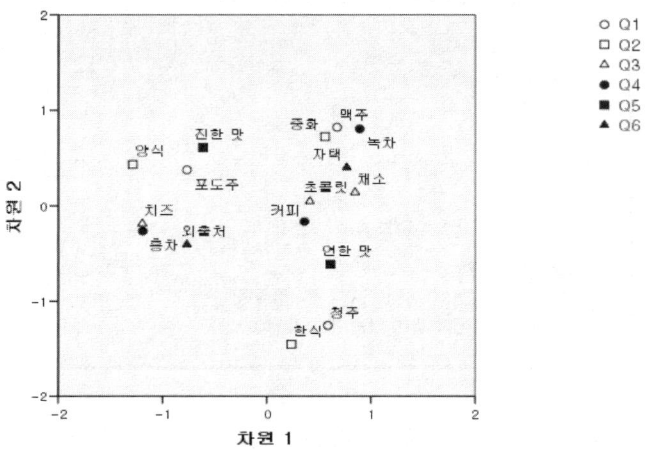

변수 주성분 정규화

한편 대상점수와 배치도는 다음과 같다. 19번과 20번째의 대상점수가 계산되어 있는 것을 알 수 있다. 배치도상에 19번과 20번은 플롯되어 있다.

대상점수

회답자	차원		Q1	Q2	Q3	Q4	Q5	Q6
	1	2						
1	-.236	.510	포도주	중화	초콜릿	커피	진한 맛	외출처
2	-1.232	.286	포도주	양식	치즈	커피	진한 맛	외출처
3	.332	.899	포도주	중화	채소	커피	진한 맛	자택
4	-1.679	.244	포도주	양식	치즈	홍차	진한 맛	외출처
5	.982	-1.255	청주	한식	채소	커피	연한 맛	자택
6	-.173	1.149	포도주	양식	초콜릿	녹차	진한 맛	자택
7	.540	-1.602	청주	한식	채소	커피	연한 맛	외출처
8	.975	.526	맥주	중화	초콜릿	커피	연한 맛	자택
9	-.731	.560	맥주	중화	치즈	홍차	진한 맛	외출처
10	.414	-1.644	청주	한식	초콜릿	커피	연한 맛	외출처
11	.332	.899	포도주	중화	채소	커피	진한 맛	자택
12	1.254	.985	맥주	중화	채소	녹차	연한 맛	자택
13	.856	-1.298	청주	한식	초콜릿	커피	연한 맛	자택
14	-.496	-1.786	청주	한식	치즈	홍차	연한 맛	외출처
15	-1.679	.244	포도주	양식	치즈	홍차	진한 맛	외출처
16	1.229	.095	청주	중화	채소	녹차	연한 맛	자택
17	1.254	.985	맥주	중화	채소	녹차	연한 맛	자택
18	-1.679	.244	포도주	양식	치즈	홍차	진한 맛	외출처
19	-.887	-1.087	포도주	한식	치즈	홍차	연한 맛	외출처
20	.622	1.049	맥주	중화	초콜릿	커피	진한 맛	자택

변수 주성분 정규화

대상포인트 설명 기준변수 회답자

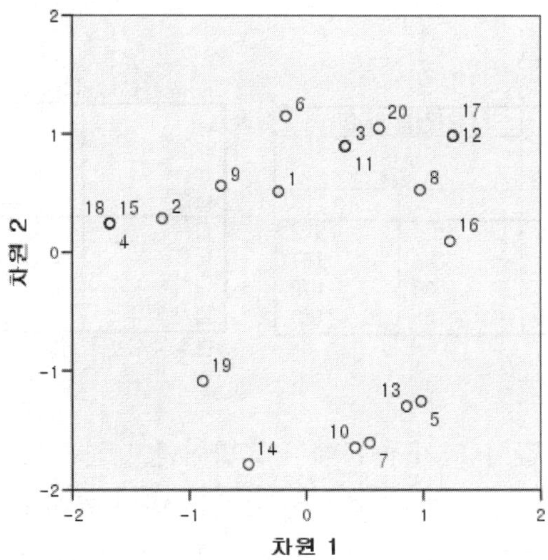

[3] 결측값을 임시범주로 추정하고 싶을 때

결측값을 무회답이라고 하는 범주를 추가해서 보충할 때에는 [결측값] 대화상자에서 [결측값 대치], [임시범주]를 선택한다. [분석변수(A)] 난에 있는 Q1, Q2, Q3, Q4, Q5, Q6를 선택하고 [바꾸기(H)] 버튼을 클릭한다.

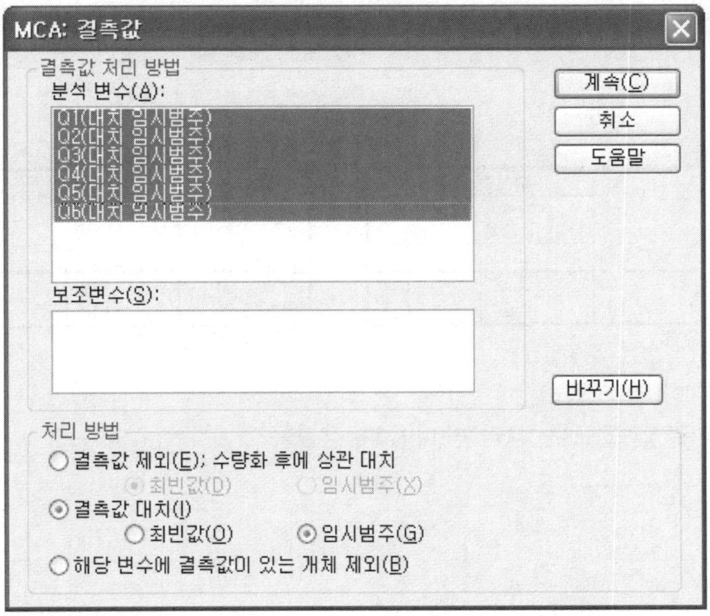

그리고 다중대응분석을 실행하면 다음과 같은 출력결과를 얻게 된다.

Q1

Points: Coordinates

범주	빈도	중심점 좌표 차원 1	중심점 좌표 차원 2
청주	6	,574	1,102
맥주	5	,684	-,657
포도주	8	-,738	-,670
임시 범주	1	-,961	2,038

변수 주성분 정규화

Q2

Points: Coordinates

범주	빈도	중심점 좌표 차원 1	중심점 좌표 차원 2
한식	6	,210	1,430
중화	8	,556	-,566
양식	5	-1,275	-,561
임시 범주	1	,666	-1,253

변수 주성분 정규화

Q1과 Q2에는 결측값이 있기 때문에 무회답이라고 하는 범주가 '임시범주'로 추가되어 있는 것을 알 수 있다. 한편, 다음에 보이는 바와 같이 Q3, Q4, Q5, Q6에는 결측값이 없으므로 임시범주는 나타나고 있지 않다.

Q3

Points: Coordinates

범주	빈도	중심점 좌표 차원 1	중심점 좌표 차원 2
채소	7	,845	-,081
초콜릿	6	,420	-,201
치즈	7	-1,205	,253

변수 주성분 정규화

Q4

Points: Coordinates

범주	빈도	중심점 좌표 차원 1	중심점 좌표 차원 2
녹차	4	,895	-,601
커피	10	,364	,013
홍차	6	-1,203	,379

변수 주성분 정규화

Q5

Points: Coordinates

범주	빈도	중심점 좌표 차원 1	중심점 좌표 차원 2
연한 맛	10	,597	,697
진한 맛	10	-,597	-,697

변수 주성분 정규화

Q6

Points: Coordinates

범주	빈도	중심점 좌표 차원 1	중심점 좌표 차원 2
자택	10	,773	-,383
외출처	10	-,773	,383

변수 주성분 정규화

범주 점의 결합 도표를 그리면 다음과 같다.

범주 점의 결합 도표

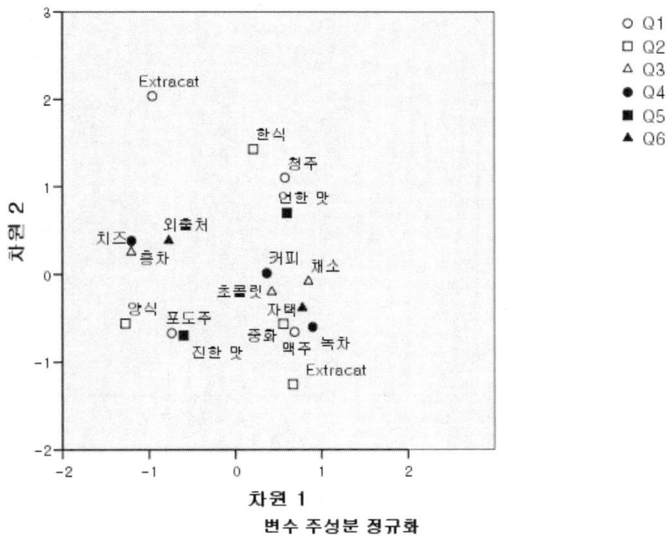

'Extracat'로 표시되어 있는 것이 임시범주이다. 이 예에서 ○는 Q1, □는 Q2의 임시범주를 나타내고 있다.

한편 대상점수와 배치도는 다음과 같다. 19번과 20번째의 대상점수가 계산되어 있는 것을 알 수 있다. 배치도상에 19번과 20번은 플롯되어 있다.

대상점수

회답자	차원 1	차원 2	Q1	Q2	Q3	Q4	Q5	Q6
1	-,221	-,685	포도주	중화	초콜릿	커피	진한 맛	외출처
2	-1,217	-,504	포도주	양식	치즈	커피	진한 맛	외출처
3	,347	-,937	포도주	중화	채소	커피	진한 맛	자택
4	-1,669	-,359	포도주	양식	치즈	홍차	진한 맛	외출처
5	,969	1,092	청주	한식	채소	커피	연한 맛	자택
6	-,150	-1,224	포도주	양식	초콜릿	녹차	진한 맛	자택
7	,523	1,393	청주	한식	채소	커피	연한 맛	외출처
8	,978	-,432	맥주	중화	초콜릿	커피	연한 맛	자택
9	-,731	-,355	맥주	중화	치즈	홍차	진한 맛	외출처
10	,401	1,345	청주	한식	초콜릿	커피	연한 맛	외출처
11	,347	-,937	포도주	중화	채소	커피	진한 맛	자택
12	1,253	-,624	맥주	중화	채소	녹차	연한 맛	자택
13	,847	1,044	청주	한식	초콜릿	커피	연한 맛	자택
14	-,519	1,669	청주	한식	치즈	홍차	연한 맛	외출처
15	-1,669	-,359	포도주	양식	치즈	홍차	진한 맛	외출처
16	1,222	,068	청주	중화	채소	녹차	연한 맛	자택
17	1,253	-,624	맥주	중화	채소	녹차	연한 맛	자택
18	-1,669	-,359	포도주	양식	치즈	홍차	진한 맛	외출처
19	-,961	2,038	임시 범주	한식	치즈	홍차	연한 맛	외출처
20	,666	-1,253	맥주	임시 범주	초콜릿	커피	진한 맛	자택

변수 주성분 정규화

대상포인트 설명 기준변수 회답자

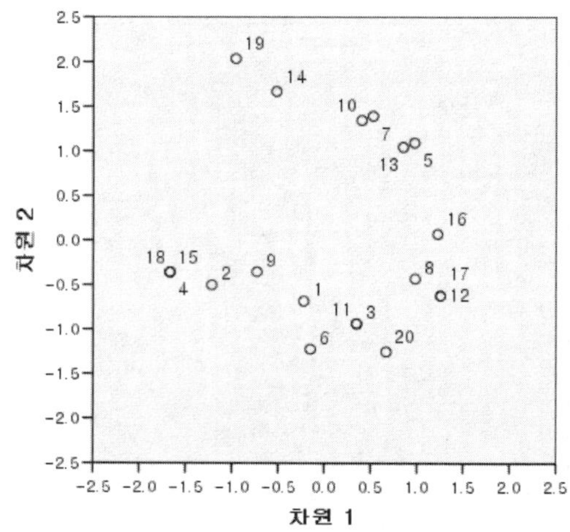

2. 추가처리 기능

예제 6-3

예제 6-2의 20명에 대한 데이터표에 새로 5명분의 회답결과를 추가하게 되었다. 단, 이 5명은 미성년이기 때문에 Q1(알콜 음료의 기호)의 질문에는 회답하고 있지 않다. 그 결과가 <표 6-5>와 같다.

| 표 6-5 | 데이터표

회답자	Q1	Q2	Q3	Q4	Q5	Q6
1	3	2	2	2	2	2
2	3	3	3	2	2	2
3	3	2	1	2	2	1
4	3	3	3	3	2	2
5	1	1	1	2	1	1
6	3	3	2	1	2	1
7	1	1	1	2	1	2
8	2	2	2	2	1	1
9	2	2	3	3	2	2
10	1	1	2	2	1	2
11	3	2	1	2	2	1
12	2	2	1	1	1	1
13	1	1	2	2	1	1
14	1	1	3	3	1	2
15	3	3	3	3	2	2
16	1	2	1	1	1	1
17	2	2	1	1	1	1
18	3	3	3	3	2	2
19	1	1	3	3	1	2
20	2	3	2	2	2	1
21		2	1	3	1	2
22		1	1	3	1	2
23		2	2	3	1	2
24		1	2	2	2	1
25		1	1	2	1	2

이와 같은 때에는 Q1을 보조변수, 회답자 21부터 25를 보도대상으로 하는 추가처리 기능을 사용하면 된다.

구체적으로는 다음과 같은 조작을 실시한다.

① 보조변수의 설정

다중대응분석 대화상자에서 [분석변수(A)]에 Q2, Q3, Q4, Q5, Q6를 [보조변수(S)]에 Q1을 투입한다.

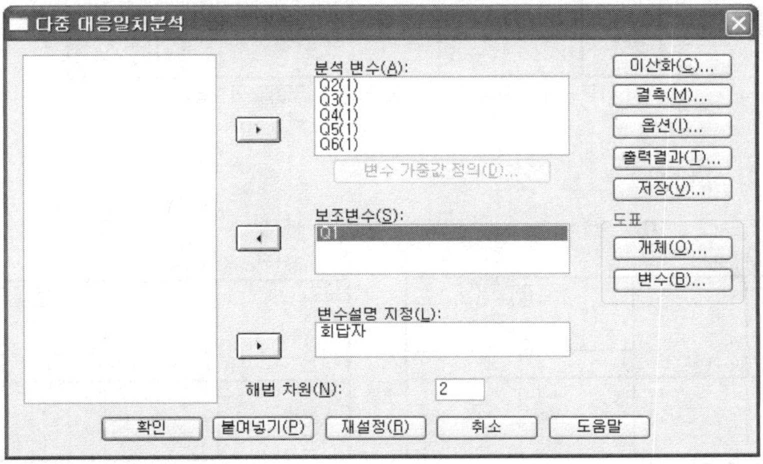

② 보조대상의 설정

[옵션]을 클릭한다. [처음(F)]에 21, [마지막(S)]에 25를 입력하고 [추가] 버튼을 클릭한다.

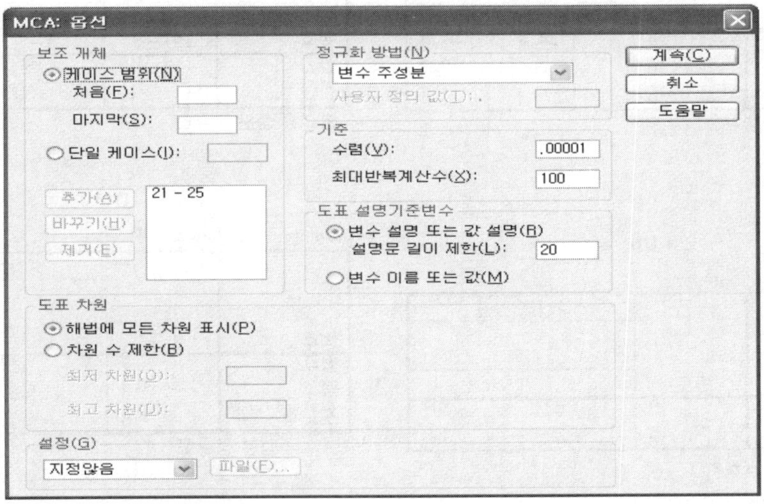

그 다음에 [계속] 버튼을 클릭한다. 설정한 후에 다중대응분석을 실시하면 다음과 같은 결과가 출력된다.

(1) 관성

모형 요약

차원	Cronbach의 알파	설명된 분산		
		전체(고유값)	관성	분산의 %
1	.836	3.016	.603	60.318
2	.517	1.706	.341	34.113
합계		4.722	.944	
평균	.721[a]	2.361	.472	47.215

a. 평균 Cronbach의 알파는 평균 고유값에 기준합니다.

(2) 범주의 수량화

Q2

Points: Coordinates

범주	빈도	중심점 좌표 차원 1	2
한식	6	.021	1.457
중화	8	.668	-.483
양식	6	-.912	-.814

변수 주성분 정규화

Q3

Points: Coordinates

범주	빈도	중심점 좌표 차원 1	2
채소	7	.959	-.058
초콜릿	6	.327	.023
치즈	7	-1.240	.039

변수 주성분 정규화

Q4

Points: Coordinates

범주	빈도	중심점 좌표 차원 1	2
녹차	4	1.065	-.778
커피	10	.338	.227
홍차	6	-1.273	.140

변수 주성분 정규화

Q5

Points: Coordinates

범주	빈도	중심점 좌표 차원 1	2
연한 맛	10	.500	.727
진한 맛	10	-.500	-.727

변수 주성분 정규화

Q6

Points: Coordinates

범주	빈도	중심점 좌표 차원 1	2
자택	10	.822	-.306
외출처	10	-.822	.306

변수 주성분 정규화

Q1[a]

Points: Coordinates

범주	빈도	중심점 좌표 차원 1	2
청주	7	.208	1.174
맥주	5	.503	-.461
포도주	8	-.497	-.739

변수 주성분 정규화

a. 보조변수

여기에서 보조변수로서 설정한 Q1은 위와 같이 출력된다.

(3) 범주 점의 결합 도표

범주 점의 결합 도표

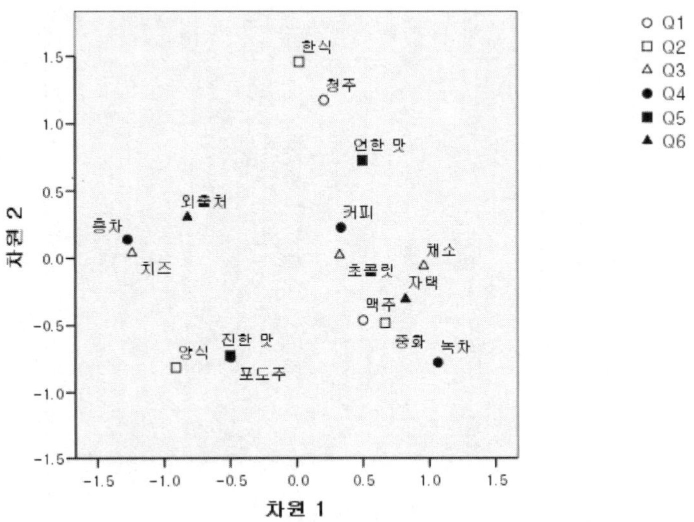

변수 주성분 정규화

(4) 대상점수 배치도

대상점수

회답자	차원		Q2	Q3	Q4	Q5	Q6	Q1
	1	2						
1	,003	-,380	중화	초콜릿	커피	진한 맛	외출처	포도주
2	-1,040	-,567	양식	치즈	커피	진한 맛	외출처	포도주
3	,758	-,789	중화	채소	커피	진한 맛	자택	포도주
4	-1,574	-,620	양식	치즈	홍차	진한 맛	외출처	포도주
5	,876	1,201	한식	채소	커피	연한 맛	자택	청주
6	,266	-1,524	양식	초콜릿	녹차	진한 맛	자택	포도주
7	,330	1,559	한식	채소	커피	연한 맛	외출처	청주
8	,880	,113	중화	초콜릿	커피	연한 맛	자택	맥주
9	-1,050	-,427	중화	치즈	홍차	진한 맛	외출처	맥주
10	,120	1,609	한식	초콜릿	커피	연한 맛	외출처	청주
11	,758	-,789	중화	채소	커피	진한 맛	자택	포도주
12	1,331	-,529	중화	채소	녹차	연한 맛	자택	맥주
13	,666	1,251	한식	초콜릿	커피	연한 맛	자택	청주
14	-,933	1,563	한식	치즈	홍차	연한 맛	외출처	청주
15	-1,574	-,620	양식	치즈	홍차	진한 맛	외출처	포도주
16	1,331	-,529	중화	채소	녹차	연한 맛	자택	청주
17	1,331	-,529	중화	채소	녹차	연한 맛	자택	맥주
18	-1,574	-,620	양식	치즈	홍차	진한 맛	외출처	포도주
19	-,933	1,563	한식	치즈	홍차	연한 맛	외출처	청주
20	,025	-,932	양식	초콜릿	커피	진한 맛	자택	맥주
21[a]	,011	,367	중화	채소	홍차	연한 맛	외출처	.
22[a]	-,204	1,506	한식	채소	홍차	연한 맛	외출처	.
23[a]	-,199	,417	중화	초콜릿	홍차	연한 맛	외출처	.
24[a]	,334	,399	한식	초콜릿	커피	진한 맛	자택	.
25[a]	,330	1,559	한식	채소	커피	연한 맛	외출처	.

변수 주성분 정규화

a. 보조대상

회답자 21부터 25가 보조대상이 되어 있는 것을 알 수 있다. 배치도는 다음과 같다.

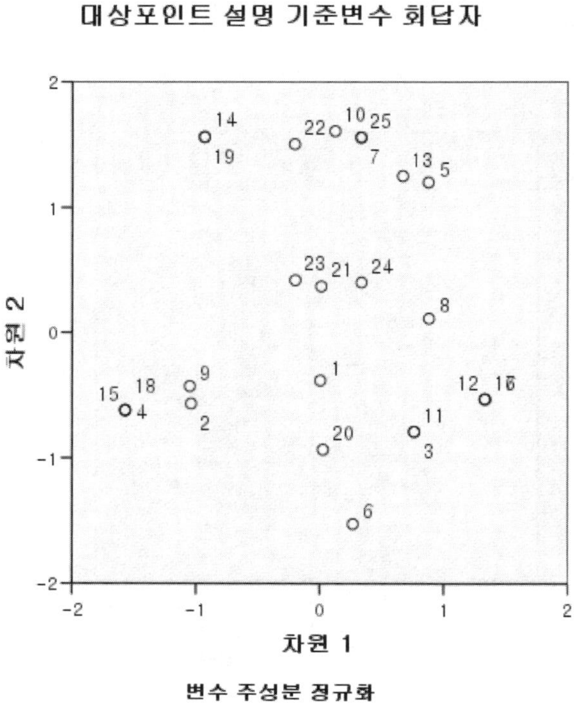

회답자 21부터 25도 배치도상에 플롯되어 있는 것을 알 수 있다.

■ 추가처리 기능의 활용

추가처리 기능은 데이터 중에 이질적인 대상이나 이질적인 변수가 혼재하고 있을 때에 유효한 데이터 처리의 기능이다. 어떠한 경우에 활용할 수 있는지를 소개하기로 한다.

[활용 장면 1]

동일한 앙케트 조사를 연도를 바꾸어서 실시하는 경우에는 다음과 같은 데이터표가 된다.

이와 같은 때에는 금년의 회답자인 16번부터 30번을 보조대상으로서 설정하는 방법을 생각할 수 있다. 이와 같이 하면 작년과 금년의 회답자 사이의 차이를 시각적으로 파악할 수가 있게 된다.

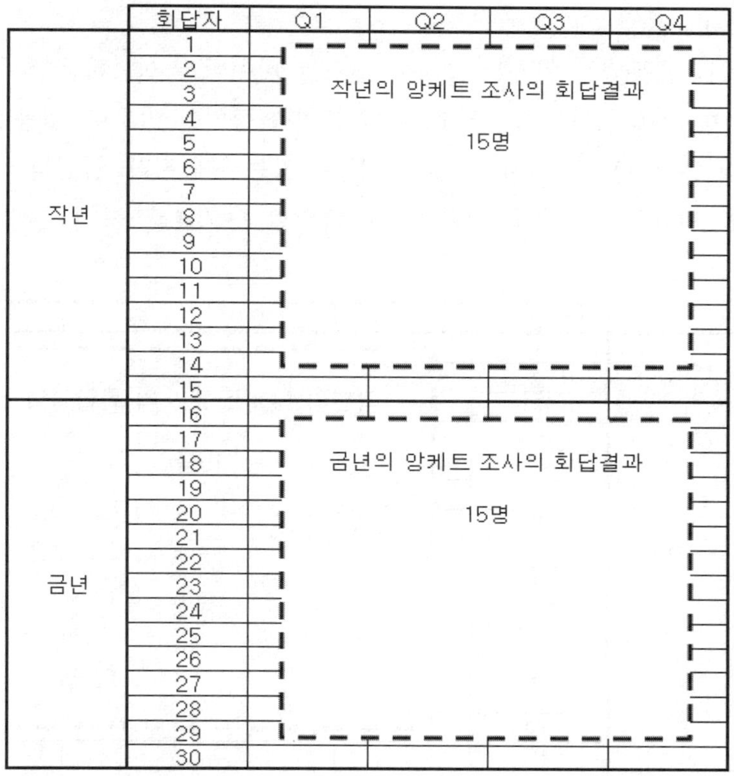

[활용 장면 2]

동일한 인물이 연도를 바꾸어서 회답하는 앙케트 조사의 경우에는 다음과 같은 데이터표가 된다.

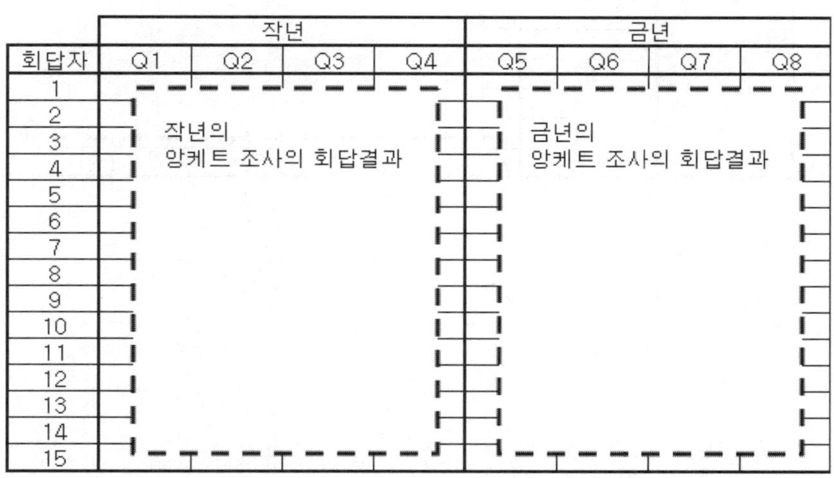

[활용 장면 3]

동일한 인물이 동일한 앙케트 조사에 연도를 바꾸어서 회답하는 경우에는 활용장면 1의 분석방법(16번부터 30번은 1번부터 15번과 동일한 인물)과 활용장면 2의 분석방법(Q5부터 Q8은 Q1부터 Q4와 같은 질문)이 가능하게 된다. 금년과 작년에 회답이 크게 변화한 회답자나 질문을 시각적으로 파악할 수 있다.

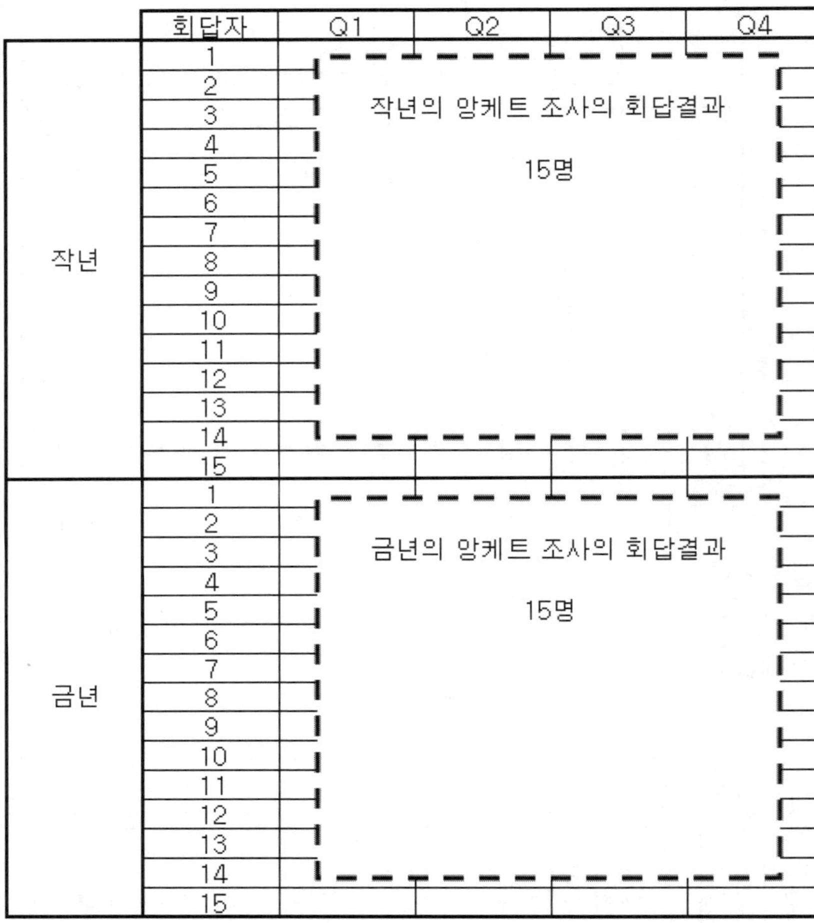

7 다중대응분석의 응용

7.1 (0, 1)형과 아이템 · 카테고리형

1. 표현 방법의 차이

아이템 · 카테고리형 데이터표를 (0, 1)형 데이터표로 표현하는 것을 생각하기로 한다. 이제 다음과 같은 아이템 · 카테고리형 데이터표가 있다고 한다.

번호	성별	혈액형
1	남	A
2	남	B
3	여	AB
4	여	A
5	여	O
6	남	A
7	여	AB
8	남	B
9	남	O
10	여	B

이 표는 다음과 같은 (0, 1)형 데이터표로 바꾸어 쓸 수 있다.

번호	성별	혈액형
1	남	A
2	남	B
3	여	AB
4	여	A
5	여	O
6	남	A
7	여	AB
8	남	B
9	남	O
10	여	B

⇨

번호	남	여	A	B	AB	O
1	1	0	1	0	0	0
2	1	0	0	1	0	0
3	0	1	0	0	1	0
4	0	1	1	0	0	0
5	0	1	0	0	0	1
6	1	0	1	0	0	0
7	0	1	0	0	1	0
8	1	0	0	1	0	0
9	1	0	0	0	0	1
10	0	1	0	1	0	0

이 두 개의 데이터표는 같은 정보로서 (0, 1)형 데이터표에 대응분석을 적용한 결과와 아이템·카테고리형 데이터표에 다중대응분석을 적용한 결과는 같은 것이 된다.

그래서 앞의 예제 6-1을 (0, 1)형 데이터표로 바꾸어 써서 대응분석을 적용한 결과를, 아이템·카테고리형 데이터표에 다중대응분석을 적용한 결과와 비교해 보기로 한다.

예제 6-1을 (0, 1)형 데이터표로 바꾸어 쓰면 다음과 같이 된다.

Q1			Q2			Q3			Q4			Q5		Q6	
1	2	3	1	2	3	1	2	3	1	2	3	1	2	1	2
1	0	0	1	0	0	1	0	0	1	0	0	1	0	0	1
0	1	0	0	0	1	0	0	1	0	1	0	0	1	0	1
0	1	0	1	0	0	1	0	0	0	0	1	1	0	1	0
1	0	0	0	1	0	1	0	0	0	1	0	1	0	0	1
0	0	1	0	0	1	0	1	0	1	0	0	0	1	1	0
0	0	1	0	1	0	0	1	0	0	1	0	0	1	0	1
0	0	1	0	0	1	0	0	1	0	1	0	0	1	0	1
0	0	1	0	1	0	1	0	0	0	1	0	0	1	1	0
0	0	1	0	0	1	0	0	1	0	0	1	0	1	0	1
1	0	0	1	0	0	1	0	0	0	1	0	1	0	1	0
0	0	1	0	0	1	0	1	0	1	0	0	0	1	1	0
1	0	0	1	0	0	1	0	0	0	1	0	1	0	0	1
0	1	0	0	1	0	0	1	0	0	1	0	1	0	1	0
0	1	0	0	1	0	0	0	1	0	0	1	0	1	0	1
1	0	0	1	0	0	0	1	0	0	1	0	1	0	0	1
0	0	1	0	1	0	1	0	0	0	1	0	0	1	1	0
0	1	0	0	1	0	1	0	0	1	0	0	1	0	1	0
1	0	0	1	0	0	0	1	0	0	1	0	1	0	1	0
1	0	0	1	0	0	0	0	1	0	0	1	1	0	0	1
0	0	1	0	0	1	0	0	1	0	0	1	0	1	0	1
1	0	0	0	1	0	1	0	0	1	0	0	1	0	1	0
0	1	0	0	1	0	1	0	0	1	0	0	1	0	1	0
0	0	1	0	0	1	0	0	1	0	0	1	0	1	0	1
1	0	0	1	0	0	0	0	1	0	0	1	1	0	0	1
0	1	0	0	0	1	0	1	0	0	1	0	0	1	1	0

(1) 관성

[(0, 1)형 대응분석의 결과]

요약

					관성비율		신뢰 비정칙값	
								상관계수
차원	비정칙값	요약 관성	카이제곱	유의확률	설명됨	누적	표준편차	2
1	,710	,504			,303	,303	,036	-,354
2	,617	,381			,229	,531	,043	
3	,470	,221			,133	,664		
4	,410	,168			,101	,765		
5	,399	,159			,095	,860		
6	,297	,088			,053	,913		
7	,279	,078			,047	,960		
8	,182	,033			,020	,980		
9	,134	,018			,011	,991		
10	,124	,015			,009	1,000		
요약 전체		1,667	250,000	1,000[a]	1,000	1,000		

a. 자유도 360

[다중대응분석의 결과]

모형 요약

차원	Cronbach의 알파	설명된 분산		
		전체(고유값)	관성	분산의 %
1	,803	3,026	,504	50,436
2	,675	2,287	,381	38,119
3	,295	1,326	,221	22,107
4	,011	1,010	,168	16,828
5	-,057	,955	,159	15,913
6	-1,063	,530	,088	8,838
7	-1,374	,466	,078	7,770
8	-4,809	,200	,033	3,328
9	-9,927	,108	,018	1,797
10	-11,878	,092	,015	1,529
합계		10,000	1,667	
평균	,000[a]	1,000	,167	16,667

a. 평균 Cronbach의 알파는 평균 고유값에 기준합니다.

(0, 1)형 대응분석의 결과에 대한 요약 관성과 다중대응분석의 결과에 대한 설명된 분산의 관성이 일치하고 있음을 확인할 수 있다.

(2) 열 점수

[(0, 1)형 대응분석의 결과]

열 포인트 개요[a]

음식기호	매스	차원의 점수		개요 관성	기여도				
					차원의 관성에 대한 포인트		포인트의 관성에 대한 차원		
		1	2		1	2	1	2	개요 전체
Q1-1	,060	-,819	,829	,107	,080	,108	,378	,387	,764
Q1-2	,047	-,169	-,519	,120	,003	,033	,011	,105	,116
Q1-3	,060	,951	-,426	,107	,108	,029	,508	,102	,610
Q2-1	,053	-,750	,998	,113	,059	,139	,265	,469	,733
Q2-2	,060	-,384	-,664	,107	,018	,069	,083	,248	,331
Q2-3	,053	1,182	-,250	,113	,148	,009	,657	,030	,686
Q3-1	,067	-,832	-,185	,100	,091	,006	,461	,023	,484
Q3-2	,047	,004	-,656	,120	,000	,053	,000	,167	,167
Q3-3	,053	1,036	,805	,113	,114	,091	,505	,305	,810
Q4-1	,040	-,512	-,800	,127	,021	,067	,083	,202	,285
Q4-2	,080	-,165	-,149	,087	,004	,005	,025	,021	,046
Q4-3	,047	,722	,942	,120	,048	,109	,203	,345	,548
Q5-1	,087	-,837	,349	,080	,120	,028	,758	,132	,891
Q5-2	,080	,906	-,379	,087	,130	,030	,758	,132	,891
Q6-1	,080	-,430	-,747	,087	,029	,117	,171	,514	,685
Q6-2	,087	,397	,689	,080	,027	,108	,171	,514	,685
액티브 전체	1,000			1,667	1,000	1,000			

a. 열 주성분 정규화

[다중대응분석의 결과]

Q1

Points: Coordinates

범주	빈도	중심점 좌표 차원 1	중심점 좌표 차원 2
청주	9	-.819	-.829
맥주	7	-.169	.519
포도주	9	.951	.425

변수 주성분 정규화

Q2

Points: Coordinates

범주	빈도	중심점 좌표 차원 1	중심점 좌표 차원 2
한식	8	-.750	-.998
중화	9	-.384	.664
양식	8	1.182	.251

변수 주성분 정규화

Q3

Points: Coordinates

범주	빈도	중심점 좌표 차원 1	중심점 좌표 차원 2
채소	10	-.832	.185
초콜릿	7	.004	.656
치즈	8	1.036	-.805

변수 주성분 정규화

Q4

Points: Coordinates

범주	빈도	중심점 좌표 차원 1	중심점 좌표 차원 2
녹차	6	-.512	.301
커피	12	-.165	.149
홍차	7	.722	-.942

변수 주성분 정규화

Q5

Points: Coordinates

범주	빈도	중심점 좌표 차원 1	중심점 좌표 차원 2
연한 맛	13	-.837	-.349
진한 맛	12	.906	.378

변수 주성분 정규화

Q6

Points: Coordinates

범주	빈도	중심점 좌표 차원 1	중심점 좌표 차원 2
자택	12	-.430	.747
외출처	13	.397	-.689

변수 주성분 정규화

열 점수에 있어서 (0, 1)형 대응분석의 결과에 대한 차원의 점수와 다중대응분석의 결과에 대한 각 차원의 중심점 좌표를 비교해 보면 1차원의 수치는 일치하고 있음을 알 수 있다. 2차원에 관해서도 부호가 역전하고 있는 곳은 있으나 수치는 거의 일치하고 있다. 부호의 역전은 본질적으로는 일치하고 있다고 생각해도 무방하다. 수치의 미묘한 차이는, SPSS에서는 다중대응분석에 있어서 특수한 계산방법을 채택하고 있기 때문에 생기는 오차라고 생각할 수 있다.

(3) 행 점수

행 점수에 있어서도 (0, 1)형 대응분석의 결과에 대한 차원의 점수와 다중대응분석의 결과에 대한 차원의 점수가 2차원의 부호를 제외하고는 일치하고 있음을 알 수 있다.

[(0, 1)형 대응분석의 결과]

행 포인트 개요[a]

번호	매스	차원의 점수		개요 관성	기여도				
					차원의 관성에 대한 포인트		포인트의 관성에 대한 차원		
		1	2		1	2	1	2	개요 전체
1	,040	-1,108	,822	,069	,049	,027	,357	,148	,505
2	,040	1,053	,086	,066	,044	,000	,339	,002	,340
3	,040	-,759	,367	,072	,023	,005	,162	,029	,190
4	,040	-,872	,380	,053	,030	,006	,288	,041	,330
5	,040	,694	-1,424	,079	,019	,081	,124	,393	,516
6	,040	,565	-,693	,061	,013	,019	,105	,119	,224
7	,040	1,423	,127	,061	,081	,001	,672	,004	,676
8	,040	,015	-1,115	,055	,000	,050	,000	,342	,342
9	,040	1,716	,604	,071	,118	,015	,841	,079	,919
10	,040	-1,267	,479	,057	,064	,009	,572	,062	,634
11	,040	,694	-1,424	,079	,019	,081	,124	,393	,516
12	,040	-,993	1,107	,056	,039	,049	,358	,336	,695
13	,040	-,654	-1,043	,067	,017	,044	,129	,249	,378
14	,040	,829	,383	,074	,027	,006	,188	,030	,219
15	,040	-,717	,901	,063	,021	,032	,165	,197	,363
16	,040	,015	-1,115	,055	,000	,050	,000	,342	,342
17	,040	-1,045	-1,122	,073	,044	,050	,300	,261	,561
18	,040	-,990	,273	,064	,039	,003	,310	,018	,328
19	,040	-,083	2,017	,070	,000	,163	,002	,891	,893
20	,040	1,716	,604	,071	,118	,015	,841	,079	,919
21	,040	-1,260	-,532	,068	,064	,011	,470	,063	,533
22	,040	-1,045	-1,122	,073	,044	,050	,300	,261	,561
23	,040	1,716	,604	,071	,118	,015	,841	,079	,919
24	,040	-,083	2,017	,070	,000	,163	,002	,891	,893
25	,040	,439	-1,180	,070	,008	,056	,055	,303	,358
액티브 전체	1,000			1,667	1,000	1,000			

a. 열 주성분 정규화

[다중대응분석의 결과]

대상점수

회답자	차원		Q1	Q2	Q3	Q4	Q5	Q6
	1	2						
1	-1,108	-,822	청주	한식	채소	녹차	연한 맛	외출처
2	1,053	-,086	맥주	양식	치즈	커피	진한 맛	외출처
3	-,759	-,366	맥주	한식	채소	홍차	연한 맛	자택
4	-,872	-,381	청주	중화	채소	커피	연한 맛	외출처
5	,694	1,425	포도주	양식	초콜릿	녹차	진한 맛	자택
6	,565	,692	포도주	중화	초콜릿	커피	진한 맛	외출처
7	1,423	-,128	포도주	양식	치즈	커피	진한 맛	외출처
8	,015	1,113	포도주	중화	채소	커피	진한 맛	자택
9	1,716	-,604	포도주	양식	치즈	홍차	진한 맛	외출처
10	-1,267	-,479	청주	한식	채소	커피	연한 맛	자택
11	,694	1,425	포도주	양식	초콜릿	녹차	진한 맛	자택
12	-,993	-1,107	청주	한식	채소	커피	연한 맛	외출처
13	-,654	1,043	맥주	중화	초콜릿	커피	연한 맛	자택
14	,829	-,383	맥주	중화	치즈	홍차	진한 맛	외출처
15	-,717	-,901	청주	한식	초콜릿	커피	연한 맛	외출처
16	,015	1,113	포도주	중화	채소	커피	진한 맛	자택
17	-1,045	1,122	맥주	중화	채소	녹차	연한 맛	자택
18	-,990	-,273	청주	한식	초콜릿	커피	연한 맛	자택
19	-,083	-2,016	청주	한식	치즈	홍차	연한 맛	외출처
20	1,716	-,604	포도주	양식	치즈	홍차	진한 맛	외출처
21	-1,260	,532	청주	중화	채소	녹차	연한 맛	자택
22	-1,045	1,122	맥주	중화	채소	녹차	연한 맛	자택
23	1,716	-,604	포도주	양식	치즈	홍차	진한 맛	외출처
24	-,083	-2,016	청주	한식	치즈	홍차	연한 맛	외출처
25	,439	1,181	맥주	양식	초콜릿	커피	진한 맛	자택

변수 주성분 정규화

■ SPSS에 의한 (0, 1)형 데이터의 입력 방식

	번호	음식기호	반응
1	1	1	1
2	1	4	1
3	1	7	1
4	1	10	1
5	1	13	1
6	1	16	1
7	2	2	1
8	2	6	1
9	2	9	1
10	2	11	1
11	2	14	1
12	2	16	1
13	3	2	1
14	3	4	1
15	3	7	1
16	3	12	1
17	3	13	1
18	3	15	1
19	4	1	1
20	4	5	1

(변수값 설명)

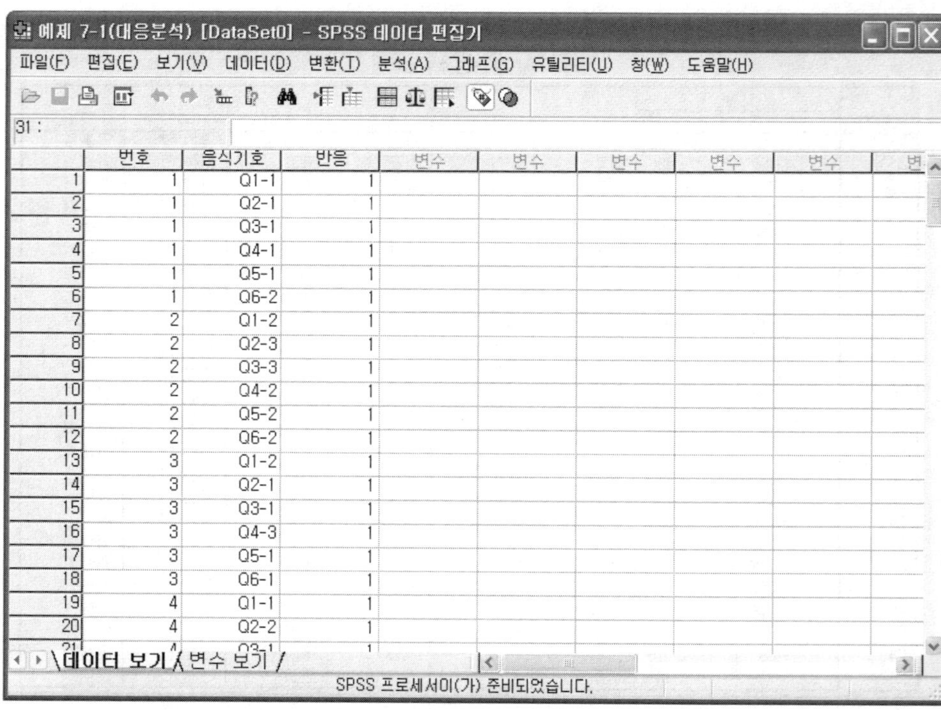

	번호	음식기호	반응
1	1	Q1-1	1
2	1	Q2-1	1
3	1	Q3-1	1
4	1	Q4-1	1
5	1	Q5-1	1
6	1	Q6-2	1
7	2	Q1-2	1
8	2	Q2-3	1
9	2	Q3-3	1
10	2	Q4-2	1
11	2	Q5-2	1
12	2	Q6-2	1
13	3	Q1-2	1
14	3	Q2-1	1
15	3	Q3-1	1
16	3	Q4-3	1
17	3	Q5-1	1
18	3	Q6-1	1
19	4	Q1-1	1
20	4	Q2-2	1

전술한 (0, 1)형 데이터표를 분할표로 보고 입력하는데, 다음과 같은 사항에 주의를 요한다.

《 주의사항 》

① 0에 대응하는 데이터는 입력하지 않아도 무방하다.

② 대응분석을 실시하려면, 행과 열을 나타내는 변수는 수치로 입력한다.

③ 분석결과를 알기 쉽게 하기 위해서, 열을 나타내는 변수에는 다음과 같은 변수값 설명을 해 놓는다.

1 = Q1-1, 2 = Q1-2, 3 = Q1-3, 4 = Q2-1, …, 14 = Q5-2, 15 = Q6-1, 16 = Q6-2

④ 반응은 전부 '1'로 하여 빈도변수 지정을 해 놓는다.

2. 모두가 이항 선택의 데이터

여섯 개의 상품(A, B, C, D, E, F)을 제시하고, 좋아하는 것은 모두 선택하게 하는 복수회답 형식의 앙케트 조사를 25명에게 실시했다. 이 회답결과는 다음과 같은 (0, 1)형 데이터표로 정리할 수 있다.

< (0, 1)형 데이터표 >

회답자	A	B	C	D	E	F
1	1	1	0	0	0	0
2	1	0	0	1	1	0
3	0	1	1	1	0	1
4	0	0	1	0	1	0
5	0	1	0	1	0	0
6	1	0	1	1	0	1
7	1	1	1	0	1	1
8	1	1	1	0	0	1
9	1	1	1	1	1	1
10	0	1	0	1	0	0
11	0	0	0	1	0	0
12	0	0	1	0	0	0
13	1	1	1	1	1	1
14	1	1	1	1	1	1
15	1	1	1	1	1	1
16	0	0	0	0	0	0
17	0	1	1	1	0	0
18	1	1	1	1	1	1
19	0	0	0	0	0	0
20	0	0	0	0	1	1
21	1	1	1	1	0	0
22	0	0	1	1	0	0
23	0	0	0	0	0	0
24	1	0	1	1	1	1
25	0	0	0	1	1	0

한편 이 데이터표는 그 상품을 선택하면 1, 선택하지 않으면 2라고 표현함으로써 다음과 같은 아이템·카테고리형 데이터표로 정리할 수도 있다.

<아이템·카테고리형 데이터표>

회답자	A	B	C	D	E	F
1	1	1	2	2	2	2
2	1	2	2	1	1	2
3	2	1	1	1	2	1
4	2	2	1	2	1	2
5	2	1	2	1	2	2
6	1	2	1	1	2	1
7	1	1	1	2	1	1
8	1	1	1	2	2	1
9	1	1	1	1	1	1
10	2	1	2	1	2	2
11	2	2	2	1	2	2
12	2	2	1	2	2	2
13	1	1	1	1	1	1
14	1	1	1	1	1	1
15	1	1	1	1	1	1
16	2	2	2	2	2	2
17	2	1	1	1	2	2
18	1	1	1	1	1	1
19	2	2	2	2	2	2
20	2	2	2	2	1	1
21	1	1	1	1	2	2
22	2	2	1	1	2	2
23	2	2	2	2	2	2
24	1	2	1	1	1	1
25	2	2	2	1	1	2

(0, 1)형 데이터표라면 대응분석으로, 아이템·카테고리형 데이터표라면 다중대응분석으로 분석하게 된다.

두 가지 방법으로 분석한 결과는 다른 것이 되지만, 어느 쪽 방법이 좋은지는 질문의 목적에 따라 일률적으로는 말할 수 없다. 단, SPSS에 있어서의 데이터 입력이라고 하는 관점에서는 아이템·카테고리형 쪽의 입력작업이 용이하다. 또한 (0, 1)형 데이터표의 경우, 선택하지 않는다고 하는 정보를 간파하는 것이 곤란하다.

다음에 배치도를 출력해 보인다. 그런데 대응분석은 열 주성분 정규화에 의해서 점수를 계산하고, 다중대응분석은 변수 주성분에 의해서 점수를 계산하고 있다.

[(0, 1)형 데이터표에 대한 대응분석의 배치도]

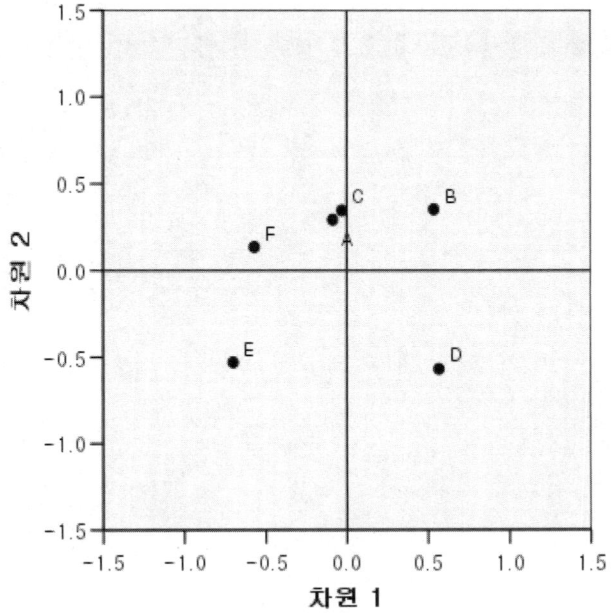

[아이템·카테고리형 데이터표에 대한 다중대응분석의 배치도]

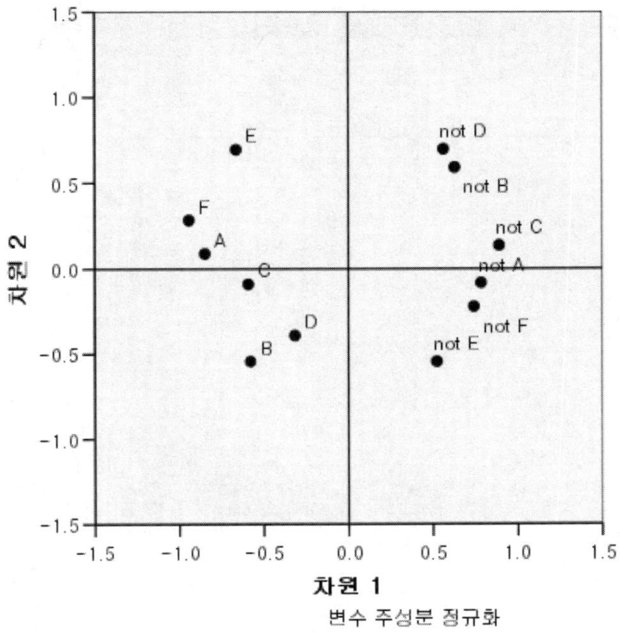

■ SPSS에 의한 아이템 · 카테고리형 데이터의 입력 방식

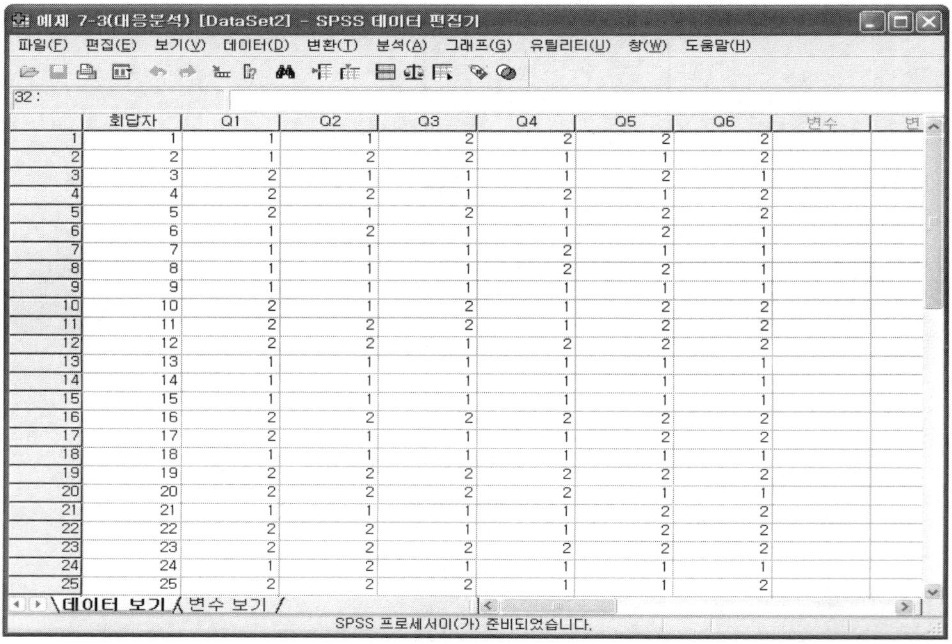

	회답자	Q1	Q2	Q3	Q4	Q5	Q6	변수	변
1	1	1	1	2	2	2	2		
2	2	1	2	2	1	1	2		
3	3	2	1	1	1	2	1		
4	4	2	2	1	2	1	2		
5	5	2	1	2	1	2	2		
6	6	1	2	1	1	2	1		
7	7	1	1	1	2	1	1		
8	8	1	1	1	2	2	1		
9	9	1	1	1	1	1	1		
10	10	2	1	2	1	2	2		
11	11	2	2	2	1	2	2		
12	12	2	2	1	2	2	2		
13	13	1	1	1	1	1	1		
14	14	1	1	1	1	1	1		
15	15	1	1	1	1	1	1		
16	16	2	2	2	2	2	2		
17	17	2	1	1	1	2	2		
18	18	1	1	1	1	1	1		
19	19	2	2	2	2	2	2		
20	20	2	2	2	2	1	1		
21	21	1	1	1	1	2	2		
22	22	2	2	1	1	2	2		
23	23	2	2	2	2	2	2		
24	24	1	2	1	1	1	1		
25	25	2	2	2	1	1	2		

(변수값 설명)

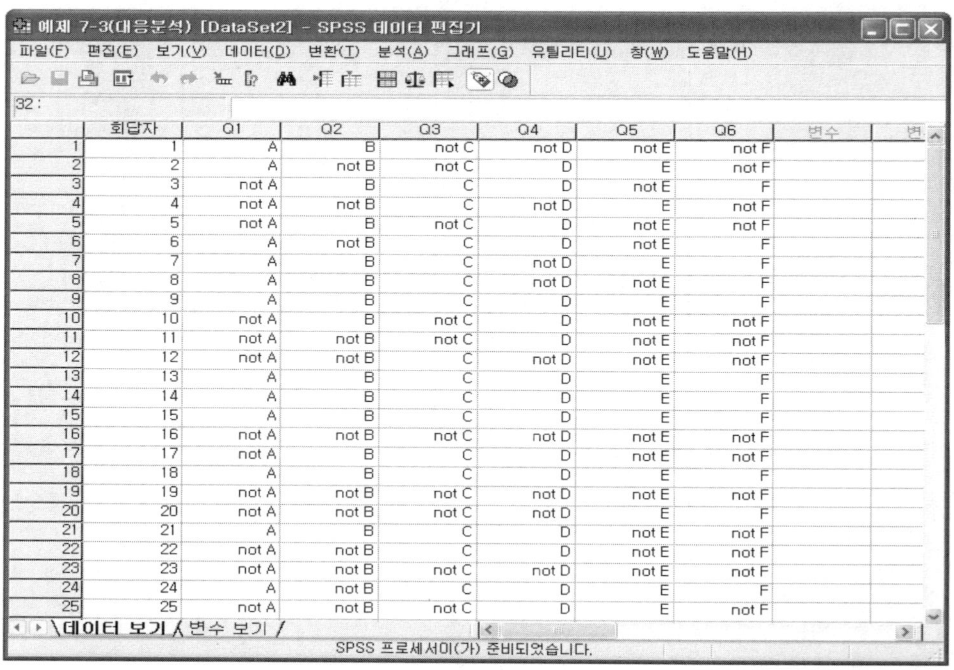

	회답자	Q1	Q2	Q3	Q4	Q5	Q6	변수	변
1	1	A	B	not C	not D	not E	not F		
2	2	A	not B	not C	D	E	not F		
3	3	not A	B	C	D	not E	F		
4	4	not A	not B	C	not D	E	not F		
5	5	not A	B	not C	D	not E	not F		
6	6	A	not B	C	D	not E	F		
7	7	A	B	C	not D	E	F		
8	8	A	B	C	not D	not E	F		
9	9	A	B	C	D	E	F		
10	10	not A	B	not C	D	not E	not F		
11	11	not A	not B	not C	D	not E	not F		
12	12	not A	not B	C	not D	not E	not F		
13	13	A	B	C	D	E	F		
14	14	A	B	C	D	E	F		
15	15	A	B	C	D	E	F		
16	16	not A	not B	not C	not D	not E	not F		
17	17	not A	B	C	D	not E	not F		
18	18	A	B	C	D	E	F		
19	19	not A	not B	not C	not D	not E	not F		
20	20	not A	not B	not C	not D	E	F		
21	21	A	B	C	D	not E	not F		
22	22	not A	not B	C	D	not E	not F		
23	23	not A	not B	not C	not D	not E	not F		
24	24	A	not B	C	D	E	F		
25	25	not A	not B	not C	D	E	not F		

■ 다중대응분석에서 변수 주성분에 의한 점수 계산을 위한 설정 방법

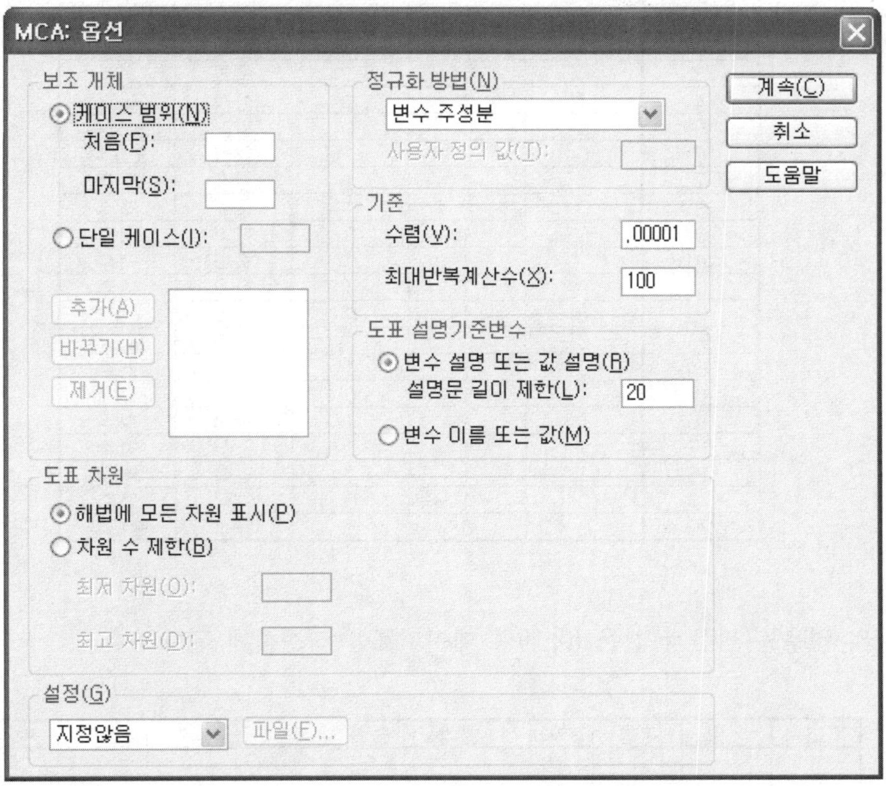

7.2 응용예

1. 복수회답과 단일회답의 혼재

복수회답 형식의 질문과 단일회답 형식의 질문이 하나의 앙케트 조사 안에서 실시되는 것은 드문 일이 아니고, 이것들을 동시에 분석하고 싶은 상황이 생기는 경우가 있다. 이 때에는 (0, 1)형 데이터와 아이템·카테고리형 데이터가 혼재한 데이터표를 분석하게 된다.

이와 같은 때에는 두 가지의 방법을 생각할 수 있다.

① 아이템·카테고리형 데이터의 부분을 (0, 1)형 데이터로 치환해서 분석한다.

② (0, 1)형 데이터의 부분을 아이템·카테고리형 데이터로 치환해서 분석한다.

<(0, 1)형과 아이템·카테고리형이 혼재한 데이터표의 예>

회답자	메밀	우동	카레	식사	주류
1	1	1	0	한식	청주
2	1	0	1	중화	청주
3	0	0	1	중화	청주
4	1	1	1	한식	포도주
5	0	0	1	양식	포도주
6	0	1	1	양식	포도주
7	1	1	1	한식	맥주
8	0	0	1	중화	맥주
9	0	1	0	한식	청주
10	1	1	1	중화	맥주
11	0	1	1	한식	맥주
12	0	1	0	중화	포도주
13	0	0	1	중화	포도주
14	0	1	1	한식	맥주
15	1	1	0	한식	포도주
16	0	1	1	한식	청주
17	1	1	1	양식	맥주
18	1	1	1	양식	맥주
19	0	1	0	양식	맥주
20	0	0	1	양식	포도주

①의 경우는 다음과 같은 (0, 1)형 데이터표를 작성하게 된다.

회답자	메밀	우동	카레	한식	중화	양식	청주	포도주	맥주
1	1	1	0	1	0	0	1	0	0
2	1	0	1	0	1	0	1	0	0
3	0	0	1	0	1	0	1	0	0
4	1	1	1	1	0	0	0	1	0
5	0	0	1	0	0	1	0	1	0
6	0	1	1	0	0	1	0	1	0
7	1	1	1	1	0	0	0	0	1
8	0	0	1	0	1	0	0	0	1
9	0	1	0	1	0	0	1	0	0
10	1	1	1	0	1	0	0	0	1
11	0	1	1	1	0	0	0	0	1
12	0	1	0	0	1	0	0	1	0
13	0	0	1	0	1	0	0	1	0
14	0	1	1	1	0	0	0	0	1
15	1	1	0	1	0	0	0	1	0
16	0	1	1	1	0	0	1	0	0
17	1	1	1	0	0	1	0	0	1
18	1	1	1	0	0	1	0	0	1
19	0	1	0	0	0	1	0	0	1
20	0	0	1	0	0	1	0	1	0

이 데이터표에 대해서 대응분석을 적용하면 된다. 한편, ②의 경우에는 다음과 같은 아이템·카테고리형 데이터표를 작성해서 다중대응분석을 적용하게 된다.

회답자	메밀	우동	카레	식사	주류
1	1	1	2	1	1
2	1	2	1	2	1
3	2	2	1	2	1
4	1	1	1	1	2
5	2	2	1	3	2
6	2	1	1	3	2
7	1	1	1	1	3
8	2	2	1	2	3
9	2	1	2	1	1
10	1	1	1	2	3
11	2	1	1	1	3
12	2	1	2	2	2
13	2	2	1	2	2
14	2	1	1	1	3
15	1	1	2	1	2
16	2	1	1	1	1
17	1	1	1	3	3
18	1	1	1	3	3
19	2	1	2	3	3
20	2	2	1	3	2

여기에서,

메밀 → 1 = 선택　　2 = 비선택

우동 → 1 = 선택　　2 = 비선택

카레 → 1 = 선택　　2 = 비선택

식사 → 1 = 한식　　2 = 중화　　3 = 양식

주류 → 1 = 청주　　2 = 포도주　　3 = 맥주

2. 예비적 분석에 있어서의 활용

다중대응분석은 수량화이론 Ⅰ류나 수량화이론 Ⅱ류의 예비적인 분석에 이용할 수도 있다. 예비적 분석이란 수량화이론 Ⅰ류나 수량화이론 Ⅱ류를 실시하기 전에 이상치(outlier) 등의 체크를 목적으로 해서 분석하는 것이다.

수량화이론 Ⅰ류란 카테고리 데이터로 구성되는 질적 변수를 사용해서, 수량 데이터의 값을 예측하기 위한 식을 작성하는 것을 목적으로 한 분석 기법이다. 이것은 설명변수가 모두 질적 변수일 때의 회귀분석에 상당한다. 다음에 보이는 것은 수량화이론 Ⅰ류를 적용하기 위한 데이터표의 예이다.

회답자	Q1	Q2	Q3	Q4	Q5	Y
1	1	1	1	1	3	155
2	2	2	1	2	3	234
3	1	3	2	2	2	111
4	2	3	2	2	2	134
5	2	2	3	1	1	135
6	2	3	2	1	2	155
7	1	3	1	2	3	234
8	2	3	3	2	3	123
9	1	2	4	2	3	332
10	2	2	3	1	2	212
11	2	3	2	1	1	222
12	2	3	1	1	2	123
13	2	2	2	2	3	124
14	1	2	3	1	3	176
15	1	1	4	2	2	187
16	1	2	3	1	1	233
17	2	3	2	2	1	211
18	2	2	4	2	2	200
19	2	1	2	1	3	211
20	1	2	1	1	3	227

수량화이론 Ⅰ류에서는 Q1, Q2, Q3, Q4, Q5의 회답결과로부터 Y의 값을 예측하기 위한 식을 작성하게 된다. Q1, Q2, Q3, Q4, Q5를 설명변수, Y를 목적변수라고 부른다. 설명변수만에 주목하면, 아이템·카테고리형 데이터가 되므로, 다중대응분석을 적용해서 이상치의 유무나 변수끼리(질문끼리)의 관계를 볼 수 있다.

회답자	Q1	Q2	Q3	Q4	Q5	Y
1	1	1	1	1	3	1
2	2	2	1	2	3	2
3	1	3	2	2	2	1
4	2	3	2	2	2	1
5	2	2	3	1	1	1
6	2	3	2	1	2	1
7	1	3	1	2	3	2
8	2	3	3	2	3	1
9	1	2	4	2	3	2
10	2	2	3	1	2	2
11	2	3	2	1	1	2
12	2	3	1	1	2	1
13	2	2	2	2	3	1
14	1	2	3	1	3	1
15	1	1	4	2	2	1
16	1	2	3	1	1	2
17	2	3	2	2	1	2
18	2	2	4	2	2	2
19	2	1	2	1	3	2
20	1	2	1	1	3	2

한편, 수량화이론 Ⅱ류란 수량화이론 Ⅰ류에 있어서 목적변수 Y가 카테고리 데이터인 경우에 이용하는 분석 기법이다. 위에 보이는 것은 수량화이론 Ⅱ류를 적용하기

위한 데이터표의 예이다.

수량화이론 Ⅱ류에서는 Q1, Q2, Q3, Q4, Q5의 회답결과로부터 Y의 카테고리를 예측(판별)하기 위한 식을 작성하게 된다.

수량화이론 Ⅱ류의 예비적 분석에 다중대응분석을 이용하는 경우에는, 수량화이론 Ⅰ류의 경우와 마찬가지로 설명변수에 대해서 적용할 뿐만 아니라 목적변수 Y를 보조변수로서 다중대응분석을 적용한다고 하는 방법도 생각할 수 있다.

7.3 수량적 배경과 유의점

1. 데이터표의 형식

두 개의 변수 Q1과 Q2로 이루어진 아이템・카테고리형의 데이터표를 상정한다. 구체적인 수치예는 다음과 같다.

<아이템·카테고리형의 데이터표>

번호	Q1	Q2
1	1	1
2	1	1
3	1	1
4	1	1
5	1	2
6	1	3
7	2	1
8	2	2
9	2	2
10	2	2
11	2	3
12	2	1
13	3	1
14	3	1
15	3	2
16	3	3
17	3	3
18	3	3
19	4	1
20	4	1
21	4	2
22	4	3
23	4	3
24	4	3

이 데이터표는

① Q1과 Q2의 분할표(크로스 집계표)에 대한 대응분석

② 다중대응분석

③ Q1과 Q2의 분할표 행렬(다원 크로스 집계표)에 대한 대응분석

의 세 가지 방법에 의한 분석이 가능하다. 분할표 행렬은 다음과 같이 된다.

		Q1				Q2		
		1	2	3	4	1	2	3
Q1	1	6	0	0	0	4	1	1
	2	0	6	0	0	2	3	1
	3	0	0	6	0	2	1	3
	4	0	0	0	6	2	1	3
Q2	1	4	2	2	2	10	0	0
	2	1	3	1	1	0	6	0
	3	1	1	3	3	0	0	8

그런데 ①, ②, ③의 분석결과(관성 = 고유값)에 어떠한 관계가 있는지를 알아보자.

차원	대응분석	다중대응분석	분할표 행렬의 대응분석
1	0.133	0.683	0.466
2	0.083	0.644	0.415
3	-	0.500	0.250
4	-	0.356	0.126
5	-	0.317	0.101

분할표에 대한 대응분석 ①에 의해서 얻어지는 고유값을 λ , 다중대응분석 ②에 의해서 얻어지는 고유값을 μ , 분할표 행렬에 대한 대응분석 ③에 의해서 얻어지는 고유값을 π 라고 하면, 다음과 같은 관계가 성립한다.

$$\mu = (1 + \sqrt{\lambda})/2$$
$$\pi = \mu^2$$

이것을 수치로 확인해 보자.

$$(1 + \sqrt{0.133})/2 = 0.683$$
$$(1 + \sqrt{0.083})/2 = 0.644$$

가 되어, $\mu = (1 + \sqrt{\lambda})/2$가 성립하고 있음을 알 수 있다.

또한,

$$0.683^2 = 0.466$$

$$0.644^2 = 0.415$$

$$0.500^2 = 0.250$$

$$0.356^2 = 0.126$$

$$0.317^2 = 0.101$$

이 되어, $\pi = \mu^2$이 성립하고 있음을 알 수 있다.

2. 데이터표의 성질

(1) 명목척도와 순서척도

다음의 아이템·카테고리형 데이터표를 살펴보자.

회답자	Q1	Q2	Q3
1	저	한식	청주
2	저	중화	청주
3	저	중화	청주
4	저	한식	포도주
5	저	양식	포도주
6	저	양식	포도주
7	저	한식	맥주
8	저	중화	맥주
9	중	한식	청주
10	중	중화	맥주
11	중	한식	맥주
12	중	중화	포도주
13	중	중화	포도주
14	중	한식	맥주
15	중	한식	포도주
16	고	한식	청주
17	고	양식	맥주
18	고	양식	맥주
19	고	양식	맥주
20	고	양식	포도주

Q1은 혈압, Q2는 좋아하는 식사, Q3는 좋아하는 주류를 묻고 있다고 하자.

카테고리(범주)에 순서가 있는 경우를 순서척도, 순서가 없는 경우를 명목척도라고 부르고 있다.

Q1은 저 <중 < 고라고 하는 순서가 있으므로 이것은 순서척도의 데이터이다. 한편,

Q2와 Q3는 명목척도의 데이터이다. 대응분석이나 다중대응분석 모두 순서척도에 대한 순서정보는 살리지 못한다. 따라서 순서척도의 경우, 얻어진 카테고리 점수(스코어)의 순서가 원래의 순서와 일치한다고는 할 수 없으므로, 그 점도 음미할 필요가 있다.

(2) 데이터의 수집방법

다음의 분할표를 살펴보자. 살고 있는 지역을 묻는 질문과 연령을 묻는 질문을 조사해서 집계한 분할표이다.

	서울	안양	수원	평택	합계
20~29세	45	27	23	25	120
30~39세	30	48	35	17	130
40세 이상	15	35	42	18	110
합계	90	110	100	60	360

대응분석은 이와 같은 표에 대해서 적용되는 것이 일반적이다. 그런데 데이터를 어떻게 취급하느냐에 따라서 같은 2원표이더라도 다음과 같은 세 가지를 생각할 수 있다.

① 360명을 무작위로 선택해서 12가지의 편성으로 나누어서 집계한다.

	서울	안양	수원	평택	합계
20~29세					
30~39세					
40세 이상					
합계					360

이 경우는 데이터의 수집 전에 정해져 있는 것은 총합계의 사람 수 360이라고 하는 숫자뿐이다.

② 각 연령층으로부터 사전에 정한 사람 수를 무작위로 선택하여, 층마다 지역을 집계한다.

	서울	안양	수원	평택	합계
20~29세					120
30~39세					130
40세 이상					110
합계					

이 경우는 데이터의 수집 전에 각 행의 합계가 정해져 있게 된다.

③ 각 지역으로부터 사전에 정해진 사람 수를 무작위로 선택하여, 연령을 집계한다.

	서울	안양	수원	평택	합계
20~29세					
30~39세					
40세 이상					
합계	90	110	100	60	

이 경우는 데이터의 수집 전에 각 열의 합계가 정해져 있게 된다.

이상과 같이 같은 분할표이더라도 데이터의 수집방법이 같다고는 할 수 없으므로, 대응분석의 결과를 고찰할 때에는 이러한 데이터의 수집방법도 고려해서 해석하는 것이 필요하다.

(3) 회답형식

다음의 분할표를 살펴보자. 이것은 세 개의 층(초등학생, 중학생, 고등학생)과 좋아하는 스포츠의 분할표이다.

	축구	야구	테니스	탁구
초등학생	7	8	3	5
중학생	4	3	5	2
고등학생	3	7	5	1

좋아하는 스포츠를 하나만 선택하도록 하는 단일 회답형식이든, 좋아하는 스포츠를 몇 가지 선택해도 좋다고 하는 복수 회답형식이든 같은 분할표가 된다. 어느 쪽의 경우이더라도 대응분석의 적용은 가능하다.

그러나 한 쪽이 복수 회답형식일 때에는 다음에 보이는 바와 같이 집계 전의 생데이터(raw data)를 아이템·카테고리형 데이터(초등학생, 중학생, 고등학생)와 (0, 1)형 데이터(축구, 야구, 테니스, 탁구)가 혼재한 데이터표로 보고 분석하는 쪽이 좋을 것이다.

이와 같이 대응분석과 다중대응분석을 적절히 가려 쓰는 것은 데이터표의 형식만으로 판단하는 것이 아니라, 어떠한 회답형식의 데이터인가라고 하는 것도 고려해서 정할 필요가 있다.

<집계 전의 생 데이터>

회답자	소속	축구	야구	테니스	탁구
1	초등학생	1	0	0	1
2	초등학생	0	1	1	0
3	초등학생	0	1	0	1
4	초등학생	1	1	0	1
5	초등학생	0	1	0	0
6	초등학생	1	1	0	0
7	초등학생	1	1	1	1
8	초등학생	1	1	0	1
9	초등학생	1	1	1	0
10	초등학생	1	0	0	0
11	중학생	0	1	0	0
12	중학생	1	0	0	0
13	중학생	1	0	0	0
14	중학생	0	1	1	0
15	중학생	0	0	1	0
16	중학생	0	0	1	1
17	중학생	0	0	1	0
18	중학생	0	0	1	0
19	중학생	1	1	0	0
20	중학생	1	0	0	1
21	고등학생	1	1	1	0
22	고등학생	0	1	1	0
23	고등학생	0	1	1	0
24	고등학생	0	1	0	0
25	고등학생	0	1	0	0
26	고등학생	1	0	0	0
27	고등학생	1	1	0	0
28	고등학생	0	1	1	0
29	고등학생	0	0	1	0
30	고등학생	0	0	0	1

다중대응분석에 있어서 점수(스코어)의 계산방법은 다음과 같다.

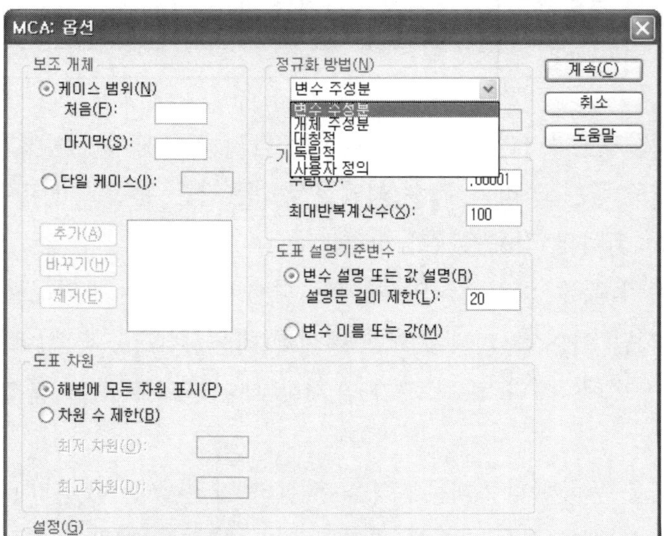

다중대응분석에 있어서의 개체 점수와 변수 점수의 계산방법에는 다음의 네 가지 옵션이 있다.

① 변수 주성분 → 변수간의 상관에 주된 관심이 있는 경우(가장 자주 쓰이는 방법)
② 개체 주성분 → 개체간의 유사성에 주된 관심이 있는 경우
③ 대칭적 → 개체와 변수의 관계에 주된 관심이 있는 경우
④ 독립적 → 개체간의 유사성과 변수간의 상관을 따로따로 조사하고 싶은 경우

8 범주형 주성분분석

8.1 범주형 주성분분석의 기초지식

범주형 주성분분석은 약자로 CATPCA(categorical principal components analysis)라고도 한다. 주성분분석의 목적은 원래 변수에 있는 정보의 대부분을 표현하면서도 원래 변수군을 더 작고 상관관계가 없는 성분의 집합으로 축소하는 데 있다. 이 수법은 변수가 많아서 개체(주제와 단위) 사이의 관계를 효과적으로 해석할 수 없을 때 특히 유용하다. 차원을 축소하여 많은 수의 변수를 해석하는 대신 몇 개의 성분을 해석한다. 요컨대 다변량의 데이터로부터 본질이 되는 소수의 변량을 합성하여 그것으로 데이터를 분석하는 것이 주성분분석이다.

통계학의 목표는 잡다한 정보로부터 본질적인 정보를 끄집어내는 것이다. 주성분분석도 그 예외는 아니다. 많은 변량에 의해 구성되는 데이터로부터 특징이 되는 본질을 합성하여 그것을 기초로 데이터를 분석할 수 있도록 하는 수단을 부여하는 것이 주성분분석인 것이다.

표준 주성분분석에서는 숫자 변수 사이의 선형 관계를 가정한다. 한편 최적화 척도법을 사용하여 변수를 서로 다른 수준으로 척도화할 수 있다. 범주형 변수는 지정된 차원에서 최적으로 수량화된다. 결과적으로 변수 사이의 비선형 관계도 모형화할 수 있다.

범주형 주성분분석을 사용하여 직업 범주, 직업 분류, 지역, 여행 횟수(많음, 중간,

적음) 및 직업 만족도 사이의 관계를 설명할 수 있다. 두 개의 차원으로 많은 양의 분산을 설명한다는 것을 알 수 있다.

인터넷의 사회에 미치는 영향은 헤아릴 수 없을 정도이다. 인터넷에 의한 정보화라고 하는 장점도 있지만, 거꾸로 다른 사람과의 접촉이 희박해진다고 하는 현상도 일어나기 시작했다. 인터넷 시대에 살고 있는 젊은이는 사회나 친구들과 어떻게 접촉하고 있을까?

그래서 15명의 피험자에게 다음 <표 8-1>과 같은 앙케트 조사를 실시했다.

| 표 8-1 | **앙케트 조사표**

질문 1 ▸▸▸ 귀하와 지역과의 접촉의 정도는

1. 거의 없다　2. 약간 있다　3. 어지간히 있다　4. 매우 많다

[지역과의 접촉]

질문 2 ▸▸▸ 귀하가 소속하고 있는 그룹에 대한 공헌도는

1. 낮다　2. 조금 높다　3. 높다

[그룹에 대한 공헌도]

질문 3 ▸▸▸ 귀하는 친구와 바로 친해지는 편입니까?

1. 아니오　2. 예

[친해진다]

질문 4 ▸▸▸ 귀하는 친구와 이야기할 때, 다음의 어떤 방법을 주로 선택하십니까?

1. 메일을 보낸다　2. 직접 만난다　3. 전화를 한다

[이야기를 한다]

■ 앙케트 조사로부터 알고 싶은 사항

이 앙케트 조사로부터 알고 싶은 것은

① 지역과의 접촉의 정도가 매우 많은 사람은 소속 그룹에 대한 공헌도도 높은 것은 아닐까?

② 친구와 바로 친해지는 사람은 이야기를 할 때, 어떤 방법을 취하는가?

③ 비슷한 반응을 보이는 피험자는 누구와 누구인가?

라고 하는 것이다. 앙케트 조사의 결과는 다음 <표 8-2>와 같다고 한다.

| 표 8-2 | 앙케트 조사의 결과표

피험자	질문 1	질문 2	질문 3	질문 4
1	1	1	1	2
2	2	2	1	2
3	1	1	1	1
4	4	3	2	3
5	3	2	2	3
6	3	1	1	2
7	2	3	2	2
8	2	1	2	1
9	1	2	1	1
10	3	3	1	2
11	4	3	2	2
12	3	3	2	2
13	2	3	1	2
14	1	2	2	1
15	3	1	1	3

■ **범주형 주성분분석에서 알 수 있는 사항**

범주형 주성분분석에서 중요한 것은 다음과 같은 범주 수량화와

질문 1의 범주	순서
거의 없다	1
약간 있다	2
어지간히 있다	3
매우 많다	4

➡

수량화
-1.427
0.239
0.239
1.780

이 수량화에 의해서 얻어지는 성분 적재값(성분 부하량)이다.

성분 적재값

	차원	
	1	2
질문1	.882	.079
질문2	.864	-.030
질문3	.462	.847
질문4	.709	-.613

변수 주성분 정규화

① 이 수량화와 성분 적재값을 이용함으로써

「각각의 질문에 있어서의 범주와 범주의 관계」

를 그래프로 나타낼 수 있다.

범주 점의 결합 도표

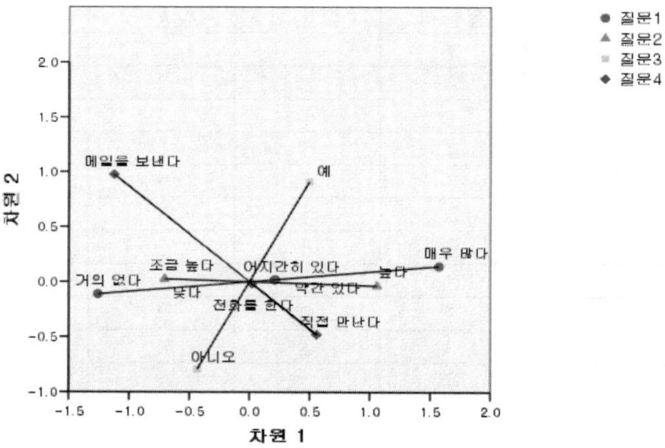

② 각 피험자의 대상점수를 계산함으로써

「비슷한 반응을 보이는 피험자는 누구와 누구인가」

를 조사할 수 있다.

대상포인트 설명 기준변수 피험자

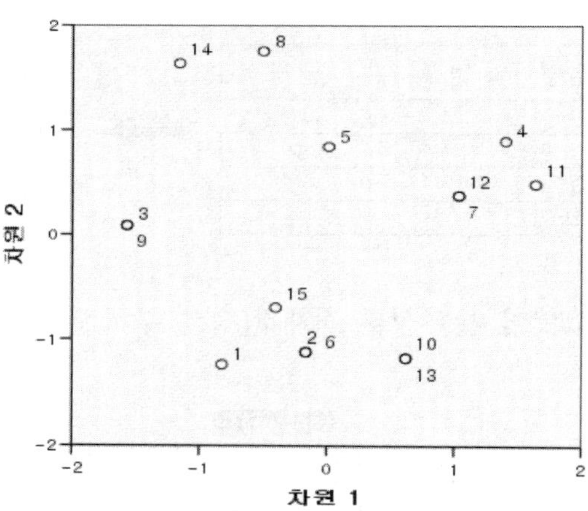

8.2 범주형 주성분분석의 실제

■ SPSS에 의한 해법

순서 1 ▸▸▸ 데이터의 입력

<표 8-2>의 데이터를 다음과 같이 입력한다.

순서 2 ››› 최적화 척도법의 선택

메뉴에서 [분석(A)]-[데이터 축소(D)]-[최적화 척도법(O)]을 선택한다.

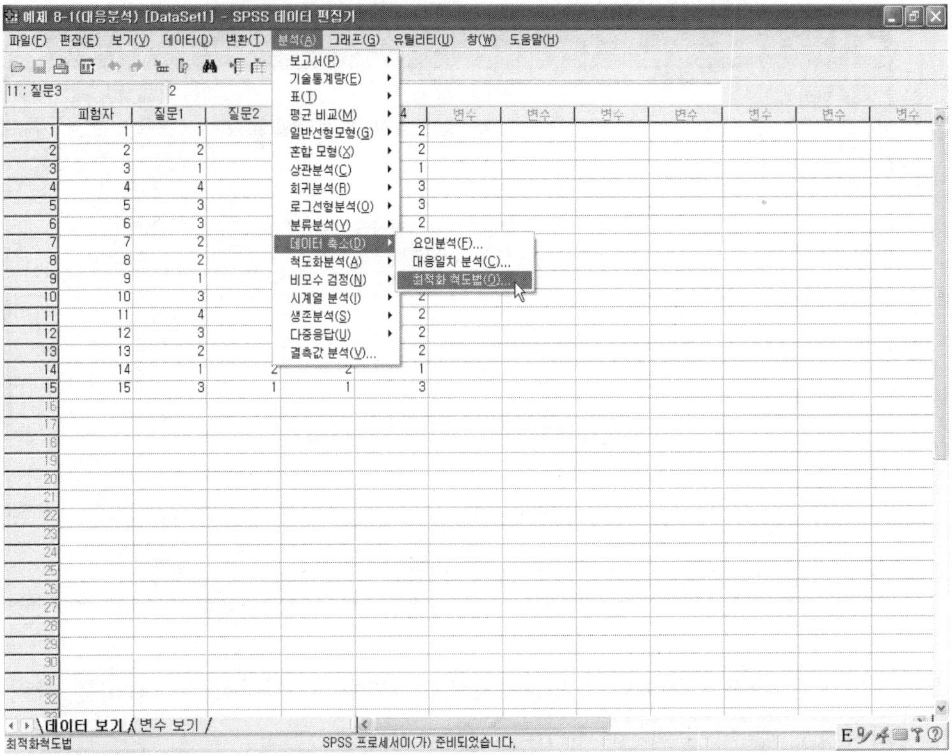

순서 3 ▸▸▸ 범주형 주성분분석의 선택

다음의 화면에서 이하와 같이 선택하면 '범주형 주성분분석'이 된다. [정의]를 클릭한다.

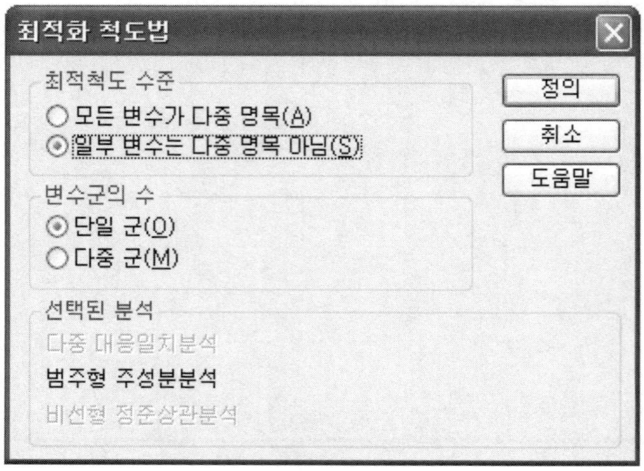

순서 4 ▸▸▸ 변수의 선택

(1) 다음의 화면이 되면 '질문 1'을 오른쪽의 [분석변수(A)]의 난으로 이동한다.

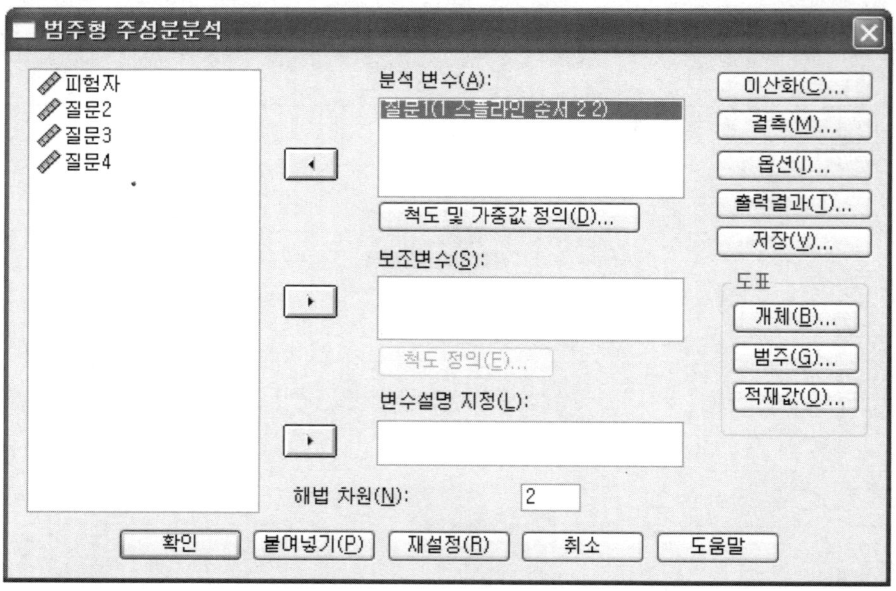

(2) '질문 1'은 순서변수라고 생각되어지므로, [척도 및 가중값 정의(D)]를 클릭해서 [최적척도 수준] 중의 '순서(O)'를 선택한다. [계속] 버튼을 클릭한다.

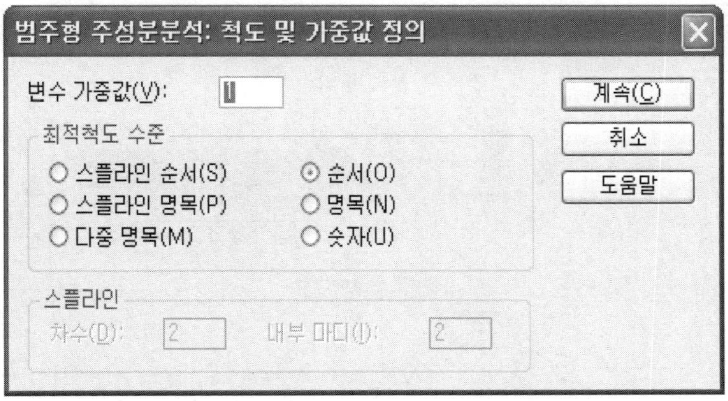

(3) 앞의 화면으로 되돌아오면 같은 방법으로 '질문 2'를 오른쪽의 [분석변수(A)]의 난으로 이동한다.

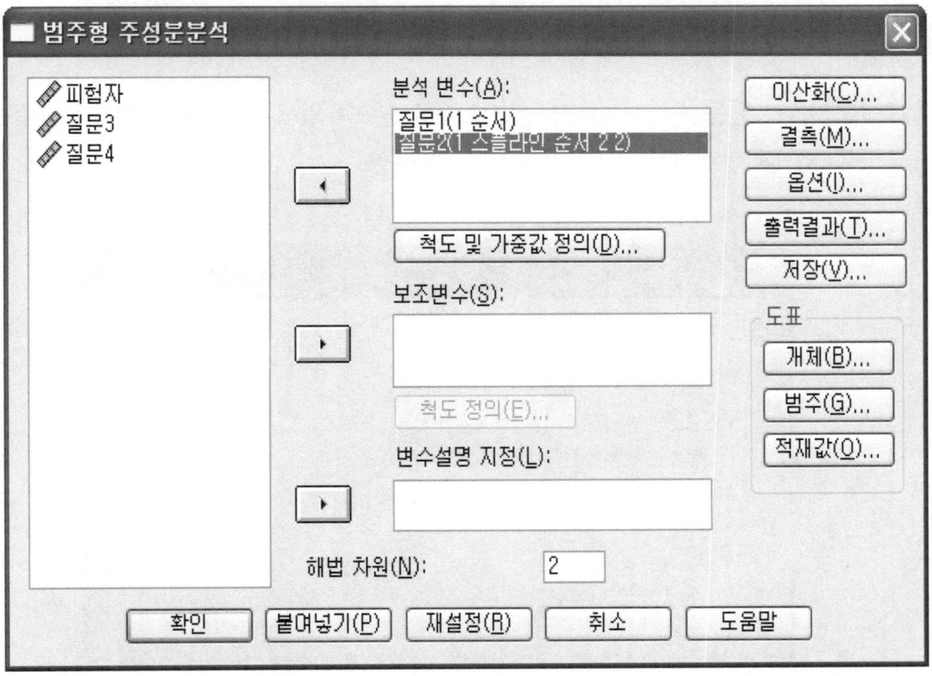

(4) '질문 2'도 순서변수로 간주할 수 있으므로, [척도 및 가중값 정의(D)]를 클릭해서 [최적척도 수준] 중의 '순서(O)'를 선택하고 [계속] 버튼을 클릭한다. 이어서 '질문 3'과 '질문 4'를 오른쪽의 [분석변수(A)]의 난으로 이동한다.

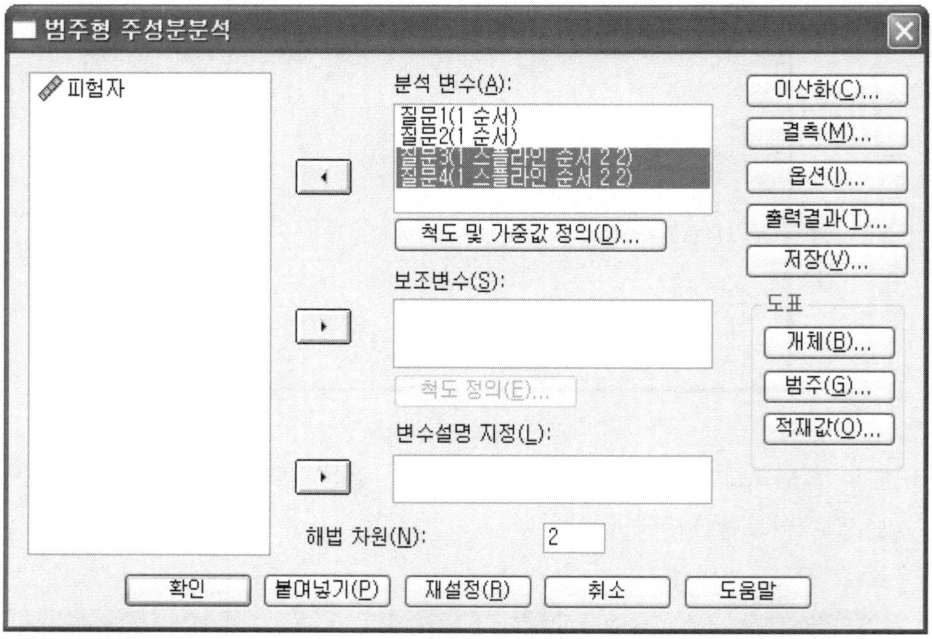

(5) '질문 3'과 '질문 4'는 모두 명목변수라고 할 수 있으므로, [최적척도 수준] 중의 '명목(N)'를 선택하고, [계속] 버튼을 클릭한다.

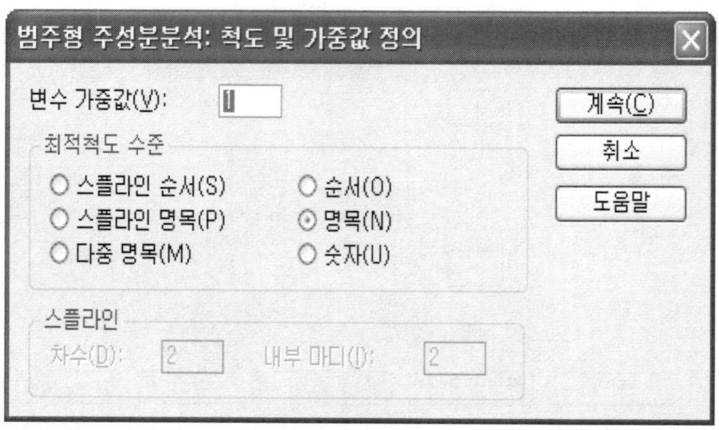

(6) 다음의 화면에서 '피험자'를 [변수설명 지정(L)] 난으로 이동하고, [출력결과(T)] 버튼을 클릭한다.

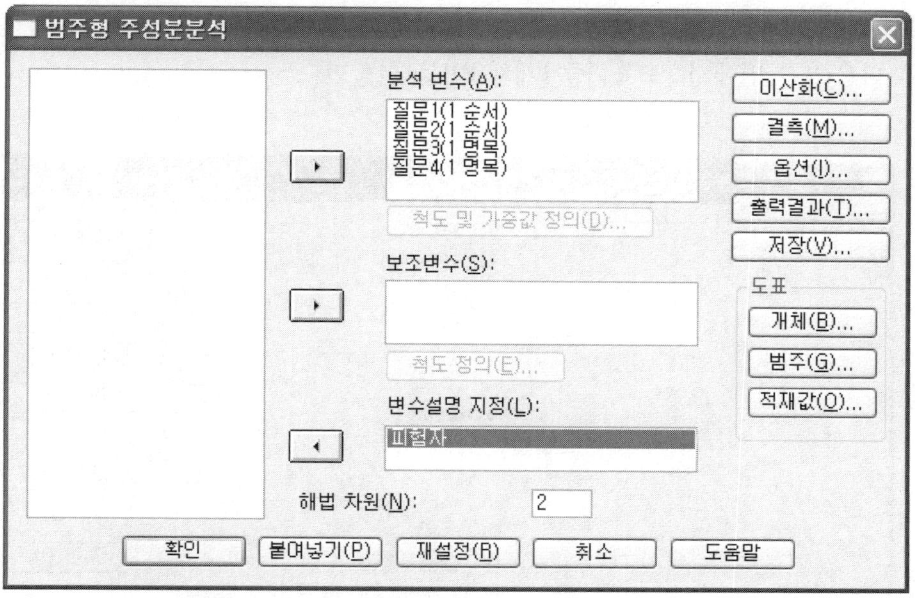

순서 5 ▸▸▸ 출력결과 설계

다음의 화면이 되면 [표] 중의 다음 사항을 선택한다. [양적 변수(Q)] 중의 '질문 1'에서 '질문 4'까지를 모두 [범주 수량화(T)]와 [개체점수 옵션]의 [다음 범주 포함(N)] 난으로 이동한다. 그리고 '피험자'를 [개체점수 설명기준(B)]의 난으로 이동하고 [계속] 버튼을 클릭한다.

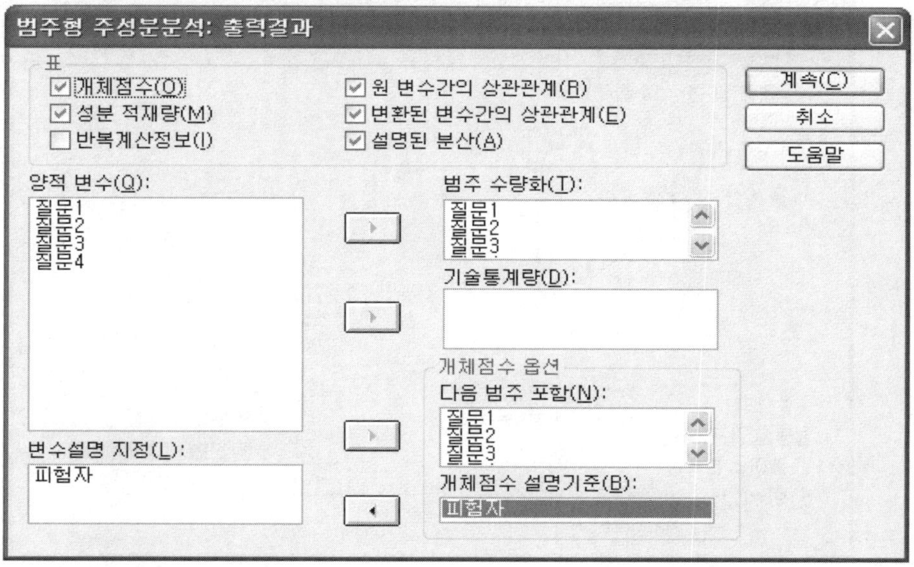

순서 6 ▸▸▸ 도표 설계

(1) 다음의 화면에서 [도표] 중 [개체(B)]를 클릭한다.

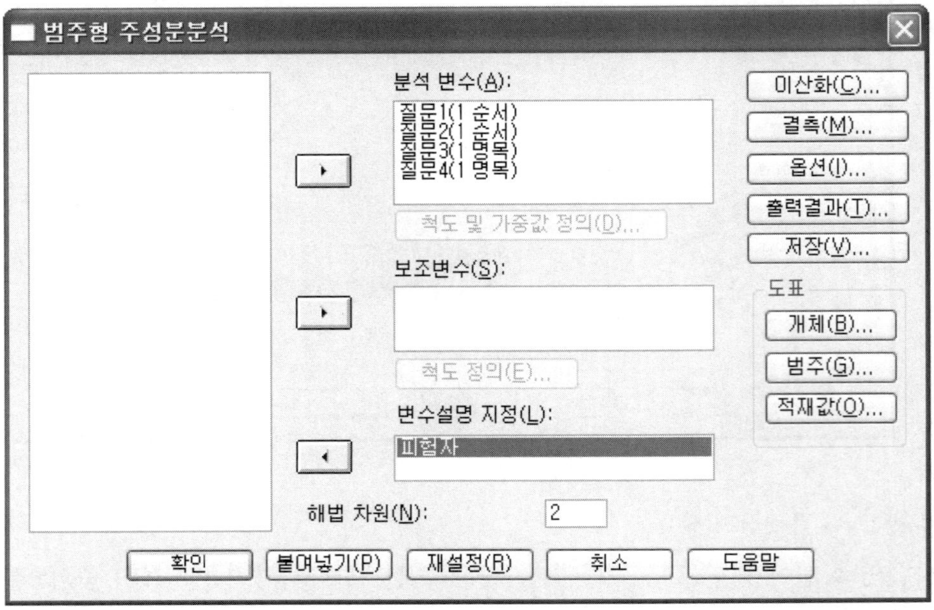

(2) [개체 및 변수 도표] 대화상자에서 다음과 같이 선택하고 [계속] 버튼을 클릭한다.

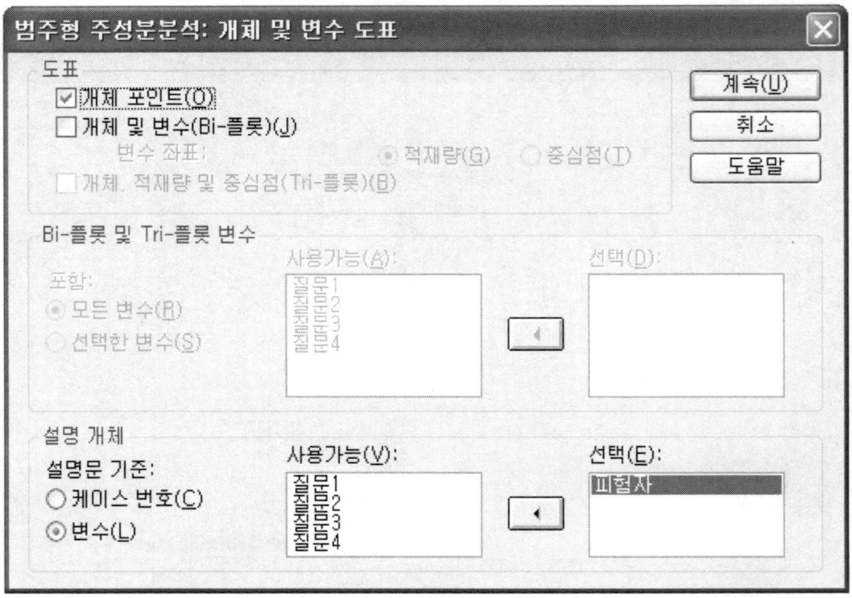

(3) 앞의 화면으로 되돌아오면 이번에는 [도표] 중 [범주(G)]를 클릭한다. 다음 화면이 되면 '질문 1'에서 '질문 4'까지를 [결합범주도표(J)] 난으로 이동하고 [계속] 버튼을 클릭한다.

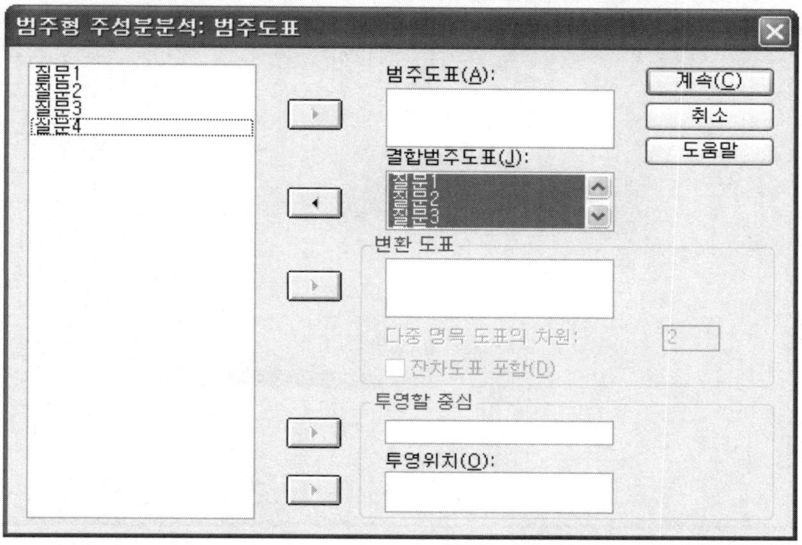

순서 7 ››› 저장

앞의 화면으로 되돌아오면 [저장(V)]을 클릭한다. 다음의 화면에서 [개체점수(O)] 중 '활성데이터 파일에 저장'을 선택하고 [계속] 버튼을 클릭한다.

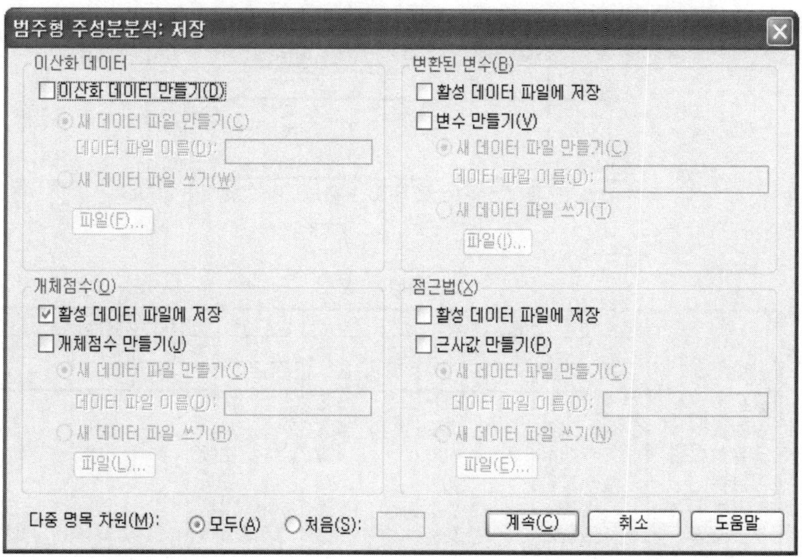

순서 8 ››› 범주형 주성분분석의 실행

다음의 화면에서 [확인] 버튼을 클릭하면 된다.

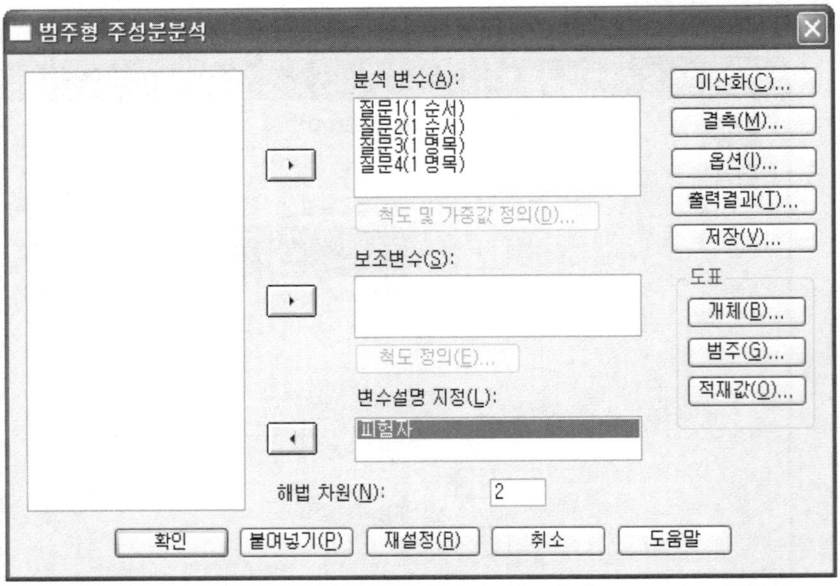

■ 분석결과 및 결과의 해석방법

(1) 범주형 주성분분석 – 첫째

모형 요약

차원	Cronbach의 알파	설명된 분산	
		전체(고유값)	분산의 %
1	.739	2.242	56.045
2	.122	1.101	27.523
합계	.934[a]	3.343	83.568

a. 전체 Cronbach의 알파는 전체 고유값에 기준합니다.

설명된 분산

	중심점 좌표			전체(벡터좌표)		
	차원		평균	차원		합계
	1	2		1	2	
질문1	.779	.111	.445	.778	.006	.784
질문2	.747	.055	.401	.747	.001	.748
질문3	.214	.718	.466	.214	.718	.932
질문4	.528	.409	.469	.503	.376	.879
액티브 전체	2.268	1.293	1.780	2.242	1.101	3.343
분산의 %	56.692	32.329	44.510	56.045	27.523	83.568

차원 1의 고유치(고유값) 2.242와 그 분산의 % 56.045이다. SPSS에서는 고유치를 분산이라고 하기도 한다. 따라서 분산의 %란 고유치의 %를 말한다. 요컨대 원래 변수는 4개 {질문 1, 질문 2, 질문 3, 질문 4} 있었기 때문에 분산의 합계는 1 + 1 + 1 + 1 = 4 가 된다. 표준화하고 있으므로, 분산 = 1 = 고유치가 된다. 따라서 분산의 합계 = 4 = 고유치의 합계가 된다.

그래서 이 고유치의 합계 4 중에서 차원 1의 고유치가 2.242이므로 차원 1의 고유치가 차지하는 비율은

$$\frac{\text{차원 1의 고유치}}{\text{고유치의 합계}} \times 100\% = \frac{2.242}{4} \times 100\% = 56.045\%$$

가 된다. 이 사실을

설명된 분산의 %가 56.045%

라고 말하고 있는 것이다.

(2) 범주형 주성분분석-둘째

질문1[a]

			중심점 좌표		벡터좌표	
			차원		차원	
범주	빈도	수량화	1	2	1	2
거의 없다	4	-1.427	-1.282	.141	-1.259	-.112
약간 있다	4	.239	.247	-.042	.211	.019
어지간히 있다	5	.239	.220	-.355	.211	.019
매우 많다	2	1.780	1.521	.689	1.570	.140

변수 주성분 정규화

a. 최적 척도 수준₩ 순서.

질문2[a]

			중심점 좌표		벡터좌표	
			차원		차원	
범주	빈도	수량화	1	2	1	2
낮다	5	-.816	-.693	-.244	-.706	.025
조금 높다	4	-.816	-.722	.360	-.706	.025
높다	6	1.225	1.059	-.037	1.059	-.037

변수 주성분 정규화

a. 최적 척도 수준₩ 순서.

질문3[a]

			중심점 좌표		벡터좌표	
			차원		차원	
범주	빈도	수량화	1	2	1	2
아니오	8	-.935	-.432	-.793	-.432	-.793
예	7	1.069	.494	.906	.494	.906

변수 주성분 정규화

a. 최적 척도 수준₩ 명목.

질문4[a]

범주	빈도	수량화	중심점 좌표		벡터좌표	
			차원		차원	
			1	2	1	2
메일을 보낸다	4	-1.588	-1.202	.887	-1.127	.974
직접 만난다	8	.783	.475	-.573	.555	-.480
전화를 한다	3	.030	.337	.347	.021	-.018

변수 주성분 정규화

a. 최적 척도 수준₩ 명목.

각각의 범주를 평균 0, 분산 1로 수량화하고 있다. 가령 질문 1의 평균과 분산은 다음과 같이 계산한다.

평균 : $4\times(-1.427)+4\times(0.239)+5\times(0.239)+2\times(1.780)=0$

분산 : $\dfrac{4\times(-1.427-0)^2+4\times(0.239-0)^2+5\times(0.239-0)^2+2\times(1.780-0)^2}{15}=1$

이하 질문 2, 질문 3, 질문 4의 계산도 같은 방법이다.

그런데 성분 적재값(성분 부하량), 수량화, 벡터좌표 사이에는

성분 적재값 × 수량화 = 벡터좌표

의 관계가 있다.

[차원 1의 경우]

0.882 × (−1.427) = −1.259

↑ ↑ ↑

성분 적재값 수량화 벡터좌표

[차원 2의 경우]

0.079 × (−1.427) = −0.112

↑ ↑ ↑

성분 적재값 수량화 벡터좌표

(3) 범주형 주성분분석 – 셋째

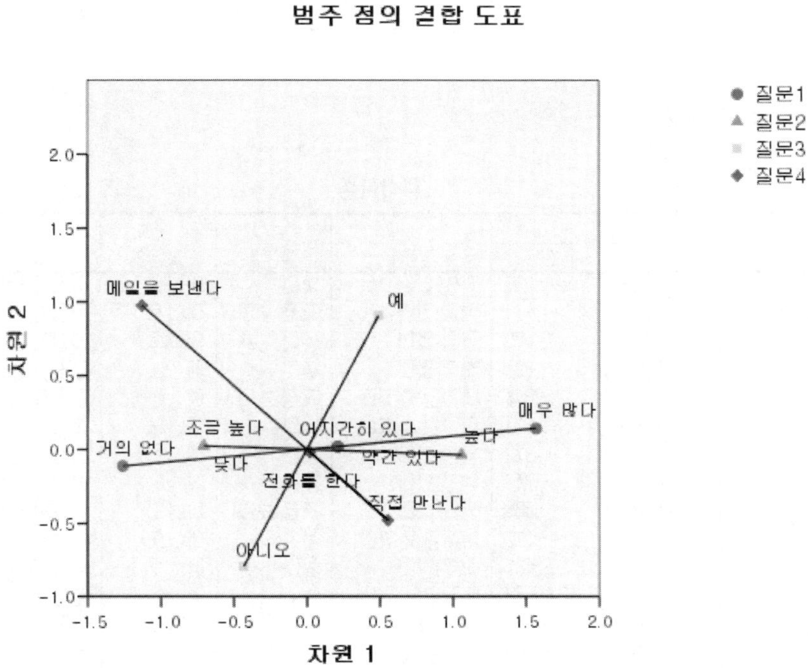

원래 변수간의 상관관계

	질문1	질문2	질문3	질문4
질문1	1,000	,438	,352	,711
질문2	,438	1,000	,397	,237
질문3	,352	,397	1,000	,092
질문4	,711	,237	,092	1,000
차원	1	2	3	4
고유값	2,151	1,032	,586	,232

변환된 변수간의 상관관계

	질문1	질문2	질문3	질문4
질문1	1,000	,614	,413	,526
질문2	,614	1,000	,327	,537
질문3	,413	,327	1,000	-,103
질문4	,526	,537	-,103	1,000
차원	1	2	3	4
고유값	2,242	1,101	,387	,270

'범주 점의 결합도표'는 전술한 벡터좌표를 플롯한 것이다. 이 결합의 플롯을 보면서 '항목과 항목의 관계', '범주와 범주의 관계'를 간파할 수 있다. 예를 들면, 「질문 1의 범주는 질문 2의 범주와 같은 방향성이 보인다」고 말할 수 있다.

'원래 변수간의 상관관계'와 '변환된 변수간의 상관관계' 사이에는 상당한 차이가 있음을 알 수 있다.

(4) 범주형 주성분분석 - 넷째

대상점수

피험자	차원 1	차원 2	질문1	질문2	질문3	질문4
1	-,822	-1,235	거의 없다	낮다	아니오	직접 만난다
2	-,166	-1,117	약간 있다	조금 높다	아니오	직접 만난다
3	-1,573	,085	거의 없다	낮다	아니오	메일을 보낸다
4	1,402	,897	매우 많다	높다	예	전화를 한다
5	,011	,844	어지간히 있다	조금 높다	예	전화를 한다
6	-,166	-1,117	어지간히 있다	낮다	아니오	직접 만난다
7	1,034	,372	약간 있다	높다	예	직접 만난다
8	-,503	1,747	약간 있다	낮다	예	메일을 보낸다
9	-1,573	,085	거의 없다	조금 높다	아니오	메일을 보낸다
10	,621	-1,172	어지간히 있다	높다	아니오	직접 만난다
11	1,639	,481	매우 많다	높다	예	직접 만난다
12	1,034	,372	어지간히 있다	높다	예	직접 만난다
13	,621	-1,172	약간 있다	높다	아니오	직접 만난다
14	-1,159	1,629	거의 없다	조금 높다	예	메일을 보낸다
15	-,402	-,700	어지간히 있다	낮다	아니오	전화를 한다

변수 주성분 정규화

대상포인트 설명 기준변수 피험자

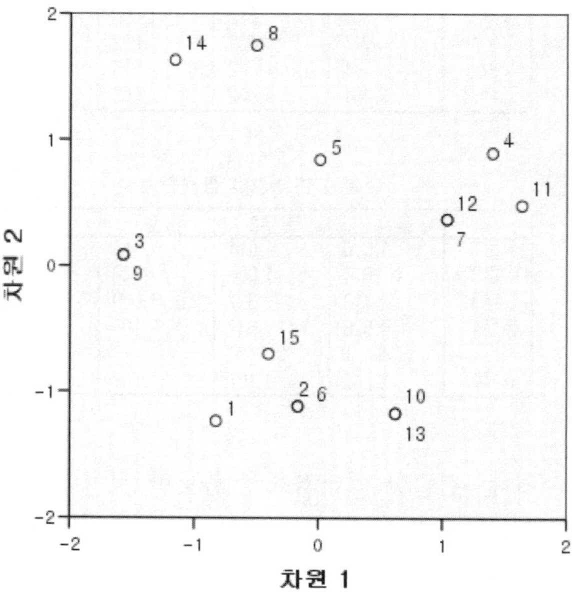

대상점수는 피험자의 주성분 득점을 표준화한 것이다. 예를 들면, 성분 적재값과 수량화의 출력결과로부터 피험자 1의 제1주성분 득점을 구하면 다음과 같이 된다.

$$\text{제1주성분 득점} = \overset{\text{성분 적재값}}{0.882} \times \overset{\text{수량화}}{(-1.427)} + \overset{\text{성분 적재값}}{0.864} \times \overset{\text{수량화}}{(-0.816)}$$

$$+ \overset{\text{성분 적재값}}{0.462} \times \overset{\text{수량화}}{(-0.935)} + \overset{\text{성분 적재값}}{0.709} \times \overset{\text{수량화}}{(0.783)}$$

$$= \overset{\text{벡터좌표}}{(-1.259)} + \overset{\text{벡터좌표}}{(-0.706)} + \overset{\text{벡터좌표}}{(-0.432)} + \overset{\text{벡터좌표}}{(0.555)}$$

$$= -1.842$$

그래서 이 제1주성분 득점을 표준화하면 다음과 같이 피험자 1의 대상점수가 된다.

$$\frac{-1.842-0}{2.242}=-0.822$$

다음에 '대상 포인트 설명 기준변수 피험자' 그래프는 대상점수를 평면상에 도시한 것이다. 가로축이 제1주성분, 세로축이 제2주성분이다. 이 그림을 보면서 피험자와 피험자의 관계를 조사한다. 예를 들면, 두 개의 대상 포인트가 가까우면 그 피험자들은 서로 비슷한 반응을 보이고 있는 것이다.

(5) 범주형 주성분분석 – 다섯째

성분 적재값

	차원	
	1	2
질문1	.882	.079
질문2	.864	-.030
질문3	.462	.847
질문4	.709	-.613

변수 주성분 정규화

구성요소 로드

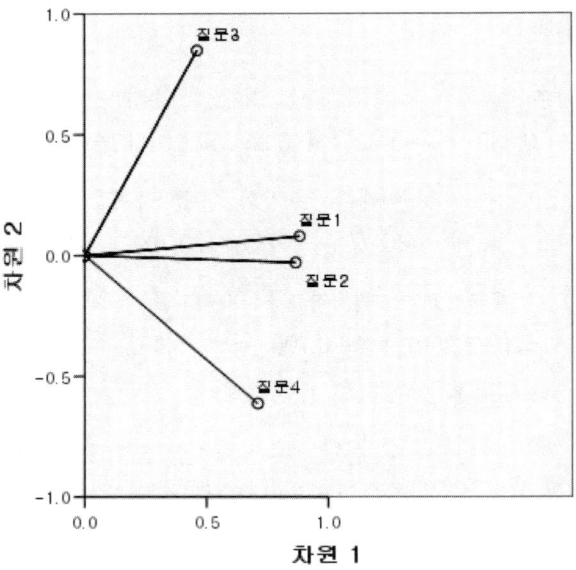

제1주성분은 차원 1의 값을 계수로 해서

$$0.882 \times \text{질문 } 1 + 0.864 \times \text{질문 } 2 + 0.462 \times \text{질문 } 3 + 0.709 \times \text{질문 } 4$$

가 된다.

질문 1이나 질문 2의 계수의 절대치가 크므로

제1주성분은 '사회적 관계의 강도'

를 나타내고 있다고 볼 수 있다.

이 성분 적재값의 제곱의 합이 차원 1의 고유치가 된다.

$$(0.882)^2 + (0.864)^2 + (0.462)^2 + (0.709)^2 = 2.242$$

제2주성분은 차원 2의 값을 계수로 해서

$$0.079 \times \text{질문 } 1 - 0.030 \times \text{질문 } 2 + 0.847 \times \text{질문 } 3 - 0.613 \times \text{질문 } 4$$

가 된다.

질문 3이나 질문 4의 계수의 절대치가 크므로

제2주성분은 '개인적 관계의 강도'

를 나타내고 있다고 볼 수 있다.

'구성요소 로드' 그래프를 보면 가로축에 제1주성분을, 세로축에 제2주성분을 취해서 질문 1에서 질문 4까지를 평면상에 표현하고 있다. 이 그림을 보면서 각각의 질문과 질문의 관계를 간파할 수 있다. 예를 들면,

「질문 3은 다른 질문들과 떨어져 있다」

「차원 1은 질문 1, 질문 2, 질문 4가 중심이 되어 있는데, 차원 2는 질문 3을 중심으로 하고 있다」

■ 범주형 주성분분석과 주성분분석의 차이

(1) 범주형 주성분분석의 출력

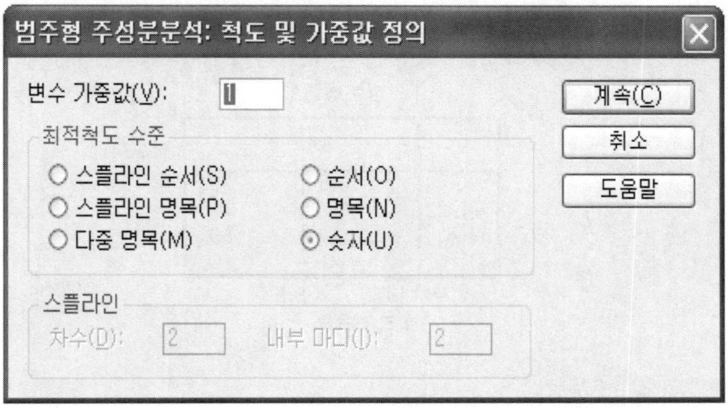

<표 8-2>의 데이터를 모두 숫자 데이터로 해서 범주형 주성분분석을 실행하면 다음과 같은 '성분 적재값'을 구할 수 있다.

성분 적재값

	차원	
	1	2
질문1	,895	-,251
질문2	,690	,415
질문3	,571	,665
질문4	,741	-,596

변수 주성분 정규화

제1주성분은 다음과 같이 되어 있다.

제1주성분 = 0.895 × 질문 1 + 0.690 × 질문 2 + 0.571 × 질문 3 + 0.741 × 질문 4

(2) (선형) 주성분분석의 출력

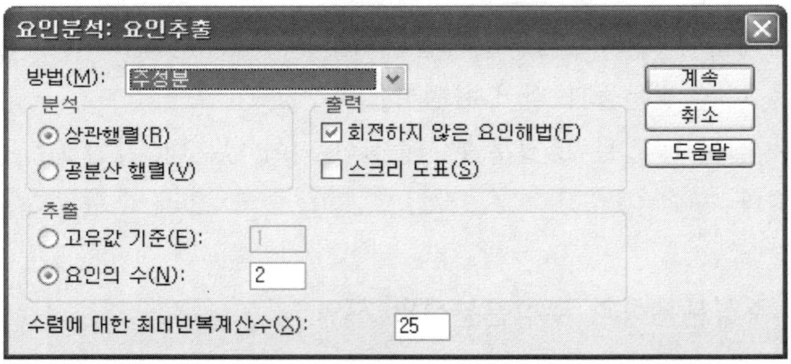

<표 8-2>의 데이터를 모두 숫자 데이터로 해서 상관행렬에 의한 주성분분석을 실행하면 다음과 같은 '성분행렬'을 구할 수 있다.

성분행렬[a]

	성분	
	1	2
질문1	,895	-,250
질문2	,690	,413
질문3	,571	,666
질문4	,741	-,596

요인추출 방법: 주성분 분석.
a. 추출된 2 성분

제1주성분은 다음과 같이 되어 있다.

제1주성분 $= 0.895 \times$ 질문 $1 + 0.690 \times$ 질문 $2 + 0.571 \times$ 질문 $3 + 0.741 \times$ 질문 4

범주형 주성분분석은, 상관행렬에 의한 주성분분석을 범주형 데이터의 경우에 일반화하고 있다는 것을 알 수 있다.

참 고 문 헌

■ 국내문헌

1. 강병서. 「인과분석을 위한 연구방법론」. 무역경영사, 1999.
2. 강병서·김계수. 「사회과학 통계분석」. 고려정보산업, 1998.
3. 노형진. 「다변량해석－질적 데이터의 수량화－」. 석정, 1990.
4. 노형진. 「한글 SPSS에 의한 알기 쉬운 다변량분석」. 형설출판사, 2003.
5. 노형진. 「SPSS/Amos에 의한 사회조사분석(개정판)－범주형 데이터 분석 및 공분산구조분석－」. 형설출판사, 2003.
6. 노형진. 「SPSS에 의한 조사방법 및 통계분석」(개정판). 형설출판사, 2005.
7. 노형진. 「Excel 및 SPSS를 활용한 다변량분석 이론과 실제」. 형설출판사, 2005.
8. 노형진·정한열. 「한글 SPSS 기초에서 응용까지」(개정판). 형설출판사, 2006.
9. 노형진. 「SPSS에 의한 다변량 데이터의 통계분석」. 도서출판 효산, 2007.
10. 노형진. 「SPSS에 범주형 데이터 분석」. 도서출판 효산, 2007.
11. 노형진·정한열. 「SPSS에 의한 통계분석 입문」. 한올출판사, 2008.
12. 양병화. 「다변량 데이터 분석법의 이해」. 커뮤니케이션북스, 2006.
13. 이주일 옮김. Nicola Brace, Richard Kemp & Rosemary Snelgar. 「SPSS를 활용한 심리연구분석」(제2판). 시그마프레스, 2005.

■ 일본문헌

1. 石村貞夫. 「SPSSによる統計處理の手順」. 東京圖書, 1995.
2. 石村貞夫. 「SPSSによる多變量データ解析の手順」. 東京圖書, 1998.
3. 石村貞夫. 「SPSSによる分散分析と多重比較の手順」. 東京圖書, 1997.
4. 石村貞夫. 「SPSSによる時系列分析の手順」. 東京圖書, 1999.
5. 石村貞夫. 「SPSSによるカテゴリカルデータ分析の手順」. 東京圖書, 2001.
6. 内田治. 「SPSSによるアンケートのコレスポンデンス分析」. 東京圖書, 2006.
7. 奥野·芳賀·久米·吉澤. 「多變量解析法」. 日科技連出版, 1971.

8. 小林龍一.「數量化入門」. 日科技連出版, 1981.
9. 芳賀·橋本.「回歸分析と主成分分析」. 日科技連出版, 1980.
10. 林知已夫,「數量化の方法」. 東洋經濟新報社, 1974.
11. 林知已夫,「デ-タ解析の方法」. 東洋經濟新報社, 1974.
12. 柳井·高木 編者.「多變量解析ハンドブック」. 現代數學社, 1986.

■ 서양문헌

1. Akaike, H. (1973). Information theory and an extension of the maximum likelihood principle. In Petrov, B. N. and Csaki, F.[Eds.], *Proceedings of the 2nd International Symposium Theory*. Budapest: Akademiai Kiado, 267~281.
2. Akaike, H. (1987). Factor analysis and AIC. *Psychometrika*, 52, 317~332.
3. Anderson, T. W. (1957). Maximun likelihood estimates for a multivariate normal distribution when some observations are missing. *Journal of the American Statistical Association*, 52. 200 ~203.
4. Anderson, T. W. (1984). *An introduction to multivariate statistical analysis*. New York: Wiley.
5. Beale, E. M. L. and Little, R. J. A. (1975). Missing values in multivariate analysis. *Journal of the Royal Statistical Society Series B*, 37, 129~145.
6. Bentler, P. M. (1980). Multivariate analysis with latent variables: Causal modeling. *Annual Review of Psychology*, 31, 419~456.
7. Diaconis, P. and Efron, B. (1993). Computer-intensive methods in statistics. *Scientific American*, 248(5), 116~130.
8. Kendall, M. G. and Stuart, A. (1973). *The advanced theory of statistics*. (vol. 2nd, 3rd edition). New York: Hafner.
9. Little, R. J. A. and Rubin, D. B. (1987). *Statistical analysis with missing data*. New York: Wiley.
10. Little, R. J. A. and Rubin, D. B. (1989). The analysis of social science data with missing values. *Sociological Methods and Research*, 18, 292~326.
11. Little, R. J. A. and Schenker, N. (1995). Missing data. In G. Arminger, C.C. Clogg and M.E. Sobel 〔Eds.〕 *Handbook of statistical modeling for the social and behavioral sciences*. New York: Plenum.
12. Mardia, K. V. (1970). Measures of multivariate skewness and kurtosis with applications.

Biometrika, 57, 519~530.

13. Mardia, K. V. (1974). Applications of some measures of multivariate skewness and kurtosis in testing normality and robustness studies. *Sankhya*, Series B, 36, 115~128.
14. McDonald, R. P. and Marsh, H. W. (1990). Choosing a multivariate model: Noncentrality and goodness of fit. *Psychological Bulletin*, 107, 247~255.
15. Rubin, D. E. (1976). Inference and missing data. *Biometrika*, 63, 581~592.
16. Rubin, D. E. (1987). *Multiple imputation for nonresponse in surveys*. New York: Wiley
17. Schafer, J. L. (1997). *Analysis of incomplete multivariate data*. London, UK: Chapman and Hall.
18. Wothke, W. (1993). Nonpositive definite matrices in structural modeling. In Bollen, K.A. and Long, J.S. [Eds.], *Testing structural equation models* (pp. 256~293). Newbury Park, California: Sage.
19. Wothke, W. (1999). Longitudinal and multi-group modeling with missing data. In T.D. Little, K.U. Schnabel and J. Baumert [Eds.] *Modeling longitudinal and multiple group data: Practical issues, applied approaches and specific examples*. Mahwah, New Jersey: Lawrence Erlbaum Associates.

찾아보기

(ㄱ)

(ㄷ)

(ㅁ)

(ㅂ)

(ㅅ)

(ㅇ)

(ㅈ)

저자약력

노형진

- 서울대학교 공과대학 졸업(공학사)
- 고려대학교 대학원 수료(경영학박사)
- 일본 쓰쿠바대학 대학원 수료(경영공학 박사과정)
- 일본 문부성 통계수리연구소 객원연구원
- 일본 동경대학 사회과학연구소 객원교수
- 러시아 극동대학교 한국학대학 교환교수
- 중국 중국해양대학 관리학원 객좌교수
- 국방과학연구소 연구원 역임
- 현재, 경기대학교 경영학부 교수
  전공, 품질경영 · 다변량분석(조사방법 및 통계분석)
- 중소기업청 Single-PPM 심의위원
- 한국표준협회 품질경영 심사위원 · 자문위원
- 대한상공회의소 심사위원 · 지도위원
- 한국 식스 시그마 연구회 운영위원
- Single-PPM 지도위원 · 심사위원
- Single-PPM 품질경영연구회 회장

■ 주요저서

- EXCEL로 배우는 경영수학(한올출판사)
- EXCEL 2007에 의한 경영통계학(한올출판사)
- EXCEL 2007에 의한 경영과학(한올출판사
- EXCEL 2000 함수모음집(형설출판사)
- EXCEL을 활용한 통계적 품질관리(형설출판사)
- SPSS에 의한 다변량 데이터의 통계분석(도서출판 효산)
- SPSS에 의한 범주형 데이터분석(도서출판 효산)
- SPSS/Excel에 의한 재미있는 시계열분석(도서출판 효산)
- SPSS/Amos에 의한 사회조사분석(형설출판사)
- 100PPM 품질경영－fool-proof화의 원리와 방법－(도서출판 글로벌)
- 100PPM 품질경영(2)－디자인 리뷰 · FMEA · FTA의 활용－(공저, 도서출판 글로벌)

▶ e-mail address : hjno@kyonggi.ac.kr

대응분석의 이론과 실제 － 범주형 데이터의 주성분분석 －

2008년 4월 5일 초판1쇄 인쇄
2008년 4월 10일 초판1쇄 발행

저자와의
협의하에
인지생략

저 자 노 형 진
펴낸이 임 순 재
펴낸곳 한올출판사

등록 제11-403호
121 - 849
주 소 서울시 마포구 성산동 133-3 한올빌딩 3층
전 화 (02)376-4298(대표)
팩 스 (02)302-8073
홈페이지 www.hanol.co.kr
e-메 일 hanol@hanol.co.kr
정 가 14,000원

- ISBN 978-89-8325-974-5